Otto R. Gaier · Der Riß geht durch die Kinder

Otto R. Gaier

Der Riß geht durch die Kinder

Trennung, Scheidung und wie man Kindern helfen kann

Kösel-Verlag München

CIP-Kurztitelaufnahme der Deutschen Bibliothek

Gaier, Otto R.:
Der Riss geht durch die Kinder : Trennung,
Scheidung u. wie man Kindern helfen kann / Otto R. Gaier. –
München : Kösel, 1987.
ISBN 3-466-34176-0

Gesamtherstellung: Kösel, Kempten
Umschlag: Günther Oberhauser, München
Umschlagfoto: Burkhard Bartel, Simmozheim
ISBN 3-466-34176-0

Für Gi
Für unsere Kinder
Carol und Christine
aus erster Ehe
Und für unser gemeinsames Kind
Catharina

Inhalt

Vorwort

Die Zahl der Ehescheidungen nimmt in allen Industrieländern zu. Für die Bundesrepublik Deutschland ergibt sich seit 1964 eine Verdoppelung der Scheidungsrate. Weit über 200000 Erwachsene und um die 100000 Kinder sind alljährlich davon betroffen, und vieles spricht dafür, daß sich diese Entwicklung noch weiter verschärfen wird.

Nun mag man steigende Scheidungszahlen beklagen oder bedauern – sie sind eine Realität, die niemand beseitigt. Es gibt keinen Weg zurück in die vorindustrielle Zeit. Staat, Gesellschaft und die Eltern selbst tragen allerdings Verantwortung hinsichtlich der Folgen. Kinder müssen nicht unnötig leiden, wenn Partnerschaften immer weniger belastbar sind. Die Erschütterungen, denen Kinder bei Trennungen ausgesetzt sind, beeinträchtigen in vielen Fällen ihre psychische Gesundheit und ihren weiteren Lebensweg. Für zunehmend mehr Paare hat Ehe offenbar vorübergehende Bedeutung. »Familie« ist dort nur noch zwischenzeitlicher Schutzraum der Kinder, aus dem sie oft nicht ohne Schäden entlassen werden. Wenn aber Ehe und Familie ihre Bedeutung als Schutzraum verlieren, so bleibt die Frage, wie sich der emotionale Schaden begrenzen läßt – zumindest für die Schwächsten der davon Betroffenen.

Das vorliegende Buch soll verdeutlichen, welche Situationen Kindern die Trennung der Eltern oft unerträglich machen, sie mittel- oder langfristig belasten und mitunter gar schädigen. Dabei geht es auch darum zu zeigen, daß die Trennung an sich häufig nicht den stärksten Eingriff in die psychische Verfassung des Kindes darstellt. In den allermeisten Fällen sind es eher zweitrangige Einwirkungen, die Schädigungen bei den Scheidungskindern hervorrufen: die Art, wie Eltern sich begegnen und die Formen, in denen ehemalige Partner sich voneinander freikämpfen, nachdem die Beziehung gescheitert ist. Diese quälenden Prozesse, die jahrelang dauern können, belasten Kinder weit mehr als die Trennung selbst. Das Verhalten der Eltern im oft haßerfüllten nachehelichen Beziehungskrieg versetzt sie in jene seelische Not, die zu abweichendem Verhalten oder zu Verhaltensstörungen führt.

Selbstverständlich belastet auch die Trennung selbst. Diese Last ist allerdings für viele Kinder leichter zu ertragen als der jahrelange Streit der Eltern, der sie daran hindert, beide Teile gleichermaßen auch weiterhin lieben zu dürfen. Die Last der Trennung ist vom Kind leichter zu verarbeiten, wenn es spüren kann, daß es beide Elternteile auch wirklich in gleicher Weise lieben *darf*. Bei Eltern, die noch Jahre nach der Trennung in Streit leben, kommt diese Empfindung gar nicht erst auf, weil Kinder streitender Eltern ihre tatsächlichen Gefühle verstecken müssen. Damit fallen die beiden Menschen aus, die am ehesten in Frage kämen, ihren Kindern die Situation zu erleichtern und bei Verarbeitung und Trauer zur Seite zu stehen. Hier jedenfalls – beim oft widersinnig erscheinenden Verhalten der Streithähne und beim fassungslos danebenstehenden Kind – muß man ansetzen, wenn man Wege finden will, die Scheidungsfolgen für die Kinder zu begrenzen.

Deshalb befaßt sich dieses Buch nicht nur mit den unmittelbaren Folgen der Elterntrennung, sondern auch mit dem Verhalten der Geschiedenen und seiner Wirkung auf die betroffenen Kinder. Es sind auch die nachehelichen Reaktionen der Erwachsenen, die Ausmaß und Dauer kindlicher Belastungen bestimmen und oft genug die Verarbeitung des Kernproblems beim Kind verhindern.

Die Möglichkeiten, das Verhalten der Eltern in der Trennungskrise zu erfassen, sind begrenzt. Ein guter Weg schien uns in der systematischen Selbsterfahrung mit Geschiedenen oder vor der Scheidung stehenden Personen zu liegen. Dieses Verfahren vermittelt weitgehende Einsichten, insbesondere in Gefühle und Empfindungen. Unter den Bedingungen der Gruppe treten die Einstellungen zum ehemaligen Partner, zum Kind und zur eigenen Person plastisch zutage. Das Wahrnehmen dieser Empfindungen in der gruppendynamischen Situation erbringt recht zuverlässige Ergebnisse, weil die Dynamik der Gruppe dafür sorgt, daß verfälschende, beschönigende und abwehrende Haltungen aufgebrochen werden. Ein großer Teil dieses Buches beruht auf dieser Form der Gruppenarbeit mit über dreihundert Personen innerhalb von sieben Jahren.

Eine weitere Ebene, um Zugang zur Eigenart nachehelicher Paarbeziehungen zu erlangen, ergab sich über Einzel- und Paarberatungen Scheidungswilliger oder Geschiedener. Versuchsweise haben wir auch ältere Scheidungskinder in Selbsterfahrungsgruppen zusammengefaßt. Leider konnten wir sie nur wochenendweise betreuen, weil die langfristige Zusammenkunft von Kindern über viele Wochen hinweg nicht leicht möglich war.

Ein dritter Zugang zur Problematik der Scheidungsfolgen eröffnete sich durch Verhaltensbeobachtungen im Umfeld von sorge- und besuchsberechtigten Elternteilen. Diese Kinder wurden in unterschiedlichen Abständen nach Eintritt der destruktiven Familiensituation oder nach der Elterntrennung im Umgang mit ihren Eltern beobachtet. Unter bestimmten Gesichtspunkten mußten Nacherhebungen in mehrjährigen Abständen durchgeführt werden.

Schließlich ist an dieser Stelle allen Gruppenteilnehmern und all denjenigen zu danken, die durch Einzel- oder Paarberatung dieses Buch möglich gemacht haben. Ein ganz besonderer Dank gilt meiner Frau, die als Ehe- und Familienberaterin den Hauptteil der Beratungsarbeit und wesentliche Teile der Gruppenarbeit übernommen hat.

Ulm, im Januar 1987 *Otto R. Gaier*

I. Kommt Familie aus der Mode?

Es führt kein Weg zurück. Die Industriegesellschaft hat die Familie verkleinert. Schrumpfende Familiengrößen bringen vielerlei Probleme, nicht nur politische und wirtschaftliche wie etwa rückläufige Nachfrage oder Schwierigkeiten einer künftigen Rentenfinanzierung. Schrumpfende Familien verändern auch die Beziehungen ihrer Mitglieder und bewirken ein anderes Familienklima. Funktionen sind in anderer Weise verteilt oder erloschen, weil sie sich an den Bedürfnissen der modernen Welt orientieren und nicht so sehr an denen der Familie selbst. Soziologen sprechen vom Funktionsverlust der modernen Familie, und tatäschlich muß man feststellen, daß die Beziehungen in der Kleinfamilie deutlich verarmt sind. Die geschwisterarme Familie wird zur Regel. Die Tendenz zur Einkindfamilie ist unverkennbar. Damit verändert sich das Entwicklungsklima, in dem Kinder aufwachsen. Dies prägt das Verhältnis der Eheleute zueinander und macht unseres Erachtens auch die Paarbeziehung zerbrechlicher.

Die Kehrseite davon ist, daß die Bevölkerungszahl der Bundesrepublik seit Jahren abnimmt. Und selbst wenn man das nicht beunruhigend findet, so hat es dennoch Rückwirkungen auf die Vorgänge im Innern der Familie, weil es deren Stabilität und Belastbarkeit ebenfalls beeinflußt.

Tatsächlich hat sich die Geburtenzahl in der Bundesrepublik seit 1964 nahezu halbiert (vgl. Anhang). Im gleichen Zeitraum sank der Anteil der Vier- und Mehrkinderfamilien um rund 70%. Die Zahl der Dreikinderfamilien ging um die Hälfte ihrer bisherigen Verteilung zurück, während der Anteil der Einkindfamilie um 70% und der der kinderlosen Ehen um über 50% anstieg.[1] Und diese Tendenz setzt sich weiter fort. Nur die Zweikinderfamilie bleibt in ihrer Verteilung einigermaßen konstant.

Das Einzelkind wird also zur Regel. Ihm gegenüber nehmen die Eltern eine übergewichtige Position ein, wie sie in größeren Familien überhaupt nicht vorkommen kann. Kinderfraktionen und Bündnisse untereinander gibt es nicht mehr. Einzelkinder erleben keine geschwisterliche Zuneigung, können aber auch Aggressionen unter dem Gesichtspunkt ihrer sozialgebilligten Handhabung nicht mehr hinreichend erlernen. Altersübliche Auseinandersetzungen mit Kindern ähnlichen Alters im Innern der Familie finden nicht statt. Damit fehlt ein Stück altersgemäßer Sozialentwicklung, und soziales Lernen wird für das Kind im Schatten des elterlichen Übergewichtes viel schwerer. Somit fehlen der Kleinfamilie wesentliche Elemente einer gesunden Familiensozialisation. Außerfamiliale Instanzen, die sie übernehmen könnten, gibt es vor dem Eintritt in den Kindergarten kaum. Dieser fängt zwar einiges auf, aber er beginnt erst im vierten Lebensjahr und damit zu einem Zeitpunkt, zu dem sich das Kind schon Ansätze kindlicher Kontakthemmung oder Kontaktunfähigkeit erworben hat.
Auch die Berufstätigkeit beider Eltern läuft, mindestens während der ersten Lebensjahre der Kinder, darauf hinaus, daß die Familie wichtige Aufgaben nicht mehr richtig erfüllen kann, und das während eines besonders sensiblen Altersabschnittes. Immer noch ist es eine recht verbreitete Vorstellung, daß die Eltern-Kind-Beziehung der ersten Lebensjahre getrost vernachlässigt werden dürfe. Immerhin ist in der Bundesrepublik rund ein Drittel aller Mütter mit Kindern unterhalb des vierten Lebensjahres berufstätig.
Heute weiß man, wie wichtig die frühen Bindungen an die ersten Bezugspersonen sind. Man kennt inzwischen die psychischen Defekte, die durch Störungen oder Eingriffe in das kindliche Bindungsbedürfnis entstehen. Wenn dennoch über ein Drittel aller Eltern mit Kindern dieser Altersgruppe erwerbstätig ist, so mag es hierfür vielerlei Gründe geben, die sich aus der Sicht der Eltern rechtfertigen lassen. Unter dem Gesichtspunkt optimaler Entwicklungsbedingungen für Kinder dieses Alters gibt es allerdings keine Rechtfertigung. Daß so viele Elternpaare kleiner

Kinder berufstätig sind, deutet wohl eher auf eine immer noch unzulängliche Familien- und Sozialpolitik und darauf, wie sehr die Gefährdung eines großen Teils unserer nachwachsenden Kinder politisch wie gesellschaftlich immer noch hingenommen wird. Werden Kinder in diesem Alter fremdbetreut, so führt dies notwendigerweise auch zu Fremdbindungen, und es liegt wohl in der Natur der Sache, daß solche Bindungen häufig abrupt abgebrochen werden müssen. Daß ihm die Betreuerin plötzlich »weggenommen« wird, erlebt das Kind oft als eine Art Mutterberaubung durch die eigene Mutter. Tatsächlich ist ja die Bindung an die Betreuerin in solchen Fällen oft enger geworden als die an die Mutter, ein Umstand, der längst zu den bekanntesten und betrüblichsten Problemen des Pflegekinderwesens gehört.

Daß Kinder dieses Alters von mehreren fremden Personen betreut werden müssen, kommt ebenfalls recht häufig vor. Oft entsteht diese wechselnde Betreuung aus einer als stabil gedachten Fremdbetreuung, die unter alltäglichen Zwängen beendet werden mußte. Da war die Ersatzmutter unzuverlässig, oder ihr Umgang mit dem Kind stieß bei den leiblichen Eltern auf Mißfallen. Da hatte man sich die finanzielle Belastung erträglicher gedacht, oder Wohnsitzwechsel oder Krankheit der Betreuerin zwingen zu neuen Lösungen. Objektiv mag es immer gute Gründe dafür geben. Dennoch führt Wechselbetreuung in vielen Fällen zur Bindungsunfähigkeit, weil das kleine Kind ein konstantes und emotional tragfähiges Verhältnis zu *einer* Bezugsperson nicht aufbauen kann, wenn diese immer wieder ausgetauscht wird. Der Angstpegel solcher Kinder ist in aller Regel chronisch überhöht, weil sie auf diese Weise die ersten prägenden Beziehungen nie oder nur teilweise als verläßlich erleben können. Das Ergebnis finden wir nur allzu häufig in frühkindlichen Ängsten, die ohne Frage Grundlagen einer späteren neurotischen Geistes- und Verhaltensverfassung bilden können.

Die frühe Mutter-Kind-Beziehung hat die Funktion eines psychosozialen Lernmusters. Dieser Vorrang der Mutter muß zwar nicht sein, in unserer Kultur aber gibt es ihn immer noch. Die Qualität dieser frühen Beziehung entscheidet jedenfalls über die soziale

Funktionsfähigkeit des Kindes im höheren Lebensalter. Darüber gibt es überhaupt keine Diskussion mehr. Selbstverständlich kann dieses erste zwischenmenschliche Lernmuster auch am Vater erworben werden. Nur ist unsere Gesellschaft darauf offenbar noch lange nicht eingerichtet, auch wenn man deutliche Veränderungen im Verhältnis zwischen Vätern und Kindern erkennen kann. Vieles weist darauf hin, daß die Väter von heute mehr Anteil an ihren Kindern nehmen, und zwar ab einem früheren Lebensalter als je zuvor. Die Väter schließlich, die aus herkömmlicher Sicht gar »Mutterrollen« übernehmen, sind zwar immer noch nicht gerade zahlreich, sie sind aber längst nicht mehr nur Gegenstand akademischer Diskussionen. Auch ihre Zahl nimmt zu. Davon abgesehen, haben sich die Bedingungen, unter denen Kinder heute aufwachsen, dennoch verschlechtert. Um dies zu belegen, braucht man nicht einmal die extremen Erscheinungen heranzuziehen, wie sie sich etwa im Bereich der Kinderkriminalität, der Drogenabhängigkeit oder des Frühalkoholismus zeigen. Hinreichender Beleg ist schon der Umstand, daß wir uns nach Schätzungen von Fachleuten aus unterschiedlichen Wissensgebieten einem Anteil von verhaltensgestörten Kindern gegenübersehen, der sich, zumindest in verdichteten Siedlungs- und Ballungsgebieten, auf die Größenordnung von 25% zubewegt.[2]

Kinderärzte berichten uns von einer erheblichen Zunahme psychosomatischer Erkrankungen im Kindes- und Heranwachsendenalter. Und jeder Lehrer, der vor zwanzig Jahren schon im Amt war, weiß aus seiner alltäglichen Berufserfahrung, daß die Aggressionen von Schulkindern auffällig zugenommen haben, ihre Belastbarkeit hingegen abzunehmen scheint. Tatsächlich läßt sich der Zusammenhang zwischen Persönlichkeitsstörungen älterer Kinder oder Erwachsener und Mangelerscheinungen in ihrer frühkindlichen Betreuung recht gut belegen. Viele Erscheinungen abweichenden Sozialverhaltens muß man deshalb der veränderten Familie und ihren verlorenen Funktionen zuweisen. Unnötig zu sagen, daß diese Zusammenhänge längst nicht mehr nur in sozialen Randgruppen oder in den unteren Schichten zutage treten. Die Verwandlung der Familie in Qualität und Größe hat schließlich alle Schichten erfaßt, also zeigen sich auch die Folgen in allen gesellschaftlichen Bereichen. Es ist deshalb keine unzulässige Vereinfachung, wenn wir feststellen, daß sich die Sozialisation unserer Kinder in den letzten Jahrzehnten verschlechtert haben muß. Mindestens teilweise läßt sich diese Verschlechterung des Entwicklungsklimas den veränderten Bedingungen zuordnen, denen die Institution Familie in heutiger Zeit ausgesetzt wird.

Vielleicht muß man auch fragen, inwieweit steigende Aggressionsneigung, verminderte Bindungs- und Kontaktfähigkeit und sinkende Belastbarkeit an der schwindenden Motivation, überhaupt Kinder zu haben, beteiligt sind. Diese Erscheinungen, wie auch die nachlassende Motivation zur Ehe selbst, stehen doch wohl in einem Zusammenhang mit den verlorenen Funktionen der heutigen Familie und sicherlich auch mit ihrer enorm angestiegenen Zerbrechlichkeit. Schließlich ist die Stabilität von Paarbeziehungen auch eine Frage der Bindungsfähigkeit und Belastbarkeit beider Partner.

Scheidungskinder sind notgedrungen Kinder aus der kinderarmen Regelfamilie. Was nach der Elterntrennung übrig bleibt, kann nicht besser funktionieren als die Kleinfamilie selbst. D. h. ihre Problematik setzt sich nach der Scheidung fort, und zwar unter erschwerten Bedingungen für alle Beteiligten. Wenn wir heute in der Bundesrepublik um die 80000 Vor- und Grundschulkinder als Scheidungswaisen pro Jahr haben, und wenn wir berücksichtigen, daß die materielle Lage der Mütter nach der Scheidung in aller Regel schlechter ist als vorher[3], sie also zum großen Teil auf eigene Erwerbstätigkeit angewiesen sind, so wird leicht einsichtig, daß die Situation der betroffenen Kinder auch von da her sehr viel schwieriger sein muß. Hinzu kommen psychische Belastungen, weil jüngere Kinder die Zerstörung der Familienbeziehung überhaupt nicht und größere sie kaum schadlos erleben können. Die emotionalen Ansprüche der Kinder werden nach der Trennung einfach nicht mehr hinreichend befriedigt. Ihre Eltern stehen ihnen – wie später zu zeigen sein wird –

nicht mehr in der Weise zur Verfügung, wie es dem Ausmaß der Erschütterung angemessen wäre.
Die geschwisterarme Familie ist scheidungsanfälliger als die größere Familie. So ist die Scheidungshäufigkeit von Familien mit nur einem Kind knapp doppelt so hoch wie die von Zweikinderfamilien. Sie ist fast achtmal so hoch wie bei Familien mit drei Kindern, und im Verhältnis zu Familien mit vier und mehr Kindern wird die Einkindfamilie gar einunddreißigmal häufiger geschieden.[4] Hier sind gewiß mehrere Ursachen beteiligt und sicher nicht nur die zu erwartenden Scheidungsfolgekosten, die mit der Familiengröße zunehmen. Die Scheidungsanfälligkeit steht nämlich in einer deutlichen Beziehung zu den verlorenen Funktionen der heutigen Familie. Die innere Struktur der Kleinfamilie ist nun einmal schwächer, weil ihre zwischenmenschlichen Kontaktmöglichkeiten einfach begrenzt sind. Bekanntlich wächst deren Anzahl in geometrischer Progression zur Zahl der Familienmitglieder: Während eine Familie mit nur einem Kind nur drei verschiedene zwischenmenschliche Bezüge aufweist, verfügt eine Zweikinderfamilie bereits über sechs und eine Familie mit drei Kindern schon über zehn solche Bezugsmöglichkeiten. Bei vier Kindern sind es gar fünfzehn. Dieses viel reichere Beziehungsgeflecht in größeren Familien ist nicht einfach nur eine quantitative Größe. Es wirkt auf eine weit intensivere Familiensolidarität hin. In solchen Familien ist mehr los, und auch die Alltagsprobleme – Höhen wie Tiefen – sind zweifellos zahlreicher. Dabei lernen die Kinder, diese Alltagsprobleme besser zu erfahren, zu bewältigen und auch geschwisterliche Zuwendung und Unterstützung einzuüben, wenn es sich etwa um Probleme des Bruders oder der Schwester handelt.
Hier werden tägliche Problemlösungen nicht einfach den Eltern übertragen, sondern – in Grenzen – stärker von den Kindern selbst übernommen. Auf die Eltern wirkt das zurück. Schließlich geht es hier ja nicht nur um wertfreie Abläufe, sondern viele davon sind emotional besetzt. Das reichere Beziehungsgeflecht größerer Familien umfaßt also nicht nur mehr Kontakte, sondern auch viel reichhaltigere Möglichkeiten, mit den eigenen Gefüh-

len innerhalb der Familie umzugehen. Größere Familien verfügen deshalb in aller Regel über viel mehr Gruppensolidarität oder schlicht mehr Zusammenhalt. Der Stellung aller Familienmitglieder kommt somit ein größeres Gewicht zu, als wir dies in der Kleinfamilie vorfinden. Deshalb ist die kleine Familie auch Außenkontakten stärker zugewandt, wie sie sich ja auch aus der Erwerbstätigkeit beider Elternteile zusätzlich ergeben. Tatsächlich scheinen sich die Interessen heutiger Eltern mehr nach außen zu richten. Damit liefern sie einen Beitrag zu loseren Familienstrukturen, als dies bei mehreren Kindern der Fall wäre. Ein oder zwei Kinder jedenfalls behindern diese Außenorientierung kaum. Kinder in der geschwisterarmen Familie sind Einzelwesen und damit den außengerichteten Interessen ihrer Eltern leicht unterzuordnen. Hier liegen wesentliche Gründe für die weit höhere Scheidungsneigung der kleinen Familie, gemessen an Familien größerer Kinderzahl. Folgerichtig geht die Scheidungshäufigkeit deutlich mit einer Verminderung der Geburtenrate einher: Der Halbierung der Geburtenzahl seit Mitte der 60er Jahre steht prompt eine Verdoppelung der Scheidungen gegenüber (vgl. Anhang).

Mehr als die Hälfte aller Scheidungen findet innerhalb der ersten acht Ehejahre statt. Seit Mitte der 70er Jahre waren also jährlich um die 60000 Vor- und Grundschulkinder davon betroffen. Bei abnehmender Heiratsneigung kann man zwar nicht davon ausgehen, daß die Scheidungsrate noch wesentlich zunimmt. Die Größenordnung der Kinder, die überwiegend in einer Phase besonderer Empfindsamkeit von den Erschütterungen der Elterntrennung belastet werden, bleibt dennoch besorgniserregend.

In der Bundesrepublik leben gegenwärtig über 800000 Minderjährige bei insgesamt knapp 600000 Geschiedenen oder dauernd getrennt lebenden Elternteilen. Diese Zahl wälzt sich immer wieder um, weil die Bereitschaft zur Wiederverheiratung recht hoch ist. Knapp 50% der geschiedenen Frauen und fast 70% der Männer gehen eine neue Ehe ein.[5] So war es jedenfalls bis zu den 70er Jahren, wobei allerdings die stark abnehmende Heiratsneigung geschiedener Frauen über Dreißig auffällt. Sie erklärt sich teilweise aus dem Umstand, daß das Sorgerecht in über 80% der Fälle bei den Müttern liegt, Kinder aus erster Ehe mit zunehmendem Lebensalter aber immer noch ein deutliches Heiratshemmnis darstellen.

Seltsamerweise ergibt eine Nacherhebung für die 80er Jahre (noch) keine wesentliche Verminderung der Wiederverheiratungsneigung Geschiedener, obgleich dieses Verhalten im Widerspruch zu einer grundsätzlich abnehmenden Heiratsbereitschaft zu stehen scheint. Auffällig ist auch die lange Frist, die zwischen Ehescheidung und Wiederverheiratung verstreicht. Sie umfaßt für beide Geschlechter im Durchschnitt über fünf Jahre, ein Zeitraum, der sich innerhalb der einzelnen Altersgruppen nur unwesentlich verändert.

Aus den vorliegenden Zahlenbildern muß man schließen, daß zwischen 1964 und 1986 von über 1,6 Millionen Scheidungskindern etwa eine Million in Zweitehen eingebracht wurde. Wir dürfen auch davon ausgehen, daß um die 15% der jährlichen Eheschließungen Wiederverheiratungen sind, bei denen mindestens ein Kind in eine neue Familie »verpflanzt« wird. Neben der Stiefkindsituation müssen diese Kinder mit der Trennungsproblematik der ersten Ehe und gleichzeitig mit den Schwierigkeiten zurechtkommen, die stets mit dem Aufbau einer neuen Familie verbunden sind. Hier werden Reviere abgesteckt und neue Bindungen aufgebaut oder verweigert. Oft verändert sich das Verhältnis des Kindes zum abwesenden Elternteil konflikthaft. Nicht selten gibt es auch zusätzliche Konflikte mit dem Sorgeberechtigten selbst, der aus der Sicht des Kindes vorrangig sein Eigeninteresse zu befriedigen scheint. Die Abläufe in diesen additiven Familien können deshalb weder geradlinig noch problemlos vonstatten gehen, auch wenn es nach der wunschbetonten Einschätzung vieler Zweiteltern so aussehen mag. Über diese Kinder und ihre psychosoziale Situation wissen wir noch recht wenig. Die Forschung auf diesem Felde zu aktivieren und ihre Ergebnisse stärker zu verbreiten, wäre nicht nur eine Hilfe für die betroffenen Eltern, sondern auch für Berater, Sozialarbeiter und Familienrichter. Dort taucht die Zweitfamilie deshalb vermehrt auf, weil die Familienneugründung bisher bestehende Besuchsregelungen oft behindert. Dabei ist dieses Problem, wenn es auf dem Richtertisch landet, nur ein kleiner Ausschnitt dessen, was Kinder aus additiven Familien zu bewältigen haben. Man muß jedenfalls sehen, daß die meisten dieser Kinder nicht nur die Trennung und ihre Folgen verarbeiten oder ertragen, sondern auch mit neuen Familienbedingungen vor dem Hintergrund der zerstörten Erstfamilie fertigwerden müssen.

Wenn man die Frage stellt, ob Familie aus der Mode kommt, so sollte man sich auch fragen, welche Familie eigentlich gemeint ist? Schließlich kann man kaum an der Tatsache vorbei, daß die bürgerliche Familie des achtzehnten oder neunzehnten Jahrhunderts nie gesamtgesellschaftliche Norm war. Dennoch wird weitgehend dieser Familientyp beschworen, wenn sein Zerfall oder der damit verbundene Werteverlust beklagt werden soll. Die bürgerliche Familie ist allerdings schon lange auf dem Rückzug. Es ist auch gar nicht anders denkbar, wenn man an den wirtschaftlichen und sozialen Wandel der letzten hundert Jahre denkt. Außenorientierung und drastische Verkleinerung haben längst viele Wesensmerkmale dieses Familientyps beseitigt.

Versteht man unter Familie ein soziales Gebilde, das innerhalb wie außerhalb der Mittelschichten mindestens sich selbst reproduziert und bei dem jedes Kind wenigstens einen Bruder oder eine Schwester hat, so trifft dies seit langem nicht mehr zu. Der geschwisterfreie Dreierverband wird zunehmend mehr zur Regel. Gleichzeitig verschwindet die lebenslange Bestandsgarantie, so daß Ehe und Familie immer mehr als zeitlich befristete Daseinsräume erlebt werden, die man zu gegebener Zeit durch andere von gleicher Intimität ersetzen kann. Daneben entstehen alternative Formen eheähnlicher Partnerschaft, denen von Anfang an der lebenslängliche Ansatz fehlt. Tatsächlich nimmt die Heiratsbereitschaft insgesamt gesehen deutlich ab. So heirateten in den frühen 70er Jahren noch die Hälfte aller Männer und mehr als zwei Drittel aller Frauen vor Eintritt des sechsundzwanzigsten Lebensjahres. Inzwischen ist es nur noch ein gutes Viertel der Männer, und bei den gleichaltrigen Frauen sinkt diese Quote in den frühen 80er Jahren auf immerhin 44,1%.[6] Diese Zahlen bedeuten nur teilweise, daß sich das Heiratsalter anhebt. Im wesentlichen deuten sie darauf hin, daß alternative Paarbeziehungen an Attraktivität gewinnen und dem Leitbild der bürgerlichen Ehe, ja der Ehe überhaupt, immer mehr Skepsis begegnet. Dem entspricht, daß die Zahl der Eheschließungen in der Bundesrepublik pro 1000 Einwohner[7] von 9,4 im Jahre 1961 auf 5,9 im Jahre 1984 zurückgegangen ist.

So paßt es ins Bild, wenn wir heute ein Millionenheer von sogenannten Singles haben. Ganze Wirtschaftszweige, vom Tourismus bis zum Wohnungsbau, von der Freizeitindustrie bis zu Berufsaufbauprogrammen, haben sich längst auf diese wachsende Personengruppe eingestellt. Bei vielen Singles läßt sich beobachten, daß sie in ihren intimen Sozialbeziehungen enttäuscht wurden. Deshalb werden solche Beziehungen oft nur noch mit begrenztem emotionalen Aufwand betrieben. Auffallend viele Alleinstehende gehen Bindungen auf Dauer gar nicht erst ein, weil sie Ehe und Familie, aber auch Kinder, als Fessel einordnen, sich in ihren Entfaltungsmöglichkeiten gehindert fühlen, oder auch, weil Bindungsangst und manchmal auch Bindungsunfähigkeit sie daran hindern. Nicht wenige haben ihre grundsätzlichen Bindungsprobleme erst über das Scheitern ihrer Paarbeziehungen schmerzvoll erfahren müssen. Drängt sich da nicht die Parallele zum isolierten Kind der Minifamilie auf, das tragfähige Sozialkontakte nicht mehr hinreichend erlernen kann? Sind die progressiv erscheinenden, sich selbstbewußt gebenden, aber auch die resignierten Singles, die vordergründig das Beste aus ihren Kommunikationsproblemen machen, vielleicht ein Entwicklungsergebnis der kontaktarmen Kleinfamilie? Wenn das so wäre, würde es wohl bedeuten, daß der längst nicht mehr verbindliche Idealtyp der bürgerlichen Familie sich quer über die Generationen selbst beseitigt. Im Innern heutiger Familien ist dies ohnehin längst geschehen.

Gründe zur Verzweiflung sind dies freilich nicht. Ehe und Familie sind selbst innerhalb des christlichen Abendlandes recht junge Erscheinungen, wenn man nicht nur nach ihrem Idealtyp, sondern auch nach ihrer gesamtgesellschaftlichen Verbindlichkeit fragt. Heutige Veränderungen der Familie kann man deshalb gewiß nicht mit den Maßstäben des ausgehenden neunzehnten Jahrhunderts messen. Man kann diesen ohnehin idealisierten Familientyp schon gar nicht mit politischen Mitteln wiederherstellen wollen. Und man sollte es auch lassen, die Entwicklung moralisch zu bewerten. Schließlich wurden die immer noch recht verbreiteten Vorstellungen von der Bürgerfamilie früherer Zeiten kaum von der damaligen Realität gedeckt, von der Alltagsproblematik der Unterschichtfamilien ganz zu schweigen. Es mag hart klingen: Aber Kinder sind zu keiner Zeit optimal sozialisiert worden, jedenfalls nicht gesellschaftlich durchgängig und nicht einmal im Bürgertum selbst. Allenfalls hat die Familiengröße früherer Epochen Schutzfunktionen übernommen, die damalige Sozialisationsmängel mildern halfen. Sie allerdings fehlen in der heutigen Kleinfamilie ebenso wie die stützenden und beschützenden Lernvorgänge, die stets mit einer Geschwisterreihe verbunden sind.

Eines ist gewiß: Im Gegensatz zu früheren Generationen wissen wir heute weitgehend, was Kindern und ihrer Entwicklung dienlich und was abträglich ist. Die Trennung der Eltern im Kindesalter gehört zu den gravierendsten Erschütterungen, denen Kinder ausgesetzt werden können. Auch dies ist ein Stück gesellschaftlicher Entwicklung. Und es ist Heuchelei, den ökonomischen Standart unserer Industriegesellschaft zu feiern, die damit verbundene psychosoziale Kehrseite aber als Fehlentwicklung oder gar als Werteverfall zu diffamieren. Durchgängige gesellschaftliche Veränderungen werden stets auch Wertvorstellungen verändern. Die sinkende Bedeutung von Ehe und Familie ist ein Faktum. Kinder gehen immer mehr aus zeitlich befristeten Verbindungen hervor. Daraus läßt sich wohl nur der Schluß ziehen, daß traditionelle Familien- und Sozialpolitik den heutigen Problemen nicht mehr gerecht werden kann. In der Tat kann Familienpolitik nicht mehr (nur) an der herkömmlichen Familie orientiert bleiben, wenn eben dieser Familientypus zunehmend weniger angenommen wird oder immer mehr Menschen aus ihm ausscheren.

Wenn Eltern mit oder ohne Trauschein überwiegend nur noch ein Kind haben, und dieses Kind in einem Dreierverband von begrenzter Lebensdauer aufwächst, dann muß diese Gesellschaft selbst Funktionen des Auffangens übernehmen, um Kinder auf allen Altersstufen besser sozialisieren zu helfen, sicherlich auch unterhalb des Kindergartenalters. Die vielfältig entstehenden Mutter-Kind-Treffs deuten darauf hin, daß hier ein Bedarf besteht und viele junge Mütter die soziale wie seelische Benachteiligung ihrer Einzelkinder intuitiv richtig erfassen. Im höheren Lebensalter schließlich sind die zahlreich entstandenen Wohngemeinschaften Jugendlicher längst ernstzunehmende Formen der Lebensgestaltung junger Menschen. Sie zielen offenbar darauf, Isolation und Mängel der Kleinfamilie in der selbstgewählten Ersatzfamilie aufzuheben. Auf diese Weise entsteht noch einmal so etwas wie Geborgenheit, die auf früherer Altersstufe ebenso entbehrt werden mußte wie die Geschwister, für die sich hier ebenfalls eine Art Ersatz vorfindet. Solche Erscheinungen der Selbsthilfe kann man nur begrüßen. Sie sind hilfreich, aber sie kommen spät. Das Kindheitserlebnis der Geschwisterarmut läßt sich im Jugendlichenalter sicher nur noch teilweise aufarbeiten.

Wenn schließlich hierzulande rund 100000 Kinder pro Jahr der herkömmlichen Scheidung ausgesetzt sind, und diese Zahl zuammen mit unkonventionellen Formen der Elterntrennung aus eheähnlichen Verbindungen weiterhin anwächst, so können die Belastungen dieser Kinder nicht Privatsache ihrer Erzeuger bleiben. Hier geht es um ein psychohygienisches Problem von beträchtlicher Größenordnung, dem psychologische und soziale Dienste, aber auch Schule und Politik, sich weit stärker zuwenden müssen, als dies bislang geschah.

II. Die Scheidung fällt nicht vom Himmel – Vorphasen der Trennung

Wenn Eltern sich trennen, geschieht es weder unvermittelt noch kurzfristig. Immer handelt es sich um einen schmerzhaften Prozeß der Loslösung, der vielfach auf Umwegen und über Jahre hinweg abläuft. Der Antrieb zur Trennung ist vielschichtig und den Paaren so wenig voll bewußt wie einst die Motivation zur Ehe. In der Beratung – oder anfangs in der Gruppensituation – erkennt man deutlich, daß die tatsächlichen Trennungsgründe überwiegend abgewehrt und nicht zur Kenntnis genommen werden wollen. Fast immer werden vermeintliche »Scheidungsgründe« in rationalisierender Weise vorgetragen und auf eine oder wenige Ursachen beschränkt. Nur selten ist man bereit, Ursachen für das Scheitern der Beziehung auch sich selbst zuzuweisen. Eine Zusammenstellung dieser subjektiv als vorrangig erlebten Trennungsgründe nimmt sich etwa folgendermaßen aus:

- Außereheliche Beziehungen bzw. Verlagerung des emotionalen und sexuellen Interesses auf Personen außerhalb der Ehe
- Charakterliche Unverträglichkeit der Partner
- Konfliktbewirkendes oder neurotisches Fehlverhalten eines Partners
- Krankheitsverläufe, denen eine veränderte Einstellung zum Partner zugewiesen wird
- Gewalttätigkeit in der Paarbeziehung
- Alkoholismus oder andere Formen der Sucht
- Unvermögen, emotionale Beziehungen über längere Zeit aufrechtzuerhalten (Bindungsunfähigkeit / Bindungsangst)
- Überfordernde Katastrophen. Totgeburten, behinderte Kinder u. ä.
- Selbstverwirklichungswünsche der Ehefrau bei gleichzeitig traditioneller Rollenerwartung des Mannes

- Unterdurchschnittliche Belastbarkeit
- Kommunikationsstörungen zwischen den Partnern und die Unfähigkeit, auftretende Probleme gemeinsam zu bearbeiten
- Wechselseitig unverträgliche Verhaltensstörungen beider Partner

Nun umfaßt der Inhalt dieser Liste natürlich auch objektive Trennungsgründe, die über Jahre hinweg die Paarbeziehung bis hin zur Notwendigkeit einer Trennung belasten können. Im Gespräch bekommen aber selbst objektiv mögliche Gründe ein anderes Gewicht, wenn sie der Klient überwiegend dem Partner zuschiebt, sich von der Mitverursachung freistellt und die in der Paarbeziehung selbst liegenden Hintergründe nicht sehen will. Außerdem macht eine nähere Betrachtung der vorgetragenen Trennungsgründe leicht einsichtig, daß sie nahezu immer in Mischformen auftreten und auf sehr komplexe Weise die Interaktionsmuster beider Partner beherrschen. Wenn diese Entwicklung beginnt, ist sie sicherlich mit zunehmendem Leidensdruck für mindestens einen Partner verbunden. Auch weicht die Handhabung der innerehelichen Aggressionen stets vom bisherigen Normalmaß ab, wenn der innere Trennungsvorgang einmal in Gang gekommen ist. Die Kommunikation der Partner reichert sich also aggressiv an oder nimmt, je nach Persönlichkeitsstruktur der Beteiligten, auch depressive Elemente auf. Tatsächlich ist uns kaum eine Scheidungsvorphase begegnet, die von steigender Aggressionsneigung eines und schließlich beider Eheleute oder von aggressiv-depressiven Mischverhaltensmustern frei gewesen wäre.

Nun sind Aggressionen nicht einfach beziehungsstörend. Auch eine emotional gut ausgestattete Paarbeziehung kann nicht frei von Konflikten sein. Auch sie wird Konflikte mitunter aggressiv verarbeiten. Nur haben Aggressionen hier eine andere Funktion als in der zerfallenden Beziehung. Ausmaß, Häufigkeit und Art der Aggressionsabfuhr bekommen in der intakten Paarbeziehung nicht das Gewicht einer existentiellen Gefährdung der emotionalen Verbundenheit. Eine funktionsfähige Partnerschaft ist eben

auch belastbar, und mitunter benötigt sie sogar wechselseitige Aggressionen zur Erhaltung ihres Bestandes. Eine Beziehung ist sicherlich dann stabil, wenn neben den Freuden auch Aggressionen über ein kultiviertes Ritual ablaufen können. Auf diese Weise werden sie handhabbar, ohne die Partner in ihrer inneren Substanz verletzen zu müssen, ganz abgesehen vom Entlastungseffekt, den ihre Abfuhr mit sich bringt. Damit bleibt die Möglichkeit erhalten, den ursprünglich aggressionsfreien Zustand wiederherzustellen. Gelingt dies als Regelerscheinung, so haben wir ein funktionsfähiges Konfliktlösungssystem, das aggressive Abläufe zuläßt, ohne die Beziehung selbst zu gefährden. Nur so ist die für ihren Bestand notwendige Re-Identifikation mit dem Partner gesichert.
In der zerfallenden Familie ist genau dieser Weg blockiert. Aggressionen eignen sich dort nicht mehr als Durchgangsstadium zur Wiederherstellung der Harmonie. Sie entlasten auch nicht mehr, sondern zielen auf die bleibende Verletzung des Partners und damit auf die Beseitigung der Beziehung. So gesehen sind die o. g. Problemfelder keine grundsätzlichen Trennungsgründe. Es sind vordergründige Konfliktbereiche, denen eine Paarbeziehung gewachsen ist oder eben nicht. Ist sie ihnen gewachsen, so handelt es sich allenfalls um eine Ehekrise. Ist dies nicht der Fall, so beginnt die Vorgeschichte der Trennung oder die Scheidungsvorphase.
Die Ehescheidung selbst steht am Ende einer Eskalation von inneren Trennungsmechanismen. Sie sind nie an einem einzigen Faktum, an nur einer Person, einer einzigen Eigenschaft (des anderen) oder an nur einem Reaktionsmuster festzumachen. Hier handelt es sich immer um komplizierte Vorgänge der Loslösung, des Loslassens, des Nicht-loslassen-Könnens, des schmerzhaften und verletzenden Freikämpfens vom Partner wie auch des Bewahrenwollens. Hier geht es um die innere Abtrennung, die in Gang kommt, lange bevor man sich auch faktisch trennt. Diese Vorgänge laufen über große Strecken meist unbewußt ab, sind häufig von gegenläufigen Prozessen gebremst oder werden von scheiternden Restaurierungsversuchen unterbrochen. Der Zeit-

punkt von Scheidung oder Trennung ist dann nur noch der Moment der auch räumlichen Ausgliederung aus dem Familienverband und allenfalls der Punkt begrabener Hoffnungen desjenigen Partners, der nicht loslassen will oder kann, weil er sich in der Lage fühlt, die Familie zu erhalten oder wiederherzustellen.
Der tatsächlichen Trennung geht als immer eine Vorphase voraus. Schon sie belastet alle Beteiligten. Dabei stellt sich eine zunehmende soziale Distanz der Partner ein. Sie bewirkt, daß die soziale und emotionale Funktionsfähigkeit der Paarbeziehung geschwächt wird. Schon der Anfang dieser Abläufe verändert die Kommunikation in der zerbrechenden Familie. Dies geschieht auch dann, wenn sie den Betroffenen noch nicht bewußt sind, oder wenn die bewußten Trennungsanstrengungen nicht zweiseitig, sondern streckenweise einseitig ablaufen. Das Familienklima nimmt jedenfalls destruktive Züge an und damit auch das Verhältnis der Eltern zu den Kindern. Insoweit ist schon die Scheidungsvorphase für beide Partner belastend. Oft ist sie mit übermächtigen Ängsten, aber auch mit Schuldgefühlen verbunden. Frauen wie Männer sind häufig existentiell irritiert angesichts der veränderten Beziehung und der sich abzeichnenden Notwendigkeit einer Trennung. Nach unseren Erfahrungen ist dies oft sogar bei den Partnern der Fall, die durch ihr Verhalten den Eindruck erwecken, die überwiegenden Ursachen für die notwendig werdende Trennung geliefert zu haben.
Ängste, Verzweiflung, Schuldgefühle, Empfindungen der Ausweglosigkeit und der Zukunftsangst sind oft Bestandteile fortschreitender Spannungen, die je nach Persönlichkeitsstruktur aggresive wie depressive Reaktionsmuster aktivieren. Die Scheidungsvorphase geht also in aller Regel mit einem Anstieg des ehelichen Aggressionspegels einher, aber auch mit aggressiv-depressiven Mischformen, denen gegenüber die bisherigen Konfliktlösungssysteme der intakten Familie völlig oder teilweise versagen.
Für die Kinder bedeutet dies die Auslieferung an bisher ungewohnte Beziehungsmuster ihrer Eltern. Ihr Verhalten ist oft derart verändert, daß selbst kleine Kinder die Belastung ihrer

Eltern wahrnehmen können. Und weil jüngere Kinder keine Möglichkeit haben, solche Alarmsituationen rational einzuordnen, können sie die als gefährlich erlebte Familiensituation auch nur mit Angsthaltungen beantworten. Ganz einfache Signale, etwa größere Häufigkeit und Lautstärke in der verbalen Auseinandersetzung oder verminderte Frequenzen in der Zuwendung, aber auch überintensive Gesten der Zuwendung, etwa des mehr depressiven Partners, werden mit solchen Angsthaltungen beantwortet. Kinder dieses Alters können auf ein destruktives Familienklima nur mit Ängsten reagieren, und dies trifft – wenn auch graduell abgestuft – auch noch für ältere Kinder bis weit in die Grundschulzeit zu. Mit diffusen Ängsten in der ursprünglichen Form können Kinder schwer zurechtkommen. Sie wandeln sie um. Und dies geschieht auch bei ihnen in Richtung aggressiver oder auch depressiver Reaktionsmuster, wobei sich hier zusätzlich noch regressive anbieten.

Eine weitere Antwort auf das destruktive Familienklima der Scheidungsvorphase wäre die Flucht. Sie ist zwar wegen der engen Bindung auch an streitende Elternteile vor der Pubertät kaum möglich. In der Pubertät oder kurz davor wird sie es sehr wohl. Daneben gibt es Formen der Flucht aus einer angstmachenden Realität, die nicht einmal mit Weglaufen einhergehen. Sie sind auch jüngeren Kindern zugänglich. Ich denke hierbei an Verdrängung, an Erscheinungen der Ideenflucht und an die nicht mehr altersgemäße Neigung zur Simulation einer erwünschten, erträumten, aber eben nicht mehr herbeiführbaren Wirklichkeit. Dies kann man oft erleben, wenn selbst größere Kinder weit über die Zeit der faktischen Trennung hinaus ihre Wünsche nach Wiederherstellung der Familie signalisieren oder diesen verlorenen Zustand über ihre Phantasie herbeizaubern wollen.

Hier stellt sich auch die Frage, inwieweit die Sucht – etwa beim Heranwachsenden – Fluchtfunktionen übernimmt, indem das Suchtmittel den Betroffenen wenigstens vorübergehend vor der bedrückenden Realität bewahrt. Diese Erscheinungsformen der Flucht werden zwar gewiß erst in der Pubertät oder kurz davor wahrgenommen, aber auch sie sind vielfach Langzeitfolgen früherer kindlicher Ängste. Natürlich sind kindliche Angsthaltungen mit dieser Fernwirkung nicht notwendigerweise auf die zerfallende Familie beschränkt. Ich werde aber wiederholt zeigen, wie die Erschütterungen der kindlichen Gemütslage durch die Vorgänge *vor* und *nach* der Scheidung solche Haltungen begünstigen können und wie sie Aggressionsneigung und Depressionshaltungen der betroffenen Kinder aktivieren oder Ideenflucht, Konzentrationsunfähigkeit und vermehrte Verdrängungsarbeit fördern. So kann man einer vergleichenden Untersuchung von Scheidungskindern und Kindern aus nichtgeschiedenen Ehen, die innerhalb von vierzehn Jahren an der Kinder- und Jugendpsychiatrie Tübungen vorgestellt wurden, folgendes entnehmen:[8]

Symptom	Häufigkeit bei Scheidungskindern	Häufigkeit bei Kindern aus nichtgeschiedenen Ehen
Aggression	13,0%	3,7%
Depression	2,6%	1,2%
Diebstahl	11,5%	1,2%
Enuresis (Bettnässen)	15,6%	8,6%
Suizidversuch	2,6%	–
Weglaufen	2,1%	–

Zwar geht diese Arbeit von einer verhältnismäßig kleinen Kinderpopulation aus (n = 192 bzw. 2 × n = 81). Dennoch müssen die deutlichen Abweichungen zur Kontrollgruppe der Kinder aus nichtgeschiedenen Ehen von der Tendenz her generalisierbar sein. Die o. g. Auffälligkeiten treten im übrigen bei Scheidungskindern nicht nur grundsätzlich häufiger auf. Es finden sich auch große geschlechtsspezifische Unterschiede. So ist die Gruppe der Jungen mit gestörtem Aggressionshaushalt fünfmal so groß wie die der Mädchen. Beim Diebstahl sind männliche Scheidungskinder dreieinhalbmal häufiger vertreten als Mädchen und bei der Enuresis knapp dreimal. Neurotisches Verhalten, aber auch Selbstmordversuche kommen bei Knaben aus geschiedenen Ehen viermal so häufig vor wie bei Mädchen. Dieser Befund ist auch deshalb frappierend, weil er darauf hinweisen könnte, daß sich geschlechtsspezifisches Verhalten der Scheidungskinder beim Suizidversuch umgekehrt darstellt wie bei Suizidversuchen aller Kinder unterhalb des sechzehnten Lebensjahres. Dort nämlich entfallen auf einen männlichen Versuch zwei weibliche.[9] Nun ist allerdings auch aus anderen Zusammenhängen bekannt, daß Kinder männlichen Geschlechtes psychisch weniger belastbar sind als Mädchen. Die Befunde Kächeles gehen in die gleiche Richtung. Sie zeigen eine deutlich höhere Belastung von Jungen in der Folge einer zerbrechenden Familie.

Die Erschütterungen, denen Scheidungskinder ausgesetzt sind, führen also in überdurchschnittlichem Maße zu Auffälligkeiten und Verhaltensstörungen. Neben den Kindern aus geschiedenen Ehen haben wir allerdings eine kaum zu überschauende Zahl defekter Familien, die die Scheidung vermeiden und gleichfalls gestörte Kinder aufweisen. Ihre Familiendynamik dürfte ähnliche Elemente enthalten, wie wir sie in der Scheidungsvorphase finden. Offenbar gibt es einen Familientypus, der diese Elemente endlos handhabt, weil die Loslösung vom Partner nicht gelingt oder Scheidung aus anderen Gründen nicht in Frage kommt. Häufig liegt hier ein zwanghaftes Aneinanderfesthalten bei gleichzeitig destruktiven Reaktionsmustern vor. Sie wirken auf Kinder manchmal ähnlich, wie wenn sich die Ehe auf Scheidung zubewegen würde. Ein Ort der Geborgenheit sind solche Familien gewiß nicht.

In diesem Zusammenhang stellt sich die Frage, ob die Auffälligkeiten scheidungsgeschädigter Kinder in dem Maße der Elterntrennung zugeordnet werden dürfen, wie dies gemeinhin geschieht, oder ob wesentliche Ursachen in der Entstehungsgeschichte der Verhaltensstörungen nicht schon in der Scheidungsvorphase begründet liegen. Für jede Art von Beratungs- oder Betreuungsarbeit ist dies ein wichtiger Aspekt. Bedenkt man nämlich die relativ lange Dauer der Loslösungsprozesse zwischen den Partnern, so ergibt sich lange vor der Haushaltsauflösung schon eine recht nachdrückliche Belastung der Kinder. Dies gilt insbesondere für jüngere Kinder. Sie werden über große Teile ihrer Biographie in die Abtrennungsproblematik ihrer Eltern einbezogen. Immerhin erreichte die Scheidungsvorphase in unseren Gruppen einen mittleren Wert von zwei Jahren und vier Monaten.[10] In nicht wenigen Fällen war sie für das Kind belastender als die vollzogene Trennung selbst. Es kann deshalb nicht verwundern, wenn eine andere Untersuchung bei knapp der Hälfte aller Kinder psychische Schädigungen schon vor Auflösung des Haushaltes nachweist.[11]

Was die Verdrängung betrifft, von der belastete Kinder naturgemäß regen Gebrauch machen, so handelt es sich hierbei für sich alleine genommen noch nicht um abnorme seelische Reaktionen. Zunächst ist Verdrängung eine normale Reaktion der Psyche »und findet sich überall dort, wo unangenehme seelische Inhalte und Einstellungen aus dem Bewußtsein geschoben werden sollen. Die Verdrängung alleine macht noch keine Neurose. Sie entsteht erst, wenn der normale Vorgang der Verdrängung sich ständig wiederholt und dazu benutzt wird, seelische Bereiche des inneren Konfliktes aus dem Bewußtsein zu schieben, so daß sich komplexhaftes Geschehen verselbständigt«.[12] In diesem Sinn reagieren Scheidungskinder allerdings verstärkt, wenn sie Spielball elterlicher Aggressionen werden und ihnen die gemeinsame Hilfe beider Elternteile versagt bleibt. Vermehrte Verdrängungsarbeit findet sich auch schon in der Scheidungsvorphase, und die angeführten Befunde von Kächele und Hafter lassen den Schluß zu, daß die Neurotisierungsschwelle in vielen Fällen schon vor der Trennung der Eltern überschritten ist. Angesichts der Länge der Vorphase kann dies auch kaum verwundern. Außerdem sind auch die Fälle nicht gerade selten, in denen die formale Seite der Ehe nahezu zwanghaft erhalten bleibt, obgleich die Bindungen zwischen den Partnern zerstört sind. Vielfältige Zukunftsängste, aber auch Abhängigkeiten und realitätsferne Hoffnungen mögen hier ebenso eine Rolle spielen, wie falsche Rücksichtnahme oder auch Vorstellungen, wonach die Erhaltung der Ehe um jeden Preis für die Kinder besser sei.

Immer wieder erleben wir auch, wie jüngere Kinder den Zerfall der Elternbeziehung intuitiv richtig erfassen. Für sie handelt es sich in der Tat um die Bedrohung ihrer Geborgenheit. Dabei kommt ein ganz wesentlicher Gesichtspunkt hinzu: Die emotionalen Bindungen der Kinder an die Eltern sind anderer Art, als diejenigen zwischen den Partnern. Sie haben weitreichende Folgen für die Entwicklung des Kindes und den Aufbau seiner Persönlichkeit. Deshalb kann das Absterben der Bindungen zwischen den Eltern vom jüngeren Kind überhaupt nicht und vom älteren kaum ohne nachhaltige Erschütterungen erlebt werden. Sicher wird das ältere Kind die Belastungen leichter ertragen können, wenn die Eltern ihm deutlich machen, daß ihre Gefühle zu ihm sich nicht ändern werden. Dies mißlingt aber, wenn die täglichen Begleitumstände der Scheidungsvorphase überwiegend Gefahr vermitteln, oder wenn Kinder in nicht kindgerechter Form oder gar nicht über die bevorstehende Veränderung der Verhältnisse aufgeklärt werden. Die Scheidungsvorphase bekommt also ein erhebliches Gewicht. Für das Kind gerät die Familie in den Verdacht, als Ort der Geborgenheit zu verschwinden. Sie aber ist das einzige Bezugssystem dieses wohltuenden Intimitätsgrades, das es jemals erlebt hat. Das Kind kann also gar nicht anders reagieren als mit angstvollen Erwartungshaltungen, die auf das Nichtfaßbar-Künftige, das nie Erlebte gerichtet sind.

Gleichzeitig wird ein Teil der Kinder in die Frage einbezogen, wer sie bekommen soll. Geschieht dies, so wird ihnen außer ihren Ängsten auch noch ein schmerzliches Bekenntnis abverlangt, das sie emotional gar nicht leisten können und das die vorhandenen Ängste nur noch verstärkt. Ein Kind jedenfalls, das einer halbwegs intakten Familie entstammt, vermag sich nur über sie zu begreifen. Es kann sich angstfrei ohne seine Eltern nicht erleben, und dies gilt in Abstufungen bis in die Pubertät hinein.

Nun ist der Streit um das Kind selbst nur eine Minderheitserscheinung. Sie nimmt allerdings zu. Schon nach altem Recht bemühten sich die Väter vermehrt um das Sorgerecht. Seit der veränderten Gesetzeslage (1977) setzt sich diese Tendenz fort. Mit diesen Streitfällen nehmen auch die Belastungen zu, die Kindern zusätzlich zum Verlust der Familie aufgebürdet werden, wenn ihre

Eltern sie selbst zum Gegenstand der Auseinandersetzungen machen. In solchen Fällen werden Kinder stets zur Parteinahme gedrängt und wechselseitig gegen den anderen Elternteil beeinflußt. Da Kinder in aller Regel beide Eltern lieben, ist leicht einsichtig, in welche unerträglichen Konflikte sie geraten müssen, wenn sich der elterliche Streit auf ihre eigene Person ausdehnt.

Wenn Väter sich inzwischen stärker als früher um das Sorgerecht bemühen, ist dies einerseits Ausdruck dafür, daß sich ihre Einstellung zu Kindern verändert haben mag. So nimmt die Zahl derjenigen Väter offenbar zu, deren Teilnahme an der Entwicklung ihrer Kinder intensiver geworden ist. Die Lockerung oder Auflösung ehemals geschlechtsspezifischer Rollen in der Kleinfamilie hat sicher zu einer intimeren Vater-Kind-Beziehung geführt. Im Scheidungsverfahren äußern sich solche Einstellungsänderungen in einer Zunahme väterlicher Sorgerechtsanträge. Andererseits muß man diese Erscheinung gelegentlich auch mit materiellen Antrieben erklären. Dieser weniger positive Aspekt ist in der Beratung und in der Gruppenarbeit ebenfalls nicht zu übersehen. Er liegt nahe, weil die bestehende Gesetzeslage den wirtschaftlich Schwächeren materiell besser stellt als nach altem Recht. Die wirtschaftlich Schwächeren sind in der Regel die Mütter. Nach dem Wegfall des Schuldprinzips orientiert sich ihr Unterhaltsanspruch daran, ob sie nach der Scheidung Kinder erziehen oder nicht. Wird der Mutter das Sorgerecht übertragen, so fließt ihr außerdem der Kindesunterhalt zu. Bei der Übertragung des Sorgerechtes auf den (wirtschaftlich stärkeren) Vater hingegen erlöschen in aller Regel beide Unterhaltsansprüche auf seiten der Mutter. Nicht selten wird die (wirtschaftlich schwächere) Mutter unterhaltspflichtig, erhöht also das verfügbare Einkommen des Vaters; immerhin auch ein Grund, um von seiner Seite her eine gerichtliche Sorgerechtsauseinandersetzung zu versuchen. Führt sie zum Ziel, so bringt sie ihm eine ganz erhebliche Verminderung der materiellen Scheidungsfolgelasten. Dabei muß man allerdings grundsätzlich feststellen, daß dieser Kampf um das Kind – egal ob aus ehrenwerten oder aus materiellen Gründen ausgefochten – nach unseren Erfahrungen immer ganz spezielle Formen der Belastung für das Kind mit sich bringt. Außerdem kann das Verhältnis zwischen den ehemaligen Partnern hierdurch nachhaltiger und irreparabler vergiftet werden als etwa bei vermögensrechtlichen Auseinandersetzungen.

Bei fast allen Streitigkeiten um das Kind selbst gibt es ein abgestuftes und vielfältig benutztes »Sortiment« stillschweigender Eroberungsversuche beider Seiten schon in der Scheidungsvorphase. Häufig sieht es so aus, als ob die Gefühlswelt der Kinder bestochen werden soll. Es kann dies durch einen veränderten Erziehungsstil geschehen oder auch durch Diskriminierung des gegnerischen Elternteils. Es kann ebenso durch die Aktivierung kindlicher Schuldgefühle oder gar durch materiellen Aufwand geschehen. Und all dies trägt immer nur zu einer Verschärfung der kindlichen Konfliktlage bei. Selbst das größere Kind kann eben kein Bekenntnis zu einem Elternteil ableisten oder die heraufziehende Notwendigkeit einer Scheidung beseitigen. Manche Eltern hätten dies wohl gern, weil sie die Zerstörung ihrer Gefühle zum früheren Partner auch vom Kind erwarten. Es sind vielleicht unbewußte Erwartungen, aber sie lassen sich freilegen. Betroffene Kinder nehmen diese Erwartungen wahr, und sie wirken verheerend, weil sie zur Verdrängung der Gefühle zwingen, die dem anderen Elternteil gelten. Würde ihnen statt dessen von verständnisvollen Eltern beigestanden, die sich den Blick für die Not der Kinder bewahrt haben und sie nicht zum Kampfobjekt machen, so würden sie die Scheidungsvorphase gewiß auch nicht angstfrei erleben. Die Erschütterungen könnten aber weit besser abgefangen werden, und zwar von den einzigen Personen, die eigentlich die emotionale Kompetenz dazu hätten. Natürlich bleibt auch hier der Schmerz über die anstehende Trennung. Er wäre dennoch handhabbarer. Auf diese Weise müßte nicht das Gefühl entstehen, die Zuwendung des einen Elternteils mit dem Verlust der Liebe des anderen erkaufen zu müssen. Wesentliche Elemente kindlicher Zerrissenheit im Scheidungskonflikt könnten gar nicht entstehen. Gemeinsame elterliche Hilfestellung in einer aggressiv aufgeladenen oder in einer depressiven Daueratmosphäre ist allerdings nicht möglich. Entsprechend selten sind die Fälle, in denen Scheidungsvorphase und Modalitäten der Trennung an Kinderbedürfnissen orientiert sind. Es ist eben schwer möglich, das Kind aus dem primären Partnerkonflikt herauszuhalten.

Sieht man von extremen Familienverhältnissen ab, so finden sich nur sehr wenige Kinder, die in der Scheidungsvorphase andere Wunschvorstellungen signalisieren können als solche nach der Wiederherstellung der Familie: Die Eltern sollen sich wieder vertragen, sie sollen zusammenbleiben oder wieder zusammenkommen. Dieser Wunsch wird häufig regressiv unterstrichen (vgl. Tab. S. 32). Viele Kinder versetzen sich partiell in einen Entwicklungszustand zurück, der der Zeit der intakten Familie entspricht (z. B. Bettnässen), oder sie entwickeln andere Formen des abweichenden Verhaltens. Der innere Kindeswunsch nach der Wiederherstellung der Familie, wie auch seine Verbindung mit unterschiedlichen Arten der Regression, der Aggression oder auch der kindlichen Depression, überdauert meist die Trennung der Eltern und kann weit in die Zeit danach hineinreichen. Dort, wo dieser Zustand über Gebühr andauert, deutet er allerdings auf eine unzulängliche Bearbeitung der kindlichen Konflikte mit all ihren denkbaren negativen Folgen für die künftige Sozialentwicklung des Kindes hin.

Natürlich sollte eine Ehe nicht grundsätzlich um der Kinder willen aufrechterhalten werden. Die Ehescheidung ist auch im Blick auf das Kind eine positive Alternative zu zerstörten Familienbeziehungen. »Das ständige Erlebnis der Spannung zwischen Vater und Mutter, die gegenseitige Abwertung und Lieblosigkeit, kann auf die Dauer der psychischen Entwicklung der Kinder nur abträglich sein. Auch die psychische Elternfunktion kann so nicht erfüllt werden.«[13] Die Trennung ist also in sehr vielen Fällen sicherlich das kleinere Übel.

Kinder erleben die Trennung der Eltern in verschiedenen Altersstufen recht unterschiedlich. Am problemlosesten geschieht sie offenbar unterhalb des dritten Lebensjahres, wenn die Bindung zu einem Elternteil – meist der Mutter – weit intensiver ist als zum anderen. In diesem Alter wird auch die Neuorientierung des Kindes an einem neuen Partner der Mutter am wenigsten problematisch sein. Anders bei Kindern zwischen dem vierten und etwa dem zwölften Lebensjahr. In dieser Zeit erleben sie das Bedürfnis nach *beiden* Eltern am nachhaltigsten. Und in dieser Zeit laufen ja auch ganz wesentliche psychosoziale Lernvorgänge ab, die an die Bindungen zum gegengeschlechtlichen wie auch an den gleichgeschlechtlichen Elternteil gebunden sind.

Völlig anders liegen die Dinge, wenn die Pubertät ansteht oder kurz davor. »Sind sie über vierzehn Jahre oder älter und kommen in die Reifezeit, in der sie beginnen, ihre eigenen Maßstäbe zu finden und sich selbst ein Urteil zu bilden, dann können sie im Streit der Eltern sich mit einem Standpunkt behaupten. Sie sind fähig, sich soweit zu distanzieren, daß sie eigene Entscheidungen treffen können: Hier hat der Vater recht und da beurteilt die Mutter die Situation besser oder umgekehrt.«[14] Heranwachsende können auch die Folgen der Scheidung für sich selbst besser abschätzen, und diese haben längst nicht mehr dasselbe Gewicht wie noch wenige Jahre zuvor. Kämpferischen Auseinandersetzungen sind Heranwachsende nicht mehr wehrlos ausgesetzt, abgesehen davon, daß sie ihr Interesse, mit wem sie leben wollen, in aller Regel angstfrei und damit unverfälscht äußern können. In die Scheidungsvorphase läßt sich diese Altersgruppe nicht mehr als hilfloses Objekt einbeziehen.

So bleibt die Feststellung, daß Kinder zwischen vier und zwölf Jahren von der Elterntrennung und ihren Vorformen am meisten betroffen sind. Allerdings läßt sich eine Ehe auch in dieser Zeit nicht aufrechterhalten, wenn ihre Erhaltung Kinder und Erwachsene mehr belastet als die Trennung.

Volker: Eine Mutter auf dem Weg zur Eigenständigkeit

Volker F., einziges Kind. Zum Zeitpunkt des Beratungsbeginns seiner Mutter 8,6 Jahre. Vater Rechtsanwalt, Mutter Krankenschwester. Im vierten Lebensjahr übernimmt die Mutter eine auf Dauer angelegte Halbtagsbeschäftigung, die vom Vater mißbilligt wird. Seit dieser Zeit gibt es Spannungen, die sich verschärfen und mit weiteren zwischenmenschlichen Problemen anreichern. In der Beratung trägt Frau F. vor, daß sie seit dem vierten Lebensjahr ihres Sohnes unausgelastet gewesen sei und zunehmend unter mangelnder verbaler Kommunikation mit ihrem Mann gelitten habe. Dies sei zwar seit Ehebeginn so gewesen, belaste sie aber erst, seit das Kind aus dem »Gröbsten« heraus ist. Ihren Mann schildert sie als zuvorkommend und höflich, aber als verständnislos gegenüber ihren Problemen, ja als hart. Er ginge über Leichen, wenn sein Interesse dies erfordere.

Herr F. wirkt konziliant, aber sehr bestimmend. Die Berufstätigkeit seiner Frau hält er für eine feministische Marotte, die sich wieder lege. Aus seiner Sicht sei die Ehe intakt und nur durch die unverständlichen Reaktionen seiner Frau behindert.

Die ersten Gesprächstermine des Ehemanns waren noch als Eheberatung gedacht. Im Laufe der Sitzungen stellte sich aber heraus, daß sich der Trennungswunsch von Frau F. verstärkt und nicht zu revidieren ist. Der Ehemann steht fassungslos vor dieser Tatsache und kündigt an, daß er »mit allen Mitteln« auf die Übertragung der elterlichen Sorge hinwirken werde.

In der anschließenden gruppendynamischen Betreuung, an der nur noch Frau F. teilnimmt, ergibt sich, daß der Vater sich nun außerordentlich viel Zeit für den Jungen nimmt, mit ihm ausgedehnte Reisen veranstaltet und ihn materiell viel großzügiger behandelt als zuvor. Nach den Berichten der Mutter wird Volker zunehmend verschlossener. In der Schule erlebt er einen Leistungsabfall, außerdem näßt er regelmäßig ein. Zwar sei er verspätet – etwa mit fünf Jahren – rein geworden, dennoch beunruhigt sie dieses Verhalten sehr. Schließlich vermindere er auch seine Sozialkontakte zu Mitschülern und Freunden und »hocke nur noch zu Hause«. Auch müsse man sehr streng mit ihm verfahren, weil er im Gegensatz zu früher vom Fernseher nicht mehr wegzubringen ist.

Frau F. hat die Scheidung eingereicht, nachdem ihr Trennungsverlangen in der Beratung zu Tage trat. Sechzehn Monate später wird die Ehe geschieden. Die Auflösung des gemeinsamen Haushaltes erfolgt erst mit der Scheidung. Nach Einschätzung von Frau F. betrug die Scheidungsvorphase etwa drei Jahre, nach der ihres Mannes lief sie allenfalls ab Beratungsbeginn. Nach einem in diesem Punkt zermürbenden Rechtsstreit wird das Sorgerecht auf Empfehlung eines Gutachtens der Mutter übertragen.

Dieser Fall spielt zwar in der oberen Mittelschicht, er ist dennoch exemplarisch für die aktive Einbeziehung des Kindes in den Sorgerechtsstreit, auf die Volker deutlich depressiv reagiert hat. Ein halbes Jahr nach der Scheidung nimmt Volker – nun im elften Lebensjahr – an einer Gruppe von vierzehn Scheidungskindern im Alter zwischen acht und vierzehn Jahren teil. Die Gruppenatmosphäre und die Tatsache, mit Kindern gleicher Problemlage zusammenzusein, lockert ihn sichtlich auf. Dabei wird auffallend deutlich, daß er die Trennung seiner Eltern zwar immer noch nicht verarbeitet hat, die vor Auflösung der Familie liegenden Abläufe ihn aber weit stärker belastet haben müssen als die Zeit danach.

Zwar sei ihm der Auszug aus dem väterlichen Haus, der Umzug und der Schulwechsel nicht leicht gefallen, er habe aber eine gute Lehrerin bekommen, und nun fange die Schule an, ihm wieder besser zu gefallen. Außerdem habe er nach der Trennung der Eltern (hier identisch mit der Scheidung) nur noch manchmal »so ein komisches Gefühl im Hals« gehabt (Brechreiz). Vor der Scheidung, sogar lange davor, sei dies ganz schlimm gewesen. Manchmal habe er sich auch erbrochen, »wenn die Eltern besonders schlimm waren«. Schon bald nach dem Umzug habe sich das aber verloren.

Dieses Kind hat nicht sonderlich aggressiv, es hat depressiv auf die Scheidungsvorphase reagiert. Seine vorhandenen Sozialkontakte hat es nicht als Verarbeitungshilfe nutzen können. Volker hat sie buchstäblich aufgekündigt und sich auf sich selbst zurückgezogen. Recht gut konnte er darlegen, wie er seine Entfernung aus dem elterlichen Spannungsfeld als entlastend empfand. Daß er in der Kindergruppe zu sprechen vermochte, wirkte ebenfalls befreiend auf ihn, und es wurde recht deutlich, daß er weder vor noch nach der Scheidung sich seinen Eltern hatte öffnen können. Erst die Gruppensituation konnte dies bewirken.

Bernd, Sibylle und Sabine: Der verlassene Vater und sein Liebling

Bernd 12,9; Sibylle 11,4 und Sabine E. 4,8 Jahre.[15] Vater selbständiger Einzelhandelskaufmann, Mutter kaufmännische Angestellte im Geschäft ihres Mannes.

Frau E. erscheint in unserer Beratung. Sie ist sechsunddreißig Jahre alt und macht einen energischen, wenn auch leicht depressiven Eindruck. Ihre Ehe schildert sie als »durchschnittlich« und bis ins zehnte Ehejahr »weder schlecht noch aufregend«. Nach etwa zehnjähriger Ehe nimmt ihr Mann Beziehungen zu einer Angestellten auf, mit der Frau E. auch weiterhin zusammenarbeiten muß. Erst nach Ablauf eines weiteren Jahres ist er bereit, das Arbeitsverhältnis zu lösen. Dies geschieht im Rahmen eines Versöhnungsversuches, der sich allerdings nicht als tragfähig erweist, nachdem seine Frau erfährt, daß er seiner Geliebten zwar gekündigt, nicht aber die Verbindung zu ihr abgebrochen hat. Offenbar wollte er sich die Bequemlichkeit der Ehe bewahren, ohne gleichzeitig auf seine – viel jüngere – Freundin zu verzichten.

Schließlich gibt es einen neuen Versöhnungsversuch. Auch dieser hat keinen Bestand, weil Herr R. seine Versprechungen nicht halten und die Parallelbeziehung nicht beenden kann. Das Familienklima wird von Frau E. als trostlos und zunehmend unerträglicher erlebt. Dies zeigt sich auch im Verhalten der Kinder. So beginnt die damals viereinhalbjährige Sabine, den Kindergartenbesuch zu verweigern, obgleich sie das Jahr zuvor gerne hinging. Zu Hause »klebte« das Kind an der Mutter und zeigte Anzeichen der Verstörtheit, wenn diese auch nur kurze Zeit außer Haus war. Sibylle erlebte einen Schulleistungsabfall, der auch jetzt noch nicht behoben ist. Bernd schließlich bereitete zwar keine Schulsorgen, war aber »auffällig hinterhältig« geworden und habe zu lügen und zu stehlen begonnen. Von kurzen Unterbrechungen abgesehen, habe sich ihr Eheleben »eigentlich nur noch zwischen Krach und Schweigen« bewegt. Ernsthafte Scheidungsabsichten hat Frau E. schon seit über zwei Jahren, sie habe aber erst jetzt »die Kurve gekriegt«.

Ein Jahr, bevor Frau E. unsere Beratung aufsucht, beginnt sie an einer hartnäckigen Gastritis zu leiden. Kurz vor Beratungsbeginn zerbricht die Beziehung ihres Mannes endgültig, worauf es zu einem erneuten Versuch kommt, Ehe und Familie wiederherzustellen. Sie geht darauf ein, aber »wahrscheinlich eher mit dem Kopf und um der Kinder willen«. Vom Gefühl her habe sie sich »wie tot« erlebt. Tatsächlich kann sie die nun ernsthaften Anstrengungen ihres Mannes nicht mehr positiv beantworten. Sie fühlt sich »am Ende« und ist jetzt zweifellos die aggressivere, während sie zwei Jahre zuvor eher mit Hilflosigkeit und Traurigkeit reagiert hatte. An der Notwendigkeit der Trennung läßt sie keinen Zweifel. Sie beauftragt heimlich einen Makler mit der Beschaffung einer geräumigen Wohnung. Nachdem dies überraschend kurzfristig klappt, zieht sie mit den Kindern aus und reicht die Scheidung ein. Eine dem Auszug vorausgehende Aussprache kann sie nicht mehr umstimmen. Gleichzeitig nimmt sie zur Kenntnis, daß ihr Mann von ihrem Auszug nicht überrascht wird und um das Sorgerecht für Sibylle kämpfen will.

Im weiteren Verlauf des Gespräches schildert Frau E. die Situation nach dem Umzug. Zwar vermissen die Kinder gelegentlich das geräumige Haus. Alles in allem sei aber eine Entlastung eingetreten, die sie bei sich selber verspürt und auch bei den Kindern erkennen kann. Bei Sibylle räumt sie ein, daß dieses Kind »immer schon Vaters Liebling« war. Dennoch sei in vielen Gesprächen mit den Kindern klargewesen, daß sie im Scheidungsfall zusammenbleiben wollen.

Beim Auszug kam eine Einigung zustande, wonach Herr E. jeden ersten Sonntag im Monat die Kinder holen konnte. Diese Regelung erweist sich bald als schwierig, weil sich Bernd nach drei Besuchen weigert, zum Vater zu gehen. Daraufhin will auch Sabine nicht mehr mit. Beides stört den Vater nicht sonderlich, so daß bis zu den ersten Sommerferien nach dem Auszug lediglich Sibylle von allen Besuchstagen Gebrauch macht. Am Augustbesuchstag ergibt sich allerdings eine Komplikation: Herr E. ruft am Spätnachmittag seine Frau an und erklärt, daß er Sibylle erst in vierzehn Tagen zurückbringen wird. Sie möchte mit ihm für zwei Wochen an die Nordsee fahren, was angesichts der Ferien ja möglich sei. Daraufhin ist Frau E., der ein Gespräch mit der Tochter verweigert wird, völlig verzweifelt. Auf Empfehlung ihres Anwalts unternimmt sie keine weiteren Schritte, zumal der erste Gerichtstermin ohnehin kurz bevorsteht.

Nach Rückkehr Sibylles von der Nordsee ist das Kind völlig verwandelt und ungewohnt verschlossen. Sie versichert ihrer Mutter auffällig oft, daß die Ferien »langweilig gewesen« seien und sie nie mehr mit Papa wegfahren wolle. Zwar habe er sie vor Ferienantritt neu eingekleidet, er habe aber immer Dinge unternommen, die sie nicht interessiert hätten. Gleichzeitig berichtet Sibylle von »zwei tollen Rundflügen«, die der Vater mit ihr gemacht habe und davon, daß sie meistens unbegrenzt habe aufbleiben dürfen. Auffällig häufig versichert sie der Mutter außerdem, daß sie auf gar keinen Fall zum Vater ziehen möchte. Frau E. räumt ein, daß sie Sibylle im Hinblick auf den ersten Gerichtstermin empfohlen habe, »ruhig klar zu sagen«, daß sie bei ihren Geschwistern und der Mutter leben wolle. Die Frage, ob sie ihre Kinder seit dem Umzug anders behandle als vorher, bejaht Frau E. Sie sei auch »nicht mehr gereizt«, sondern auf dem besten Wege, »ihre alte Fröhlichkeit wiederzufinden«. Allenfalls würden sie neue Schriftsätze ihres Mannes gelegentlich in Aufregung versetzen.

Kurz nach dem Besuch von Frau E. bittet ihr Mann um einen Gesprächstermin. Als er erscheint, wird schnell klar, daß er zu einer Beratung nicht motiviert ist, auch nicht im Hinblick auf die Kinder.

Herr E. – zu diesem Zeitpunkt 42 Jahre alt – bekennt gleich eingangs, daß er nur gekommen sei, um den Beratern seiner Frau »reinen Wein einzuschenken«. Seine Frau schildert er als pedantisch und herrschsüchtig. Schon wenige Jahre nach der Eheschließung sei sie dazu übergegangen, ihn – den Geschäftsinhaber – zu ihrem Angestellten zu machen. Nach rund zehn Ehejahren habe er »die Schnauze vollgehabt« und sich einer jungen Verkäuferin zugewandt. Sie habe ihn auch beruflich bewundert. Erst jetzt sei ihm bewußt geworden, daß er eigentlich immer »der Dackel seiner Frau« gewesen wäre. Vor etwa drei Jahren habe er ernsthafte Scheidungsabsichten gehabt, weil er seine Freundin heiraten wollte. Aber auch diese Verbindung war sehr problematisch. So sei diese Beziehung im wesentlichen wegen des großen Altersunterschiedes gescheitert. »Wahrscheinlich war sie auf mein Geschäft scharf«, meinte Herr E. abschließend zu diesem Punkt.
Während seiner ganzen Darlegungen findet Herr E. nie eine Wendung, die sich als positive Kennzeichnung seiner Frau deuten ließe. Lediglich die auf ihre geschäftlichen Funktionen beschränkte Tüchtigkeit läßt er gelten, wobei selbst dieser Begriff im Gesamtzusammenhang negativ wirkt und damit verdeutlicht, daß hier eines seiner Eheprobleme gelegen haben muß.
Die Schilderung der Familienatmosphäre ist weitgehend deckungsgleich mit der seiner Frau. Unverkennbar bleibt allerdings, daß er ihre Empfindungen in der Familienkrise nicht wahrnehmen, geschweige denn nachvollziehen konnte.
Auf den Spontanurlaub mit Sibylle angesprochen, gibt er zu, daß dieser natürlich lange vorher geplant war. Er wollte sich aber keinen Diskussionen aussetzen, zumal man ja mit seiner Frau überhaupt nicht mehr reden könne. Die Ferien selbst stellt er als erholsam und harmonisch dar. Sibylle habe ihm immer wieder gesagt, daß sie mit

ihm zusammenbleiben will. Er selbst habe ja nach dem Auszug seiner Frau mit dem Gedanken gespielt, das Sorgerecht für alle drei Kinder zu verlangen, aber das sei ja wohl nicht durchsetzbar. Er könne es auch zeitlich nicht bewältigen, da er nach dem Weggang seiner Frau »bis zum Hals« in Arbeit stecke. Sibylle allerdings werde dem Familienrichter bei der Anhörung mit Sicherheit sagen, daß sie zum Vater will. Daran könne kein Zweifel sein.
Herr E. bestreitet mit Nachdruck, daß er Sibylle in irgendeiner Weise beeinflußt haben könne. Lächelnd räumt er allerdings ein, sie nie so beschenkt zu haben wie in diesen Ferien. Die Einkleidung erklärt er damit, daß er vor Reiseantritt auf keinen Fall mehr bei seiner Frau vorbeifahren wollte. Deshalb mußten Sommerkleider, Wäsche, Reisesachen, aber auch Regenzeug und Toilettenartikel angeschafft werden. Die kostspielige Großzügigkeit der Urlaubstage spielt er herunter und motiviert sie mit der üblichen Ferienstimmung.

Wenige Wochen nach dem Besuch des Herrn E. hört der Familienrichter die Kinder. Nach dem Protokoll erweist sich Bernd als eine Art Wortführer. Aus der offenbar sehr einfühlsamen Gesprächsführung durch den Richter ergibt sich ein ziemlich realitätsgerechtes Bild. Das Gericht sieht keinen Grund zur Geschwistertrennung. Anträge zur Erstellung eines psychologischen Gutachtens liegen nicht vor und werden auch von Gerichts wegen nicht angeordnet. Das Sorgerecht für alle drei Kinder wird auf die Mutter übertragen. Erstaunlicherweise verzichtet der Vater auf Rechtsmittel.
Frau E. besucht nun regelmäßig eine unserer Selbsterfahrungsgruppen. Bernd und Sibylle nehmen an einem problemspezifischen Wochenende in einer Kindergruppe im Alter zwischen neun und vierzehn Jahren teil. Dabei zeigt sich auch in diesem Fall, daß sie mehr durch die Scheidungsvorphase belastet waren als durch die klaren Verhältnisse nach der faktischen Trennung. Bernd – inzwischen im vierzehnten Lebensjahr – hat keine Schwierigkeiten, sich in der Gruppe zu äußern. Seine Beiträge verdeutlichen eine Art Beschützerrolle, die er sich seiner Mutter gegenüber zugewiesen hat und der er auch nach dem Auszug aus dem väterlichen Hause verhaftet bleibt. Er sei jetzt der Mann im Hause, ist ein in mehreren Varianten auftretender Satz. »Da-

mals« habe er eigentlich keinen Vater gehabt. »Der war nur noch zum Schimpfen da«, meint Bernd. Freimütig und mit einem Anflug von Stolz berichtet er auch über viele aggressive Handlungen, die er in der Scheidungsvorphase begangen hat. Sie waren sichtlich vaterbezogen. Seine damaligen Diebstahlshandlungen allerdings mag er in der Gruppe nicht ansprechen. Nach den Beobachtungen der Mutter sind sie in der neuen Umgebung auch nicht mehr aufgetreten.
Im weiteren Verlauf der Gruppenarbeit nimmt auch die Sonderstellung Sibylles klare Konturen an. Aufgrund einer tatsächlichen oder vielleicht auch nur vermeintlich hervorgehobenen Vater-Kind-Beziehung war sie das stillschweigende Streitobjekt zwischen den Eltern. Hinweise, wonach sie eine stärkere Bindung an den Vater gehabt haben könnte als an die Mutter, finden sich nicht. Die Mehrzahl auch ihrer Äußerungen bezieht sich auf die Vorphase der elterlichen Trennung, also auf eine Zeit, die weit zurückliegt. Die kampfbetonte Auseinandersetzung, die ihre Eltern um ihre Person geführt haben, hat sie allerdings sehr wohl empfunden. Sie konnte auch die verdeckten Mittel durchschauen, mit denen sie geführt wurde:

So habe der Vater ihr häufig Geld zugesteckt, fünfmal so viel wie das Taschengeld der Mutter. Er habe sie auch manchmal heimlich von der Schule abgeholt oder sei mit ihr Eis essen gegangen. Das habe er nur mit ihr gemacht, nicht mit Bernd oder Sabine. »Über Mami hat er schlecht gesprochen damals, und immer wollte er wissen, was sie mit uns redet.« Später, nach dem Umzug, habe sie mit ihrer Mutter nicht reden können, wenn sie vom Besuchstag zurückkam. »Mami hat dann immer so komisch geguckt. Ich bin dann ins Bett gegangen und hab oft geheult.« Wegen des Geldes und der Geschenke habe sie zu Hause immer ein schlechtes Gewissen gehabt. »Nur in den Sommerferien nicht, da war ich weit weg und hab nicht nach Hause müssen.«

Sibylles Position als spezielles Streitobjekt ihrer Eltern muß außerdem schon zu einem frühen Zeitpunkt der Scheidungsvorphase oder noch früher begründet worden sein. Auch ihre Rolle innerhalb der Geschwisterreihe mag da mitgespielt haben. So erinnert sie sich noch an genaue Formulierungen beider Eltern.

Sie haben gerade Sibylle besonders bedrückt und in ihrer inhaltlichen Unvereinbarkeit die Zerrissenheitsgefühle dieses Kindes unerträglich verstärkt:

»Papa hat früher immer gesagt, wir zwei gehören zusammen, immer hat er das gesagt. Und Mami hat auch so 'nen Satz drauf gehabt: *Wir* sind jetzt die Familie oder so. *Wir* lassen uns scheiden, *wir* suchen uns eine neue Wohnung und so.«

Beide Eltern haben also Sibylle massiv beeinflußt, offenbar lange vor der tatsächlichen Trennung. Vor dem Auszug mag dies von beiden Seiten mehr unbewußt gewesen sein. Nach dem Umzug war es, zumindest seitens des Vaters, auch bewußt. Er hat das Kind vor der richterlichen Anhörung auf ihre Aussage nahezu vergattert. Außerdem ließ er sich an Besuchstagen und in den Ferien von Sibylle dauernd bestätigen, daß sie nur mit ihm leben wolle. Von der Mutter berichtet das Kind zwar ähnliches, aber mit deutlich vermindertem Gewicht:

»Mami hat uns vor dem Gerichtstermin immer wieder erklärt, was dort geschieht. Sie hat gesagt, wir brauchen nur zu sagen, was wir mögen. Dann aber: »Zu mir hat Mami schon gesagt, ich soll sagen, wir wollen alle drei zusammenbleiben.«

Es darf dahingestellt bleiben, ob die zurückhaltenderen Formen der mütterlichen Beeinflussung mehr waren, als eine Abwehr des gezielt eingesetzten väterlichen Einflusses. Frau E. hat ihn zwar nur vermutet, Sibylle aber belegt ihn. In der Selbsterfahrungsgruppe der Mutter ergaben sich auch deutlich ihre Anteile an diesem stummen Streit. Sie muß in großer Angst gelebt haben, es könnte ihrem Mann gelingen,»Sibylle zu vereinnahmen«.
Sibylle jedenfalls überbrückt ihre Zerrissenheit dadurch, daß sie beiden Eltern gegenüber sich ausschließende Zukunftsvorstellungen anbietet. Jedem die seine. Dieses Verhalten beweist immer nur die Belastung des Kindes, nichts sonst. Offenbar ist es ein momentaner Weg, sich die eigene Last wenigstens zeitweise zu erleichtern. Unbewußt ist es wohl auch ein Versuch, sich beide Eltern zu erhalten, wenn auch ein untauglicher. Insoweit entsprechen solche Äußerungen dem inneren Zustand des Kindes, weil es ja die Trennung vermieden sehen und beide Eltern

zusammen haben will, wenn auch ohne Streit und Aggression. Seine vermeintlich widersprüchliche Haltung ist also eine Konzession an die Erwachsenen und eine momentane Erleichterung für das Kind. Dabei vermag es allerdings kaum jemals zuzugeben, daß es jedem Elternteil dasselbe gesagt hat. Nicht nur Familienrichter, auch die betroffenen Eltern und nicht zuletzt die Anwälte, die ihre Schriftsätze auf solche Kinderzitate stützen, sollten dies wissen. Aus kindlicher Not geborene und mit der Realität der Erwachsenen nicht vereinbare Kindesäußerungen sind als Beweismittel im Scheidungs- und Sorgerechtsverfahren denkbar ungeeignet. Sie eignen sich allenfalls zur Verschärfung der elterlichen Aggressionen und zur weiteren Vergiftung des Klimas, in dem das Kind leben muß.

Hans: Die überforderte Mutter und ein fürsorglicher Vater

Hans C., 7,10 Jahre. Vater zunächst Fernfahrer, nach vierjähriger Ehe Getränkefahrer. Mutter Verkäuferin, Beratungsbeginn im achten Ehejahr.

Herr G. ist zu diesem Zeitpunkt 32 Jahre alt. Er macht einen etwas ruppigen Eindruck. Seine vor knapp acht Jahren geschlossene Ehe schildert er als gut, solange er seiner Fernfahrertätigkeit nachgegangen sei. Nach deren Aufgabe und der Übernahme einer Tätigkeit als Getränkefahrer habe sich seine Ehe völlig verändert, nach vier Jahren. Die berufliche Veränderung war mit finanziellen Einbußen verbunden. Dennoch entschloß er sich zu diesem Schritt, weil seine Frau darauf bestand, die Wochenendehe zu beenden und eine Arbeit in der näheren Umgebung zu suchen. Dies gelang auch und hatte den Vorteil, daß er abends meist schon gegen 17.00 Uhr zu Hause sein konnte. Außerdem konnte er die Mittagspause mit der Familie verbringen. Jetzt habe er sich viel um seinen Jungen gekümmert, mit ihm gespielt und gebastelt. Im dritten Lebensjahr des Kindes habe er es sogar ganztags versorgt, weil er damals, als Folge eines Berufsunfalles, zehn Monate arbeitsunfähig war. In dieser Zeit arbeitete seine Frau als Verkäuferin, später dann nur noch halbtags.

Im fünften Ehejahr gab es dann die ersten Krisen. Seine Frau habe immer Streit angefangen, meistens wegen des Geldes. Oft auch, wenn sie zuviel getrunken hatte. Auch das Kind habe eine Rolle gespielt. Sie habe ihm immer vorgeworfen, er beschäftigte sich mehr mit Hans als mit ihr. In dieser Zeit war sie auch mehrmals arbeitslos, was zu weiteren Einkommensminderungen und zu neuem

Streit führte. Schließlich griff sie zum Alkohol und soll häufig schon am frühen Vormittag betrunken gewesen sein.
Am Anfang des sechsten Ehejahres war sie wochenlang verschwunden. Sie hatte einen Freund. Nur weil seine eigene Mutter in derselben Straße wohnt, konnte das Kind ausreichend versorgt werden. Damals (vor zweieinhalb Jahren) habe er sich schon scheiden lassen wollen. Er war auch bei einem Anwalt, sei aber aus finanziellen Gründen zurückgeschreckt. Außerdem wollte er den Jungen auf keinen Fall verlieren. Seine Frau sei dann zurückgekehrt als ob nichts geschehen sei. Sie war wie umgewandelt, bat ihn um Verzeihung und beide beschlossen, die Ehe weiterzuführen. Aber schließlich sei sie »in ihren alten Trott zurückgefallen« und habe »wieder die Sau abgelassen«. Nach zwei oder drei Monaten zog sie erneut aus, diesmal zu einer Freundin in der Nachbarschaft. Das war besonders schlimm, weil sie den Jungen nicht besucht habe, obgleich sie förmlich in Sichtweite wohnte. Bei zufälligen Begegnungen auf der Straße sei sie absolut eisig und abweisend gewesen. Hans habe sehr darunter leiden müssen. Ihn – den Ehemann – habe sie wissen lassen, daß er das Kind ruhig haben könne, sie lege keinen Wert darauf, es sei ihm sowieso wie aus dem Gesicht geschnitten. Kurz darauf zog sie mit unbekanntem Aufenthaltsort weg. Nach einem weiteren halben Jahr ging ihm die Scheidungsklage zu. Erst jetzt habe er ihren Wohnsitz erfahren.

Im Schriftsatz von Frau G., den uns Herr G. vorlegt, findet sich allerdings der Antrag der Mutter auf Übertragung der elterlichen Sorge. Nach dem Besuch ihres Mannes bitten wir sie schriftlich zu einem Gespräch. Sie ruft uns an und teilt mit, daß sie nicht wüßte, was es zu besprechen gäbe. Ihre Scheidung sei ihre Privatsache. Schließlich läßt sie sich umstimmen und erscheint.

Frau G., etwa 30 Jahre alt, macht einen adretten, wenn auch etwas zerfahrenen Eindruck. Zu Beginn des Gespräches ist ihre Feindseligkeit unüberhörbar. Sie unterstellt uns zunächst, auf der Seite ihres Mannes zu sein, beruhigt sich aber nach einer Reihe von bissigen Bemerkungen merklich.
Sie sei einfach zu jung gewesen damals. Der Eheschließung habe sie zugestimmt, weil sie schwanger war. Nach der Entbindung habe sie bemerkt, daß sie einfach nicht auf ein Kind eingestellt war. Sie habe kein Verhältnis zu Hansi entwickeln können, als er klein war. Ihren Mann habe sie zu der Zeit schon gern gehabt. Als er aber seine Fernfahrertätigkeit aufgab und täglich um sie herum war, sei alles

ganz anders geworden. »Das war nicht der Mann, den ich geheiratet habe. Unter der Woche hatte der zu nichts Lust, nur zu seinem Sohn. Das war sein ein und alles, der konnte mit Hansi spielen wie eine gelernte Kindergärtnerin, das hat mich krank gemacht ... Ja, da bin ich ausgeflippt, das geb' ich zu. Ich hätt' einfach mehr Pfiff gebraucht. Ich hab' gedacht, die beiden brauchen niemand.«
In dieser Zeit hatte Frau G. mehrere außereheliche Beziehungen, über die sie offen spricht. Vorübergehend zog sie zu einer Freundin in der Nachbarschaft, nachdem sie »ein halbes Jahr vorher schon mal alles hingeschmissen« hatte. »Das mußt' ich einfach, ich konnt' den nicht mehr sehen. Wenn ich den sah, mußt' ich Dampf ablassen. Auch den Hans konnt' ich nicht mehr sehen. Wenn ich ihn von weitem sah, hab' ich einen großen Bogen gemacht. Ich bin dann umgezogen, zu meinem neuen Freund.«
Darauf angesprochen, weshalb sie die Übertragung des Sorgerechtes verlangt, erklärt Frau G., sie habe zu Hansi als Kleinkind keine Beziehung gehabt, weil sie mit kleinen Kindern einfach nichts anfangen könne. Sie hätte es eben nie gelernt und auch selbst keine Geschwister gehabt. »Ich mag schon Kinder, so ist das nicht, aber ich war einfach zu jung. Jetzt ist das anders. Hans geht in die zweite Klasse, jetzt kann man was mit ihm anfangen. In der Schule ist er zwar gar nicht gut. Außerdem ist er Bettnässer, aber das krieg ich hin, auch die Schule.«
Dann kommt allerdings der Satz: »Mein Anwalt sagt, wenn ich Hansi nicht nehm', dann müßt' ich ja Unterhalt zahlen. So weit käm's noch. Nein, ich nehm' ihn. Vielleicht wird er doch nicht so 'ne Pflaume wie sein Vater.«

Frau G.s Vorstellungen lassen keinen Zweifel daran, daß sie mit Ehe und Kind völlig überfordert war und aus dieser Überforderung wohl nur in der dargestellten Form ausbrechen konnte. Die Unvereinbarkeit der Persönlichkeiten, wie auch die erheblich voneinander abweichenden Erwartungen gegenüber Ehe und Familie blieben so lange verborgen, bis der Ehemann täglich zu Hause war. Davor – während der Fernfahrerzeit – fühlte sich Frau G. zwar vernachlässigt, aber die kurzen Anwesenheitszeiten ihres Mannes hatten offenbar auch eine Art Urlaubscharakter. Erst die Daueranwesenheit erbrachte entsprechende Dauerkonflikte, wobei der hohe Aggressionspegel dieses Paares in der Scheidungsvorphase besonders offenkundig wird. Die Wirkungen ihres Beziehungskrieges, wie auch die ihres eigenen Verhal-

tens auf das Kind, vermochte Frau G. selbst im nachhinein nicht abzuschätzen. Ihr wochenlanges Verschwinden oder ihr Einzug in die Wohnung ihrer Freundin, selbst die Kontaktverweigerung zu ihrem Kind, stellt sie als eine Art Notwehrakt dar. Subjektiv kann man ihr das abnehmen. Objektiv handelt es sich offenbar um Aggressionen gegen ihren Mann. Freimütig räumt sie ein, daß sie ihn »in die Scheiße tunken« wollte. Hinzu treten unverkennbar Bestrafungswünsche, denen das Kind als Mittel dienen muß, Vorgänge, die sich auch in differenzierteren sozialen Schichten finden lassen, auch wenn sie dort meist subtilere Formen annehmen mögen. Dennoch haben die G.s Jahre gebraucht, um sich voneinander zu lösen. Die Dramatik dieses über Gebühr langen Loslösungsprozesses wurde dabei – wie immer – voll auf dem Rücken des Kindes ausgetragen.
Frau G.s Äußerungen zum Sorgerecht zeigen gleichfalls die instrumentalisierte Funktion, die sie dem kleinen Hans zuweist. Der hohe Anteil ihrer materiellen Motive zeigt sich unverdeckt. Dies ist auch bei höheren Einkommensgruppen nicht ganz selten. Selten ist allenfalls die unverblümte Offenheit, die wir dem direkten Wesen von Frau G. verdanken. Tatsächlich waren ihr Kind und Ehe eine Last, der sie nicht gewachsen war. Inzwischen bietet ihr der kleine Hans einen Einkommenszuwachs. Dieses Motiv spielt die vorrangige Rolle bei ihrem Sorgerechtsantrag. Eine tragfähige Mutter-Kind-Beziehung liegt überhaupt nicht vor, und Frau G. ahnt dies selbst. Als alleinerziehende Mutter wäre sie genauso überfordert gelieben wie als Ehefrau. Tatsächlich hat ein vom Gericht angeordnetes Gutachten die stärkere Bindung des Kindes an den Vater festgestellt und sich unter Berücksichtigung der allgemeinen Lebensumstände für die Übertragung des Sorgerechts auf den Vater ausgesprochen.

III. Wie erlebt das Kind die Trennung der Eltern?

Während die Scheidungsvorphase als eine bedrückende Art hoffnungsvoller Hoffnungslosigkeit empfunden wird, erleben Kinder Empfindungen der unwiderruflichen Endgültigkeit vielfach erst mit der Ausgliederung eines Elternteils aus der Familie. Die Zeit davor belastet die Kinder zwar existenziell über ihre Erwartungsängste und die veränderten Umgangsformen der Eltern, aber auch streitende Eltern sind real noch vorhanden. Ein Stück Hoffnung kann erhalten bleiben. Das volle Ausmaß des Unglücks wird erst mit dem Auszug sichtbar. Nachvollziehbar wird es deshalb nicht. Das Kind bleibt regelmäßig noch lange zwischen seinen wunschhaften Empfindungen und der sichtbaren Realität gespalten.

Überwiegend findet die Scheidungsvorphase in der Ehewohnung statt. Die Erfordernisse allerdings, die Gesetzeslage und Rechtssprechnung an die sogenannte »Trennung unter einem Dach«[16] stellen, sind nicht gerade sehr verständlich. Beruhigende Wirkungen auf die Kinder können von den richterlich vorgeschriebenen Kommunikationsabbrüchen kaum ausgehen. Tatsächlich begründet das Trennungsjahr in derselben Wohnung eine bedrükkende Szenerie, wenn die juristischen Regeln ernst genommen werden sollten. Kein Kind wird nachvollziehen können, weshalb Eltern nicht mehr gemeinsam an einem Tisch sitzen, sich wechselseitig keinen Kaffee mehr bereiten oder die Waschmaschine nicht mehr mit der Wäsche beider beschicken dürfen. Solche, auch von Obergerichten bestätigte »Trennungskriterien« formalisieren und entmenschlichen die Scheidungsvorphase. Sie unterstützen vorhandene Aggressionen oder provozieren sie gar. Zwar werden diese trivialen Gesten verbliebener Gemeinsamkeit ohnehin oft zerstört sein. Es gibt aber auch scheidungswillige Paare, die sich einen zivilisierten Bereich ihrer Begegnungen bewahrt haben. Dort wird von der Rechtsprechung die dauernde Verweigerung eines normalen Umgangs verlangt. Dies ist ein kinderfeindliches Verlangen, weil es dazu zwingt, auch die Zerstörung solcher Kommunikationsformen zu signalisieren, die mit der Zerrüttung des intimeren ehelichen Bereiches keineswegs zerstört sein müssen. Weshalb bloß genügt es dem Gericht nicht, die Funktionsunfähigkeit des ehelichen Kernbereiches zur Kenntnis zu nehmen und diejenigen zwischenmenschlichen Gesten zu respektieren, die zwischen den ehemaligen Partnern noch erbracht werden können?

Der endgültige Auszug eines Elternteils markiert allemal den Moment begrabener Hoffnungen, auch wenn kindliche Wunschvorstellungen danach immer noch weiterwirken. Als einmalig traumatisierendes Ereignis in der Entwicklung des Kindes kann man diesen Vorgang dennoch nicht betrachten. Wie hinreichend gezeigt, ist an der Konfliktbelastung des Scheidungskindes bereits die Vorphase beteiligt. Die Belastung wandelt sich allenfalls, und die Folgen der vollzogenen Trennung verschärfen sie in vielen Fällen. Gelegentlich wirkt die Trennung auch erleichternd, nämlich stets dann, wenn die Vorphase für das Kind bedrückender war als die Zeit danach. Natürlich bringt der ebenfalls schmerzlich erlebte Weggang eines Elternteils eine Fülle neuer Belastungen, denen sich das Kind unterwerfen muß. Manche sind leichter, manche schwerer zu ertragen. So gibt es neben der Kontaktverminderung zum ausgezogenen Elternteil noch vielerlei Abbrüche im sozialen Umfeld. Wohnungs- und Schulwechsel führen dazu, daß Kinderfreundschaften aufgekündigt, verwandtschaftliche Beziehungen auf Eis gelegt und neue Kontakte aufgebaut werden müssen. Dies widerfährt zwar auch Kindern aus intakten Familien, das Scheidungskind aber muß dies alles zusätzlich ertragen. Seine Fähigkeit zum Aufbau neuer Sozialkontakte ist aber vielfach behindert, solange es die Elterntrennung nicht verwunden hat.

Schließlich verändert auch die verbliebene Bezugsperson ihr Verhalten nach der Trennung. Auch sie muß neu anfangen und ein Stück ihrer eigenen Lebensgeschichte bewältigen. Und dies betrifft auch den Besuchsberechtigten. Sein Verhalten zum Kind verändert sich gleichfalls. Hinzu kommt die künftige Gestaltung des Verhältnisses zwischen den getrennten Eltern. Es bleibt in der Regel noch lange konfliktbeladen und wirkt deshalb meist ungünstig auf Entwicklung und Befinden der betroffenen Kinder; aber hiervon wird später die Rede sein.

Die Ausgliederung von Vater oder Mutter aus der bisherigen Familie stellt also kein nur punktuell wirkendes Ereignis dar. Sie ist Glied einer langzeitigen Ereignisfolge, die das Kind dauerhaft belastet. In der einschlägigen Literatur ist die Rede von einer Sequenz[17] von Erfahrungen im Leben des Kindes, die von ihm in vielen Fällen extreme Umstellungen abverlangt. »Der Prozeß beginnt mit den Konfliktsituationen, die der Scheidung vorausgehen, und er entwickelt sich zu einer komplexen Folge externer und interner Ereignisse, die bis dahin bestehende Strukturen in Frage stellen und teilweise auch auflösen; Konflikte, die das Kind nicht versteht und in die es möglicherweise hineingezogen wird, Verlust eines Elternteils und die Auflösung der Familie, Veränderung der Eltern-Kind-Beziehung, Phantasien und emotionale Reaktionen, die sein Selbstwertgefühl bedrohen, sind nur einige der komplexen Situationen, in die das Kind verwickelt wird.«[18] Das Trennungserlebnis hat also Langzeitcharakter mit eigener Dynamik. Sie ist gekennzeichnet u. a. durch die spezifischen Empfindungsverläufe, mit denen Kinder auf die sich abzeichnende *und* auf die vollzogene Trennung ihrer Eltern reagieren. Naturgemäß sind diese kindlichen Empfindungen vom Lebensalter, vom Entwicklungsstand und von der Qualität der vorausgegangenen und der gegenwärtigen Eltern-Kind-Beziehung geprägt.

1. Im Vorschulalter

Wenn das Scheidungsverfahren abgeschlossen ist, befindet sich die Mehrheit der betroffenen Kinder im Vor- und Grundschulalter. Schon die Scheidungsvorphase nimmt also einen beträchtlichen Teil ihrer Biographie in Anspruch. Sie dauert nach unseren Erfahrungen im Schnitt mehr als zwei Jahre. Zusammen mit dem endgültigen Zerfall der Familie und den vielfältigen Umstellungsprozessen danach treffen die scheidungsbedingten Erschütterungen die Mehrzahl der Kinder in ihrer sensibelsten Entwicklungsphase.

Wie schon erwähnt, erscheint im allgemeinen die Trennung der Eltern unterhalb des dritten Lebensjahres relativ unproblematisch, weil hier noch eine sehr enge Bindung an die Hauptbezugsperson vorliegt. Dies gilt allerdings nicht mehr für solche Ehen, bei denen beide Eltern ihr Kind gleichermaßen versorgt haben. In solchen Fällen gibt es eben keine Hauptbezugsperson. Das Ergebnis ist eine recht ausgewogene Bindung, auch des kleinen Kindes, an beide Eltern. Dieser Familientyp ist zwar noch nicht sehr häufig, er nimmt aber in dem Maße zu, in dem sich Väter konsequent und schon im frühen Lebensalter ihrer Kinder in die täglichen Versorgungsleistungen einbringen. Der Trend dazu ist unverkennbar.

In der herkömmlichen Familie, die immer noch überwiegt, herrscht neben der realen auch eine Art emotionale Arbeitsteilung gegenüber dem kleinen Kind vor. Sie weist immer noch der Mutter ein Versorgungsmonopol zu. Über dieses Monopol ist die Mehrzahl der Mütter auch heute noch gefühlsmäßig enger an das Kind gebunden als die meisten Väter. In diesem Fall ist die Elterntrennung weniger problematisch, wenn das kleine Kind danach bei der Mutter verbleibt.

In der Altersgruppe zwischen dem vierten und dem siebten Lebensjahr schließlich finden zwei entwicklungspsychologisch wesentliche Abläufe statt, die gestört werden, wenn ein Elternteil ganz oder teilweise verschwindet. Zum einen geht es um die sekundäre Sozialisation, in der das Kind seine in der Familie

erworbenen Sozialverhaltensmuster auf Gleichaltrige und auf Gruppen anwendet. Zum anderen geht es um die Intensivierung und Umstrukturierung derjenigen Empfindungen, die am gegengeschlechtlichen Elternteil orientiert sind und die auch das Verhältnis zum gleichgeschlechtlichen mitbestimmen.
Schon allgemeine, nicht scheidungsspezifische Behinderungen der sekundären Sozialisation werden häufig mit regressiven Rückgriffen auf das Zustandsbild der primären Sozialisation beantwortet. Anstatt die Distanz zu den primären Bezugspersonen allmählich zu vergrößern, unterlassen dies belastete Kinder vielfach oder ersetzen diesen Vorgang durch gegenläufige Prozesse. Im Scheidungsfall geschieht dies vermehrt. Es zeigt sich in Rückfällen im Bereich der Sauberkeitserziehung oder etwa einem veränderten Sprechverhalten. Auch das Auftreten von Phobien ist nicht gerade selten. Trennungserschütterung und die Ängste, die ihr zugrunde liegen, blockieren oder behindern so den normalen Entwicklungsverlauf. Hier liegt auch die Erklärung eines Phänomens, das sich nicht nur in diesem Lebensalter, sondern auch später noch auffinden läßt: die Erscheinung der vom Kind vorgenommenen Überbindung an den verbliebenen Elternteil. Relativ unabhängig von vorhandenen Sehnsüchten oder Phantasien gegenüber dem verschwundenen Elternteil streben Kinder zum verbliebenen vielfach ein Übermaß von Enge an. Auch hier handelt es sich um ein regressives Reaktionsmuster. Ihm steht oft ein ähnlich gelagertes Verlangen des verbleibenden Erwachsenen gegenüber, der seine eigenen Verlassenheitsempfindungen am Kind kompensiert. Im einzelnen wird hiervon später die Rede sein, das Phänomen selbst konnten wir bei einer knappen Mehrzahl der langzeitig betreuten Restfamilien feststellen.
In dieser Entwicklungsphase intensivieren Kinder außerdem diejenigen Empfindungen, die sich auf den gegengeschlechtlichen Elternteil richten. Hierbei handelt es sich um eine spezifische Form des sozialen Lernens, weil hier Rollen vorgeprägt und Einstellungen erlernt werden, die dem späteren Partnerverhalten als Grundschema dienen. Trennung der Eltern in diesem Alter

aktiviert phasentypische Störungen. Zunächst scheint sich das Kind dadurch zu helfen, daß es sich mit dem verbleibenden Elternteil enger liiert, als es seinem normalen Entwicklungsgang entspräche. Außerdem scheint das Erlebnis einer verschwundenen Bezugsperson auch die Gefahr der Unzuverlässigkeit des verbliebenen Elternteils zu signalisieren. Seine Zuverlässigkeit steht in der Empfindungswelt des Kindes nun ebenfalls in Frage. Auf diese Weise manövriert der angstbesetzte Hintergrund dieser Kinder viele in eine Lage, die eigentlich im Widerspruch zu den Notwendigkeiten speziell dieser Entwicklungsphase steht. Söhne binden sich mitunter auch aus nicht-ödipalen Gründen an ihre Mutter, und diese trennungsbezogenen Elemente der Bindung sind recht oft der Grund, wenn die später nötige Distanzvergrößerung zur Mutter mißlingt oder behindert bleibt. Gegengeschlechtliche Formen des Lernens laufen natürlich trotzdem ab, bisweilen sind sie aber dermaßen mit phasenfremden Anteilen angereichert, daß das Lernziel dieser Entwicklungsphase verfehlt oder nur bruchstückhaft erreicht wird.
Bekanntlich kommt dieser Phase auch ein gleichgeschlechtlicher Lerncharakter zu. Das Verhältnis zum gleichgeschlechtlichen Elternteil ist meist ambivalent und von rivalisierender Natur. Mit der Trennung der Eltern entfällt auch diese Seite des ödipalen Lernens. Die Auseinandersetzung mit dem gleichgeschlechtlichen Elternteil – meist dem Vater – unterbleibt, oder sie verschiebt sich auf phasenfremde Ebenen. Vom Ansatz her liegen also auch hier entwicklungsspezifische Störfaktoren, die bei der Scheidung, je nach den Bedingungen des Einzelfalles, zum Tragen kommen können.
Im Falle von Töchtern dieses Alters kommt der gegengeschlechtliche Lernvorgang völlig zu kurz. Auch bei Mädchen finden sich Überbindungstendenzen im Anschluß an die Trennung. Da die Mütter überwiegend sorgeberechtigt werden, haben wir hier die Tendenz zu gleichgeschlechtlichten Überbindungsverhältnissen, die ebenfalls nicht dieser Entwicklungsphase angemessen sind. Hier fehlt das ödipale Objekt selbst. An Stelle der rivalisierenden Auseinandersetzung mit der Mutter dient sie selber als Ersatz.

Wesentliche Lernvorgänge, wie etwa die konstruktive Bewältigung der Mutterrivalität, vor allem aber das Erlernen und Handhaben gegengeschlechtlicher Emotionen, bleiben erschwert. Zwar machen wir immer wieder die Erfahrung, daß sich Kinder dieses Alters ödipalen Ersatzobjekten zuwenden und dadurch ihre Mangelsituation mindestens teilweise kompensieren können. Dieses Verhalten wird aber nach der Trennung durch gleichzeitig wirkende Belastungen wie Trennungsschmerz, Erwartungsängste, durch allgemein situative Erschütterungen und vielfach durch Verhaltensänderungen beim sorgeberechtigten Elternteil erschwert.

Das kindliche Erlebnis der Elterntrennung hat also entwicklungsabhängige Auswirkungen. Viele systematische Untersuchungen zeigen das deutlich.[19] Die Art der Auseinandersetzung des Kindes ist abhängig von »seinen sozialen und kognitiven Kompetenzen, der Art seiner Bindung an die Eltern und von der Funktionsfähigkeit seiner Bewältigungsstrategien«.[20] In diesem Alter ist die Bindung an die Eltern noch recht eng. Techniken zur Bewältigung außergewöhnlicher Belastungen sind naturgemäß noch kaum vorhanden. Deshalb besteht besonders in dieser Altersklasse die Gefahr, daß aus den elterlichen Loslösungsprozessen das Potential erwachsen kann, das kindliche Entwicklungen abbricht, streckenweise umkehrt oder längerfristig deformiert. Diese Gefahr besteht natürlich auch noch bei höheren Altersstufen; dort tritt aber eine zunehmende Verarbeitungsfähigkeit auch scheidungsspezifischer Belastungen hinzu.

Nach unseren Beobachtungen reagieren Kinder zwischen vier und acht Jahren überwiegend mit komplexen Ängsten auf die Trennung der Eltern. Teilweise werden sie in vermehrte Aggressionsneigung, in mehr depressive und schließlich in regressive Reaktionsmuster oder in Mischformen umgesetzt. Auch psychosomatische Störungen treten häufig auf. In einer Kindergruppe hatten wir ein siebenjähriges Mädchen, das seiner Mutter für den Fall ihrer Verspätung ein minutiöses telefonisches Meldesystem abverlangte, obgleich das Kind in den kurzen Abwesenheitszeiten der Mutter nach dem Kindergarten immer gut von einer ihm lange bekannten Nachbarin versorgt wurde. Und ein achtjähriger Junge, der ganztags gut untergebracht war, verpflichtete seinen Vater noch ein Jahr nach der Trennung nahezu täglich auf die peinlich genaue Einhaltung der Straßenverkehrsordnung. In einem dauernd wiederholten Ritual mußte der sorgeberechtigte Vater versichern, auf der Autobahn nur Richtgeschwindigkeit, auf Landstraßen Tempo 100 und in der Stadt nur 50 km zu fahren. Außerdem bestand der Junge darauf, daß im väterlichen Wagen ein Schriftstück mitgeführt wurde, auf dem für die Polizei die Kindertagesstätte des Jungen vermerkt war, damit er einen eventuellen Unfall seines Vaters als erster erfahren könnte.

Eine wesentliche Rolle für Kinder dieser Altersklasse spielt die Befindlichkeit des Sorgeberechtigten. In diesem Alter sind dies in erster Linie die Mütter. Deshalb prägen sie die Reaktionen der Kinder nach der Trennung stärker als die Väter. Insofern finden sich häufig spiegelbildliche Reaktionsmuster beim Kind. Aber auch aggressive oder aggressiv-depressive Mischverhaltensmuster, wie sie für die Eltern typisch sind, finden sich auf seiten der Kinder wieder.

Bei älteren Vorschulkindern, etwa ab dem sechsten Lebensjahr, fallen Ansätze zu einer gewissen Befähigung auf, die Trennungssituation auch rational zu bearbeiten. Das hält sich natürlich in Grenzen, ist aber nicht zu übersehen. Zwar ist die innere Situation von Kindern dieses Alters nicht nennenswert anders als bei jüngeren, sie sind aber Erklärungen zugänglicher. In diesem Alter können Gefühle auch schon verbal vorgetragen werden. Auch der Wunsch nach Wiederherstellung der Familie wird recht häufig geäußert, allerdings kaum im Umgang mit den Eltern. Gegenüber Betreuungspersonen, zu denen Vertrauen besteht, ist dies eher möglich. Die Gründe hierfür sind naheliegend: Die sorgeberechtigte Mutter steht vor zerstörten Bindungen gegenüber dem abwesenden Vater. Die ehemalige Beziehung wird aggressiv oder depressiv verarbeitet. Das Kind hingegen wünscht sich die Wiederherstellung der Familie. Solche Wünsche und ähnlich gelagerte Phantasien stehen völlig im Widerspruch zu den Signalen, die die Mutter in Richtung Vater aussendet. Das

Kind unterliegt deshalb einem gewissen Zwang, vatergerichtete Gefühle auch nach der Trennung verdeckt zu halten oder zu verdrängen. Sie offen zuzulassen und zu äußern, muß ihm als gefährlich erscheinen. Es müßte sich in Widerspruch zu den Gefühlen der Mutter stellen. Sie aber bietet ein verbliebenes Stück emotionaler Sicherheit. Im Empfinden des Kindes ist zwar ihre »Zuverlässigkeit« relativiert, weil das Verschwinden des Vaters auch die Unzuverlässigkeit der Mutter in den Bereich des Möglichen rückt. Eben deshalb muß das Kind der Gefahr entgegenwirken, daß auch sie »verschwinden« könnte. Aus diesem Grunde verengt es seine Beziehung zur Mutter (oder eben zum Sorgeberechtigten), und in diesem kindlichen Bedürfnis liegen sicherlich wesentliche Antriebe für das Überbindungsverhalten nach der Trennung. Das Kind ist elementar auf denjenigen angewiesen, bei dem es lebt. Es unterliegt buchstäblich dem Zwang, alles zu unterlassen, was die Beziehung zu ihm trüben könnte. Der Preis, den es für dieses Verhalten zahlt, liegt in der Verdrängung der Gefühle, die dem Besuchsberechtigten – in diesem Alter überwiegend dem Vater – gelten. Diese Verdrängungstätigkeit kann man nicht auf die leichte Schulter nehmen. Sie ist Basis für vielerlei Entwicklungs- oder Verhaltensstörungen.

Hier liegen die Gründe, wenn Vorschulkinder »ein großes Maß an Verleugnung in ihren Phantasien und in ihrem Spiel zum Ausdruck bringen«.[21] In abgestufter Form findet sich dies auch noch im höheren Alter. Die Tragik ist nur, daß der Sorgeberechtigte diese Erscheinungen kaum zur Kenntnis nimmt. Sie werden ihm in sehr vielen Fällen einfach nicht bewußt, weil er das angepaßte Verhalten seines Kindes meist völlig falsch deutet und daraus z. B. den Schluß zieht, es sei an der Ausübung des Besuchsverkehrs kaum oder gar nicht interessiert. Solche Haltungen sind typisch für die Fälle des weiterwirkenden, nachehelichen Beziehungskrieges. Und da die meisten Paarbeziehungen nach der Trennung weiterhin aggressive Züge behalten, dürfte eine Mehrheit der Kinder dieses Alters den beschriebenen Zwängen ausgesetzt bleiben.

Liese: Eine abhängige Ehefrau verbündet sich mit ihrem Kind

Liese S., 4,3 Jahre. Mutter 28, Vater 32 Jahre. Seit Beginn des vierten Lebensjahres ist die Mutter halbtagsbeschäftigt und Liese in dieser Zeit im Kindergarten. Die Trennung erfolgt, weil sich Herr S. einer anderen Frau zugewandt hat, mit der er seither zusammenlebt. Der Mutter ist das vorläufige Sorgerecht übertragen.
Liese erlebt die Trennung völlig unvorbereitet. Die Trennungsvorphase war in diesem Fall relativ kurz (8 Monate), wohl aber stark aggressiv auf seiten des Vaters und mehr depressiv auf seiten der Mutter strukturiert. Liese, die altersgemäß sauber geworden war, näßt wenige Tage nach dem mit großem Eklat erfolgten Weggang des Vaters wieder ein. Nachdem dies zunächst nur sporadisch auftritt, wird dieses Verhalten nach einigen Wochen zur Regel. Lieses Spielverhalten ändert sich anfangs wenig. Nach einiger Zeit nimmt es stark aggressive Züge an. So geht das Kind dazu über, nicht wie früher Bauwerke über Tage zu erhalten, sondern sie unverzüglich und mit großem aggressiven Aufwand zu zerstören. Eine Parallelerscheinung findet sich in ihrem Malverhalten. Während sie vor der Trennung gerne und viel gemalt und die Bilder überall aufgehängt hat, meidet sie diese Beschäftigung jetzt oder zerreißt die Bilder unmittelbar nach oder gar vor der Fertigstellung.
Im Kindergarten wirkt das Kind zerfahren und fällt auch dadurch auf, daß es dauernd die körperliche Nähe der Gruppenleiterin sucht. Dieselbe Erscheinung zeigt sich im Umgang mit der Mutter. Liese läßt sie förmlich nicht mehr aus den Augen. Während es vor der Trennung der Eltern möglich war, kleinere Besorgungen innerhalb des Wohngebietes ohne das Kind zu machen, duldet Liese dies nun nicht mehr. Selbst beim Abstellen des Mülleimers in etwa dreißig Meter Entfernung vom Hauseingang läuft das Kind hinterher. Nachts kommt es regelmäßig ins Bett der Mutter, was wegen der anhaltenden Enuresis außerordentlich unangenehm ist. Vor der Trennung hatte Liese ihr Kinderzimmer nachts nie verlassen.
Frau S. hat ihre fast sechsjährige Ehe in einem erheblichen Abhängigkeitsverhältnis zu ihrem Mann zugebracht. Sie schätzt sich selbst als unselbständig ein, und da sie bis zu ihrer Eheschließung im eigenen Elternhaus gelebt hat, ist sie nach der Trennung zum erstenmal alleine auf sich selbst gestellt. Sie würde sich eine Fortsetzung der Ehe wünschen, weiß aber, daß die Entscheidung ihres Mannes nicht revidierbar ist. Entsprechend schwankt ihre

Gemütsverfassung zwischen Selbstvorwürfen, Verzweiflung und Depression. Das Leben mit einem anderen Mann kann sie sich nicht vorstellen. Eindeutig ist, daß Frau S. die symbiotischen Neigungen ihrer Tochter bereitwillig aufgreift und auch von ihrer Seite her das Mutter-Kind-Verhältnis zu einer Art intimer Schicksalsgemeinschaft umgestaltet.
Ein Besuchsverkehr zwischen Vater und Tochter findet erst acht Monate nach der Trennung statt und wird regelmäßig im Vierzehntagerhythmus eingerichtet. Frau S. vermag ihrem Mann nicht unbefangen gegenüberzutreten. Ihre Depressionen korrelieren eindeutig mit den Besuchstagen.
Das Verhalten Lieses ändert sich mit der Aufnahme der Vaterbesuche zunächst überhaupt nicht. Etwa zum gleichen Zeitpunkt wird Frau S. Mitglied einer unserer Gruppen. Im Verlauf der Gruppensitzungen, die sich über fünfzehn Wochen hinziehen, wird sie zunehmend kontaktfreudiger und wendet sich schließlich einem der wenigen männlichen Gruppenmitglieder zu. Die sich daraus ergebende Beziehung hat eine deutlich stabilisierende Wirkung. Belastend ist lediglich, daß Liese diesen Mann abzulehnen scheint. Etwa ein Jahr nach der Trennung stabilisiert sich auch Liese. Ihr Aggressionspegel normalisiert sich. Auch hat sich ihr Verhältnis zum Freund der Mutter erheblich verbessert.

Aus Lieses Reaktionen läßt sich das unter solchen Rahmenbedingungen häufigste Verhaltensmuster dieser Altersgruppe ablesen: Überbindungsneigung, steigende Aggressionsneigung (bei Jungen häufiger als bei Mädchen), Regressionsneigung und die innere Zensur, die dem Kind nicht erlaubt, seine vaterbezogenen Gefühle zu äußern. Hier kommt erschwerend hinzu, daß die Mutter die Überbindungsneigung ihres Kindes mit einer ähnlichen Haltung beantwortet. Damit wird das Kind in eine entwicklungswidrige Symbiose zur Mutter gezwungen, die zusammen mit seiner Selbstzensur am Anstieg der Aggressionen beteiligt ist.
Lieses Vater wird etwa zum selben Zeitpunkt wieder greifbar, zu dem die Mutter eine neue Beziehung eingehen kann und durch eine sichtlich erfolgreiche Selbsterfahrung zu lernen beginnt, den Vergangenheitscharakter ihrer Ehe zu akzeptieren. Die Rückwirkung auf Liese ist verblüffend: Frau S. kann den Vaterkontakt nun auch innerlich tolerieren. Dies wird durch die Selbsterfah-

rung und die neue Beziehung möglich. Beides erlaubt Frau S., ihren Anteil am Überbindungsverhältnis zu Liese aufzugeben. Und Liese kann dies ertragen, weil etwa zu diesem Zeitpunkt ihr verdeckt gehaltenes Wunschobjekt, der Vater, wieder zugänglich wird und eine freier werdende Mutter den Abbau der Selbstzensur beim Kind möglich macht. Bleibt noch zu erwähnen, daß Liese den Freund der Mutter nicht einfach deshalb abgelehnt hat, weil sie ihn als »Verrat am Vater« erlebt haben könnte. Aller Wahrscheinlichkeit nach hat Liese die neue Beziehung ihrer Mutter eher als Einbruch eines Fremden in die zunächst stark verengte Mutter-Kind-Symbiose empfunden. Im weiteren Verlauf der Entwicklung nimmt sie diesen Mann durchaus als ödipales Teilobjekt an. Dies äußert sich z. B. zwei Jahre später in Sätzen wie: »Ich habe zwei Väter, einen richtigen und einen, der immer da ist.« Hier sind also zwei Vaterfiguren im Innern des Kindes integriert worden, was gemeinhin allerdings nicht so unkompliziert verläuft wie bei Liese. Die Formulierung selbst zeigt übrigens deutlich den unterschiedlichen Stellenwert beider Väter.

Michael: Die Sehnsucht nach der unerreichbaren Mutter

Michael D., Alter zum Zeitpunkt der Trennung 5,2 Jahre. Mutter 28, Vater 33 Jahre. Beide Eltern sind Lehrer. Mit Ausnahme der Mutterschutzzeit war Frau D. immer berufstätig. Unterhalb des Kindergartenalters wurde Michael halbtags von einer Pflegemutter versorgt. Ehedauer bis zur Trennung sieben Jahre. Dauer der Vorphase etwa zweieinhalb Jahre.

In diesem Fall ist die Scheidungsvorphase durch zwei eheliche Ausbruchsversuche der Mutter mit anschließender Versöhnung gekennzeichnet. Die Beziehung Michaels zu beiden Eltern muß ursprünglich gleichermaßen gut gewesen sein. Schon in der Vorphase zeigt das Kind stark regressives Verhalten, das sich einerseits in einer Infantilisierung seines Sprechverhaltens und in zunächst nur gelegentlichem, bald aber in regelmäßigem Einnässen äußert. Schließlich zieht die Mutter endgültig aus, um ein Zusatzstudium in einer anderen Stadt zu beginnen. Sie läßt keinen Zweifel daran, daß es sich um die endgültige Trennung handelt. Der Vater lebt nun mit Michael alleine.

Zu bemerken ist, daß der Vater an allen Versorgungsleistungen gegenüber dem Kind in gleichem Maße beteiligt war wie die Mutter, auch in der Säuglingszeit. Die Ausbruchsversuche der Mutter und schließlich die Trennung sind von ihr ideologisch begründet worden (Abkehr von bürgerlichen Normen, Ehe und Familie als Ausbeutungsverhältnis usw.). Hinzu kommt, daß Frau D. ohne Übergang von der eigenen mutterbezogenen Abhängigkeit in die eheliche übergewechselt ist. Dort entwickelt sie sich zügig zu einer selbständigen Frau, die, ab einem bestimmten Punkt, den Mann, der diese Entwicklung gefördert hatte, nicht mehr benötigt. Die Selbstverwirklichung von Frau D. geht allerdings mit der Empfindung einher, in der eigenen Jugend Versäumtes nachholen zu müssen. Sie verzichtet auf das Sorgerecht und hat etwa ein Jahr nach der Trennung die Möglichkeit, in den USA weiterzustudieren. Anstelle eines Besuchsverkehrs findet in diesem Jahr lediglich ein zweiwöchiger Urlaub mit Michael statt. Noch vor der Abreise wird die Scheidung ausgesprochen. Durch die Verkettung mehrerer – auch unglücklicher – Umstände, kommt Frau D. erst nach über vier Jahren aus den Staaten zurück. Erst im elften Lebensjahr Michaels findet wieder ein Besuchsverkehr statt.
Die bereits in der Vorphase angesetzten regressiven Verhaltensmuster Michaels verschärfen sich nach der faktischen Trennung erheblich (Einnässen, Sprechverhalten), ebenso die Aggressionsneigung. Noch im Kindergarten war Michael vor der Trennung ein kooperatives Kind. Danach ändert sich auch dies. Sein Verhalten zeigt jetzt teilnahmslosen Rückzug auf die eigene Person, unterbrochen durch heftige aggressive Ausbrüche, bis hin zu völlig unmotiviert erscheinenden Tätlichkeiten, insbesondere gegenüber Kleineren. Im häuslichen Bereich entwickelt er ein deutliches Klettenverhalten gegenüber dem Vater. Mehrfach verläßt er den Kindergarten heimlich, um zur – allerdings nahegelegenen – Schule des Vaters zu laufen und dort am Unterricht teilzunehmen. Schließlich geht der Vater auf dieses Bedürfnis ein und plaziert ihn – obgleich Vorschulkind – in der von ihm unterrichteten Schulklasse. Dort verhält sich Michael durchweg ruhig und ist glücklich, in Sichtweite des Vaters verweilen zu können.
Eine neue Beziehung des Vaters – die Mutter befindet sich inzwischen in einer nicht mehr nachvollziehbaren Entfernung – beantwortet er anfangs mit einer Mischung aus Skepsis und personenbezogener Aggression. Während er sonst durchaus in der Lage ist, alleine in seinem Zimmer zu spielen, tut er dies in Anwesenheit der Freundin des Vaters nie, sondern versucht, sich dort in den Vordergrund zu spielen. Bei nächtlicher Anwesenheit der Freundin entwickelt er die

Gewohnheit, das nun von beiden Personen belegte väterlicher Bett aufzusuchen.
Lange ist die Freundin des Vaters Objekt der Aggressionen Michaels. Dies ändert sich nahezu abrupt während eines mehrwöchigen Urlaubs zu dritt. Die Enuresis klingt ab, und Michael beginnt das bisher vatergerichtete Bedürfnis nach körperlicher Nähe auch auf dessen Freundin zu verschieben. Nach dem Urlaub gibt er seine nächtlichen Störversuche völlig auf. Die Besserung der Enuresis hält an, seine allgemeinen aggressiven Ausbrüche allerdings bleiben bestehen. Schließlich drängt Michael den Vater zur Eheschließung mit der Freundin. Dieses Verhalten geht mit einer Reihe unausgesprochener Signale des Jungen einher. Nach seiner etwas vorzeitig erfolgten Einschulung gibt es Rückfälle (Enuresis). Außerdem erweist sich Michael – bei einem gemessenen IQ von 129 – in erheblichem Maße als lese-rechtschreibschwach.

Hier haben wir wieder das verbreitete Reaktionsschema zwischen Aggression und Regression. Auch Michael muß seine muttergerichteten Gefühle verbergen. Da Mutterbesuche erst wieder nach vielen Jahren möglich werden, diese Gefühle also nicht einmal gelegentlich ausgelebt werden dürfen, kann auch er sie nur völlig unzureichend abdecken. Die anfangs sehr enge und nur durch die Freundin sich langsam abbauende Überbindungssituation zum Vater verbietet auch diesem Kind, die Gefühle offenzulegen, die der Mutter gelten. Die Selbstzensur findet auch hier statt, obwohl sich der Vater außerordentlich liberal und verständnisvoll gibt. Als die Grundschullehrerin anläßlich des Muttertags die Klasse auffordert, den Müttern ein Bild zu malen, behauptet Michael, seine Mutter sei verstorben. Es habe keinen Sinn, ihr ein Bild aufs Grab zu legen. Bei ihm sei der Vater die Mutter, und deshalb male er für den Vater. Der Zwang, die Mutterbindung zu verbergen, wirkt also selbst gegenüber solchen Personen, von denen Michael wissen muß, daß sie über seine Verhältnisse informiert sind.
Nicht stichfest sind allerdings die Deutungen des Vaters. Er gab an, daß Michael all die Jahre nie von sich aus nach seiner Mutter gefragt habe. Dies müsse man der problemlosen Annahme der Freundin als funktionsfähige Zweitmutter zuschreiben. Aus der Sicht des Kindes habe sie in dieser Zeit alle Mutterbedürfnisse

abgedeckt. So einfach liegen die Dinge allerdings nicht. An dieser Auffassung des Vaters ist lediglich richtig, daß die Freundin über eine große Wegstrecke hinweg wichtiges gegengeschlechtliches Objekt werden konnte. Defizite blieben dennoch. Vollwertiger Muttterersatz war sie – wie in fast allen vergleichbaren Fällen – nie. Dies kann auch nicht sein, wenn in diesem Alter gute Bindungen an eine existierende Mutter vorliegen. Hier war dies der Fall, und das völlige Verschwinden der Mutter kann daran nichts ändern. Sie bleibt Gegenstand von Sehnsüchten und Wünschen. Michael mußte also die Gefühle, die seiner Mutter galten, auch noch vor der Lebensgefährtin des Vaters verdeckt halten.

Antje und Ralph: Eine kindliche Notgemeinschaft im Trennungskonflikt

Antje 4,4 und Ralph R. 5,8 Jahre im Moment der Auflösung der Familie. In diesem Fall handelt es sich um eine Trennung unter einem Dach. Dauer der Vorphase einschließlich des gerichtlich verlangten Trennungsjahres etwa drei Jahre. Trennungs- und Scheidungszeitpunkt identisch.

Dieser Fall kennzeichnet sich dadurch, daß die Vorphase den zeitlich größeren Teil der Biographie der Kinder umfaßt. Gleichzeitig ist sie von beiden Eltern her stark aggressiv gehandhabt worden. Auf diese Weise werden beide Kinder den größeren Teil ihres Daseins dauernde Zeugen heftiger Aggressionen ihrer Eltern. Antjes Enuresis tritt dann auch nicht im Zusammenhang mit der Trennung auf. Sie wird im Darmbereich verspätet und im Blasenbereich erst im oberen Grundschulalter sauber. Auch bei Ralph ist eine insgesamt verspätete Reinlichkeit zu verzeichnen. Beide Kinder zeigen schon lange vor der Trennung erhebliche Auffälligkeiten. Bei Antje haben wir wiederum eine starke Mutterfixierung bei dominant depressiver Grundstimmung und bei niedriger Frustrationsschwelle. Bei Ralph findet sich ein ganz beträchtlich überhöhter Aggressionspegel.

Nach dem Auszug des Vaters, der etwa mit der Scheidung erfolgt, zeigen sich zunächst keine weitergehenden Abweichungen. Im Kindergarten galten beide Kinder schon vorher als schwierig. Ralph wegen seiner Überaggressivität und Antje wegen ihrer Kontaktscheu, ihren motorischen Besonderheiten und ihrer mangelnden Gruppenfähigkeit. Beide Kinder waren übrigens mehrwöchige Aus-

häusigkeit des Vaters gewohnt. Erst Monate nach dem väterlichen Wegzug stellen sich zusätzliche Veränderungen ein. Sie bieten sich weitgehend als eine Verschärfung der Ausgangslage dar. Obgleich die Trennung objektiv eine erhebliche Entlastung des Familienklimas erbringt, kotet Antje nun gelegentlich ein. Sie fällt auch immer wieder durch unsinnig erscheinende Handlungen auf. So hat sie z. B. in Abwesenheit von Mutter und Bruder sämtliches Geschirr, oder in einem anderen Fall ihre Lieblingsstofftiere sowie eine männliche, aber keine weibliche Puppe in einem nahegelegenen Sandkasten vergraben.
Der Besuchsverkehr läuft in vierwöchigem Rhythmus von Freitag bis Sonntag ab. Während bei Antje kaum besuchsbezogene Auffälligkeiten hinzutreten, sträubt sich Ralph zunehmend und reagiert mit Durchfall und Erbrechen. Daraufhin begrenzt Frau R. die Besuche für einige Zeit auf Antje, eine Maßnahme, der ihr Mann zustimmt. Nach fünf Monaten äußert Ralph, daß er nunmehr den Vater wieder besuchen wolle. Er begründet dies damit, daß jemand auf Antje aufpassen müsse, wenn die Mutter nicht dabei sei. Störungen im Magen-Darm-Bereich treten nun nicht mehr auf.
Die deutlichste Veränderung ist hier wohl im Verhältnis der Geschwister zueinander zu sehen. Während Ralphs Beziehung zur Schwester vor dem Auszug des Vaters stark aggressiv getönt war, nimmt sie nun schrittweise eine Art Fürsorgecharakter an. Obwohl Frau R. ohne neuen Partner zubringt, ist im Beobachtungszeitraum (bis zwei Jahre nach der Trennung) keinerlei Form der Überbindung an die Mutter feststellbar. Die vorangegangene Mutterfixierung Antjes hat sich abgebaut, und gleichzeitig entsteht eine freundschaftliche und dennoch nicht etwa aggressionsfreie Geschwisterbeziehung. Zwei Jahre nach der Elterntrennung – Ralph ist inzwischen eingeschult – ist das Gesamtverhalten sichtlich normaler geworden. Bei Antje bleibt allerdings die Enuresis erhalten, wenn auch nur noch sporadisch. Im Kindergarten hat Antje ihre Selbstbezogenheit weitgehend aufgegeben. Sie wirkt nun kooperativer als zuvor. Ralph paßt sich gut in den Klassenverband ein, hat viele Freunde, behält aber seine überhöhte Aggressionsneigung, die allerdings nicht mehr annähernd so eruptiv verläuft wie in seiner Kindergartenzeit.

Diesem Fall liegt eine stark aggressive Scheidungsvorphase zugrunde, die von beiden Partnern gleichermaßen in Gang gehalten wurde. Die selbständige Persönlichkeit von Frau R. bewirkt, daß den anfänglichen Überbindungsbedürfnissen Antjes kein entsprechendes Verlangen der Mutter gegenübersteht. Statt dessen richtet sich eine stärkere Bezogenheit der Geschwister untereinander ein. Diese Geschwisterbeziehung ist etwas anderes als die Überbindungstendenzen, die wir in den genannten Beispielen beschrieben haben. Die hier enthaltenen Fürsorgeelemente, die damit verbundenen Ansätze der Verantwortung für die kleine Schwester und das von Ralph mitbefriedigte Schutzbedürfnis Antjes, all dies stellt eine spezielle Form des sozialen Lernens dar, die von entwicklungshemmenden und störenden Momenten freibleiben kann. Unter der Scheidungsbelastung geben sich die Geschwister wechselseitigen Rückhalt. Und wenn ein derart intensiviertes Geschwisterverhältnis auch durchaus den Charakter einer kindlichen Notgemeinschaft annehmen kann, so werden hier dennoch keine Kinderkonflikte »weggeliebt«, wie es in der überengen Mutter-Kind-Beziehung häufig vorkommt. Sie werden in aller Regel ausgetragen, weil die gemeinsame Belastung offenbar keine kindlichen Interessengegensätze beseitigt. Die Geschwisterbeziehung nimmt deshalb kaum jemals Formen einer entwicklungshemmenden Überbindung an. Sie stellt eine sinnvolle und hilfreiche Strategie dar, um die Trennung der Eltern besser handhaben zu können.

Bei Ralph und Antje ließ sich die konfliktmindernde Wirkung ihrer Beziehung recht gut ablesen. Überhaupt mindert sich die Scheidungsbelastung, wenn funktionsfähige Rückhaltesysteme vorliegen, in die die Kinder eingebunden sind. Hierher gehört in erster Linie der Geschwisterverband. Wie bereits gezeigt, werden allerdings doppelt so viele Einkindfamilien geschieden (vgl. S. 20) wie solche mit zwei Kindern, und bei größerer Kinderzahl nimmt die Scheidungsneigung zügig ab. Geschwister als Bewältigungshilfen finden sich deshalb nur bei Minderheiten. Als helfender Rückhalt bei der Scheidung kann allerdings auch die erweiterte Familie dienen. Kinderfreundschaften, Kindergarten und Klassenverband können bisweilen ebenfalls stützende Funktionen übernehmen, wenn auch mit deutlich minderem Gewicht.

Der Auszug des Vaters hat die Belastung von Antje und Ralph erhöht, trotz all dem, was sich vorher ereignet hatte. Der Vater war auf viele Wochen hinaus nicht mehr zugänglich, buchstäblich verschwunden. Dies war nur die eine Seite. Gleichzeitig entspannte sich das Familienklima, weil die massiven Auseinandersetzungen der Eltern entfielen. Dieser Teil der Erschütterungen endet also, aber der Vater ist wochenlang nicht mehr und dann nur noch einmal im Monat verfügbar. Und wie fast immer, so sind auch hier die Aggressionen der Erwachsenen nicht verschwunden, wenn mit dem Auszug des einen die Gelegenheit zum Dauerstreit wegfällt. Sie bleiben den Kindern fühlbar, belasten sie weiterhin und prägen vor allem den Besuchsverkehr.

Herr und Frau R. haben nach der Trennung noch über ein Jahr gebraucht, um die aggressiven Begegnungsmuster abzubauen und sich schrittweise neutraler gegenüberzutreten. Angesichts der Ausgangslage ist dies eher ein günstiges Ergebnis. Erst danach kann sich Besuchsverkehr lockerer gestalten. Hilfreich war hier die wiedergefundene Souveränität der Mutter und sicher auch die befriedigende Beziehung auf seiten des Vaters. So konnte der Beziehungskrieg abflauen, nachdem Frau R. gelernt hatte, die neue Verbindung ihres Mannes zu ertragen. In vielen ähnlich gelagerten Fällen dauert dies um vieles länger. Nachdem aber Frau R. ihre Kränkung endlich zu überwinden begann, verminderten sich auch die Auffälligkeiten der Kinder. Dieser Effekt stellte sich allerdings erst nach über zwei Jahren ein.

Der Vater von Ralph und Antje hat die Sorgerechtsverteilung hinnehmen können, weil es im Grunde seine eigene war. Bewußt wurden die Kinder nach unserer Einschätzung nie in Koalitionen mit Vater oder Mutter einbezogen. Unbewußt gehört dies allerdings auch hier zum Ritual, obgleich die Sorgerechtsfrage nie zur Debatte stand. In vielen Fällen werden die Kinder unbewußt in Bündnisse gegen den anderen Elternteil gezwungen. Dies muß immer zu schmerzvollen und vielfach unerträglichen Loyalitätskonflikten führen. Kinder dieses Alters identifizieren sich immer noch mit *beiden* Eltern. Mit beiden können sie das aber nicht, wenn diese nur noch in Haß und Aggression miteinander umgehen. Das Ergebnis ist Zerrissenheit, Ausweglosigkeit und Not.

Es zeigt sich in Auffälligkeiten, abweichendem Sozialverhalten, aggressiven, depressiven oder regressiven Rekationsmustern und vielfach auch in psychosomatischen Störungen.
Eltern, die ihre Kinder in Bündnisse gegen den ehemaligen Partner einbinden, diskriminieren ihn auch, weil sie ihn vor dem Hintergrund der kindlichen Empfindungen herabsetzen müssen. Für ein Kind, das in der Regel beide Eltern liebt, ist auch dies schlicht unerträglich. Es kann seine innere Notlage nur verschärfen, selbst wenn es unausgesprochen geschieht. Auch hier zeigt sich, daß die Loslösungskämpfe der Eltern regelmäßig im völligen Widerspruch zu den emotionalen Bedürfnissen der Kinder stehen. Wie schon erwähnt, erwächst die Hauptbelastung der Kinder in den meisten Fällen nicht aus der Elterntrennung selbst, sondern aus den meist jahrelang vor und nach der Trennung anhaltenden Streitigkeiten. Den Eltern mögen sie zur Verarbeitung ihrer gescheiterten Ehe dienen, für die Kinder bedeuten sie Belastung. Gleichzeitig verhindert der Beziehungskrieg, daß das Ausgangsproblem – die Elterntrennung – vom Kind verarbeitend in Angriff genommen werden kann. Schließlich müssen Eltern, die sich so verhalten, ihr Kind in seiner Ausweglosigkeit notgedrungenerweise alleine lassen. Entlastung tritt erst ein, wenn sich im Verhältnis der Erwachsenen eine Bereinigung anbahnt. Erst dann, und wenn das von den Kindern erfühlt wird, ist der Weg für den Abbau scheidungsspezifischer Störungen frei. Erst dann besteht die Möglichkeit, das Trennungserlebnis selbst verarbeiten zu können.
Bei Ralph und Antje zeigen sich Schritte zur Normalisierung, nachdem die R.s in der Lage sind, ihr nacheheliches Verhältnis zu entspannen. Jetzt können beide Kinder langsam erfassen, daß ihre vatergerichteten Gefühle von der Mutter akzeptiert werden und ihr Leben bei der Mutter vom Vater unterstützt wird. Die nur verbale Versicherung, daß dies so sei, nützt übrigens wenig. Sie ist den R.s auch während der aggressiven Phase stets gegeben worden. Kinder dieses Alters verfügen aber gerade in Zeiten der Not über ein leistungsstarkes Sensorium. Es befähigt sie in oft erstaunlichem Maße, den Widerspruch zu erfassen, der sich zeigt

zwischen dem, was solche Eltern sagen, und dem, was sie mit ihren partnergerichteten Gefühlen wirklich ausdrücken, wenn diese in Haß und Kränkung umgeschlagen sind. Auch wohlmeinende Worte können nicht beruhigen, wenn die Kehrseite elterlichen Verhaltens Angst macht. Kinder empfinden diese Diskrepanz, und vieles spricht dafür, daß sie sich eher an der Fülle unausgesprochener Signale orientieren. So finden wir vermeintliche Zuspruchshandlungen in der Mehrzahl aller Fälle: »Du kannst ruhig zu Papa (Mama) gehen«, »Ich bin gewiß nicht böse, wenn du bei Mama wohnst«, »es wäre schön, wenn du Papa mal anrufen würdest« usw. In der noch aggressiv aufgeladenen Nachscheidungssituation sind solche Äußerungen auch sicherlich gut gemeint. Je nach Tonlage und Kontext bergen diese Sätze aber die Gefahr, beim Kind als Gegenteil ihres Inhaltes erlebt zu werden. Damit kommt es der Realität oft erheblich näher. Bei Antje und Ralph war dies so, wie Vater und Mutter nach fortschreitender Selbsterfahrung auch einräumen konnten. Nicht Inhalt und Häufigkeit solcher Elternäußerungen sind also entscheidend, sondern die Frage, ob sie im Einklang mit dem kindlichen Erleben stehen, oder ob sie ihm widersprechen. Weichen die beruhigend gemeinten Bekundungen von allen anderen Signalen ab – und oft ist dies ja über Jahre der Fall – so ist das betroffene Kind keineswegs beruhigt, sondern bleibt eher alarmiert.

2. Zwischen Einschulung und Pubertät

In diesem Alter (Latenz) finden im Normalfall Rückgriffe auf mehr gleichgeschlechtliche Identifikationen im Eltern-Kind-Verhältnis statt. Auch werden außerhäusliche Kinderkontakte in ebenfalls gleichgeschlechtlicher Form intensiviert. Geschlechtsspezifische Gruppen- und Hordenbildung und ein erheblicher Zuwachs an motorischen Bedürfnissen sind hier typisch. Inzwischen ist das Kind eingeschult und muß sich erstmals recht

umfassenden Leistungsanforderungen unterwerfen. Während der Kindergarten noch die Funktion hatte, sekundäre Sozialisation, Leistungserwartungen außer Haus zu unterstützen, geht es nun darum, Kulturtechniken zu erlernen. Dies geschieht in einem Zeitrhythmus, der dem Kind bisher völlig fremd war. Berücksichtigt man, daß die Einschulung mit einem beträchtlich erweiterten, oft erzwungenen Aktionsradius, vielfach mit weiten Schulwegen und öffentlichen Verkehrsmitteln verbunden ist, so kennzeichnet sich das siebte Lebensjahr auch ohne elterliche Trennung durch einschneidende Umstellungen.
Elterntrennung in dieser Zeit bewirkt in vielem noch vergleichbare kindliche Verhaltensweisen, wie wir sie schon beim älteren Vorschulkind beschrieben haben: vermehrte Angstreaktionen, steigende Aggressionsneigung, Absinken der Belastbarkeit und depressive Gemütslagen; auch hier immer wieder das Überbindungsbedürfnis gegenüber dem verbliebenen Elternteil. Auch in der Schule zeigen Scheidungskinder auffallende Affekt- und Verhaltensänderungen.[22] Ihren Leidensdruck können sie zu Hause kaum oder nur in chiffrierter Form erkennen lassen und besuchs- wie sorgeberechtigte Eltern vermögen das veränderte Verhalten nur selten hinreichend zu entschlüsseln. Der Schule kommt überhaupt ein besonderes Gewicht zu. Ihre Leistungserwartungen kommen nämlich regelmäßig mit der inneren Befindlichkeit des Scheidungskindes in Konflikt, und zwar in einer lern- und konzentrationshemmenden Weise. Dies kann kaum verwundern. Abgrundtiefe Traurigkeit, Ängste und Not sind nun einmal nicht geeignet, um schulischen Erfordernissen standzuhalten. Die Mehrheit der Scheidungskinder im Grundschulater erlebt schließlich immer noch beängstigend veränderte Eltern. Zwar besitzt diese Altersgruppe nicht mehr das gleiche Maß an Verleugnungs- und Verdrängungstechniken, wie es noch Vorschulkindern eigen ist. Ohne Scheidung würden sie aber den Einschnitt der Einschulung müheloser verkraften können. Als Kinder aus Scheidungsfamilien fällt es ihnen einfach enorm schwer, ihren schulischen Pflichten nachzukommen. Wie sollten sie auch? Sie leben unter denkbar schlechten Bedingungen. Sich

bekriegende Eltern fallen außerdem aus, wenn es darum geht, solchen Kindern ihre innere oder auch nur ihre schulische Lage zu erleichtern. Schulleistungsabfall oder die Unfähigkeit, mit Klassenverband und Lerninhalten zurechtzukommen, sind entsprechend häufige Reaktionen. Sie setzen in der Scheidungsvorphase an und bewegen sich zwischen Leistungsverweigerung und mehr oder weniger starken Konzentrationsschwächen bis hin zu abgestuften Lernstörungen. Bei unseren Kindern war dies bei einer deutlichen Mehrheit der unter Zwölfjährigen der Fall. Außerdem wurde unsere Vermutung gestützt, wonach das zerstörte Familienklima sie weit stärker belastet als die Trennung selbst. So war der Schulleistungsabfall bei einer ausgesuchten Kontrollgruppe von Kindern aus aggressionsarmer bis neutraler Atmosphäre unerwartet gering (vgl. Anhang). Diese vergleichenden Messungen mußten zwar auf den Zeitpunkt des Auszugs eines Elternteils bezogen werden, obwohl scheidungsorientierte Schulleistungsabfälle natürlich nie nur mit der vollzogenen Trennung allein in Verbindung stehen. Sie beginnen fast immer, wenn die Familienatmosphäre dauerhaft gestört wird und Kinder eine Ehe, die sich auf Scheidung zubewegt, innerlich wahrnehmen können. Auch Schul- und Lernprobleme treten also schon in der Scheidungsvorphase auf. Der Vergleich zwischen beiden Gruppen von Scheidungskindern zeigt aber recht eindrucksvoll, daß der Elterntrennung offenbar weniger Gewicht zukommt als den Begleitumständen.

Verblüffend war nicht nur, daß Kinder aus aggressionsarmen Verhältnissen in relativ geringem Ausmaß von Leistungsminderungen betroffen waren. Genauso erstaunlich war, daß selbst die Kindergruppe, deren Leistungen dennoch absanken, die Trennungsvorgänge sichtlich besser gehandhabt hat. Binnen Jahresfrist war ihr Lernverhalten mehrheitlich auf dem Wege, sich zu normalisieren (71%). Den Kindern mit aggresivem Hintergrund gelang dies nur in 13% der Fälle. Dies bedeutet immerhin, daß 87% der leistungsschwach gewordenen Kinder, deren Eltern mit aggressiven Loslösungsprozessen befaßt waren, auch nach einem Jahr ihre Schulsituation nicht wesentlich korrigieren konnten.

Nun geht es hier natürlich nicht darum, Kinder aus geschiedenen

Ehen unter Leistungsgesichtspunkten vorzuführen. An der Veränderung im Schul- und Lernverhalten läßt sich aber ablesen, wie es innerlich um diese Kinder steht. Außerdem lassen sich mindestens teilweise Rückschlüsse ziehen, wie sich Kinder unter der Scheidungsbelastung im Klassenverband einfügen. Vordergründig geht es in der Schule zwar darum zu lernen, ebenso wichtig ist aber auch die soziale Rolle des Kindes in der Klasse. Ein Kind, das unter Leidensdruck steht, kann sich nicht mehr gut an die Spielregeln der Schule halten, ganz gleich, ob es um Lernvorgänge oder um Sozialkontakte zu den Mitschülern geht.

Auch für das Schulkind gilt also dies: Es ist weniger die Trennung an sich, die das Kind leiden und versagen läßt. Es ist vielmehr Art und Dauer, wie Eltern vor und nach der Scheidung miteinander *und* mit dem Kind umgehen – ob destruktiv und bedrückend oder konstruktiv und einfühlsam.

Von dem starken Bedürfnis des Kindes, die Beziehung zum verbliebenen Elternteil möglichst eng zu gestalten, war schon die Rede. Dieses Verhalten liegt natürlich auch daran, daß Kinder in Belastungssituationen mehr Zuwendung brauchen. Auch der Umstand, den anderen Elternteil nicht mehr im gleichen Maße um sich zu haben, spielt hier eine Rolle. Andererseits ist die Mutter (oder der Vater) selbst in einer schwierigen und völlig neuen Lebenslage. Vielfach haben die mit dem Kind lebenden Elternteile einfach nicht die Kraft, ihrem Kind das notwendige Mehr an Zuwendung und Einfühlungsvermögen zu geben. Manche Mütter schaffen es, andere ersticken ihr Kind in übertriebener Fürsorge, mit der sie ihre eigene Hilfsbedürftigkeit kompensieren. Wieder andere fallen von einem Extrem ins andere und schwanken zwischen übergroßer Distanz und unguter Enge, was für Kinder dieses Alters und in dieser Lage besonders irritierend sein muß.

Es gibt also Mängel in der Zuwendung zum Scheidungskind, die in der Person des Sorgeberechtigten liegen, und es gibt andere, die in der Situation begründet sind. In beiden Fällen reagieren Kinder mit abweichendem Verhalten. Mangel an Zuwendung ist natürlich kein spezielles Problem von Scheidungskindern; das gibt es auch in bestehenden Familien, und auch hier reagieren Kinder mit Lernstörungen, Regression oder anderen Formen abweichenden Verhaltens. Bei Kindern aus geschiedenen Ehen finden sich diese Formen aber viel häufiger. Schließlich kommen die vermehrten Ansprüche des Kindes auf Zuwendung und Hilfe einfach auch deshalb zu kurz, weil Eltern ja selber leiden und unter Druck stehen. So sind sie oft nicht in der Lage, die Bedürfnisse ihrer Kinder auch nur wahrzunehmen oder gar nach Ursachen zu suchen und Hilfen anzubieten. Die Ursachen für Leistungsabfall oder Außenseiterverhalten in der Klasse liegen sicher im Leidensdruck. Nur: Eltern in der Trennungskrise bewirken ihn nicht über die Trennung allein, sondern überwiegend dadurch, daß sie vor- und nachher viel zu lange aggressiv oder in anderen Formen der Destruktion ineinander verhakt bleiben.

Wenn sich die seelische Belastung von Kindern als Schulschwäche zeigt, so hat dies manchmal seinen Grund auch darin, daß man in unserer Leistungsgesellschaft mit schlechten Leistungen noch am ehesten Aufmerksamkeit erregt. Nun wendet sich die Mutter (oder der Vater) prompt dem Kind zu, wenn auch unter dem Deckmantel der Hausaufgabenhilfe. Tatsächlich haben wir immer wieder Kinder gefunden, die häusliche Nachhilfe als Form der Zuwendung erlebt haben, und dies gilt sicher nicht nur für Kinder aus geschiedenen Ehen. Erwachsene mag dies überraschen, zumal die Rolle der Eltern als Hilfsbeamte der Schule besonders von Alleinerziehenden als recht lästig empfunden wird. Für das Kind sieht die Sache aber anders aus: Mit seiner Lernschwäche hat es einen Trick entwickelt, mit dem sich Vater oder Mutter zwingen lassen, sich vermehrt mit ihm zu befassen, auch wenn dieser Apell natürlich unbewußt abläuft. Gerade weil Eltern Nachhilfe gewiß nicht als Zuwendung begreifen, Leistung aber in Mittelschichtfamilien besonders hoch bewertet wird, ist Schulversagen wirksamer als andere Auffälligkeiten. Pointiert gesagt: Schulschwierigkeiten verbessern die Beziehung zum Sorgeberechtigten nachdrücklicher als Bettnässen oder Stehlen. Dazu braucht die Nachhilfe nicht einmal besonders erfolgreich zu sein. Ihr unbewußtes Ziel ist ja ein ganz anderes. Außerdem schließen sich Schulversagen und andere Formen abweichenden Verhaltens ja nicht aus.

Das Verhalten der Kinder etwa zwischen dem zehnten Lebensjahr und der Pubertät (2. Latenzhälfte) unterscheidet sich deutlich von dem bisher beschriebenen. Gesteigerte Aggressionsneigung oder auch mehr depressive Befindlichkeit findet sich zwar auch in dieser Altersgruppe. Auffällig ist aber ihre geringere Verteilung. Die größere Reife dieser Altersstufe führt sichtlich zu einer besseren Bewältigung der Problematik und wohl auch zu kürzeren Bewältigungsfristen. Diese Kinder können ihre Konflikte überwiegend erkennen und sie auch recht illustrativ darstellen (vgl. Fallbeispiele). Gegenüber den Eltern fehlt es aber immer noch an Offenheit, wenn deren Verhalten weiterhin belastet bleibt. In der Beratung oder bei der Betreuung hingegen öffnen sich Kinder dieses Alters eher in unverschlüsselter Form, und in manchmal dramatischer Weise ließ sich die damit verbundene Entlastung in gesteuerten Kindergruppen beobachten.

Im Gegensatz zu früheren Entwicklungsstufen haben wir in diesem Alter häufig bewußte Wutreaktionen, die sich manchmal direkt gegen die Eltern selbst richten. Oft sehen diese Kinder nicht die geringste Rechtfertigung für die Trennung der Eltern, selbst wenn sie gewaltsame Auseinandersetzungen zwischen ihnen miterlebt haben. Entsprechend oft findet sich hier der nachhaltigste Wunsch nach Wiederherstellung der Familie. Im Gegensatz zu den zuvor beschriebenen Altersgruppen kommt hier auch die Befähigung hinzu, die eigene Position im Streit der Eltern verhältnismäßig realitätsgerecht abzuschätzen. Das verhindert zwar die immer noch vorhandenen Trennungs- und Zukunftsängste nicht, es erlaubt aber eine differenziertere Auseinandersetzung mit der Gesamtproblemlage, als es in früherem Alter denkbar wäre.

Fallbeispiele

Gunnar: Vergangenheitsbewältigung eines Achtjährigen

Gunnar S., zum Zeitpunkt der Haushaltsauflösung 8,3 Jahre. Mutter 32, Vater 33 Jahre. Initiative und Motivation zur Trennung liegen auf seiten der Mutter. Auch ist sie es, die die eheliche Wohnung verläßt und mit Gunnar an einen anderen Ort zieht. Die Bewertung der Trennungsvorphase ergibt eine nur mäßig aggressive Begegnungsebene zwischen den Erwachsenen. Depressive Elemente fehlen völlig. Bis zum Auszug ist der Umgang der Eltern einer recht neutralen und sachlichen Kommunikationsform gewichen. Alles in allem handelt es sich hier um eine durchaus gütliche Form der Familienauflösung. Dauer der Vorphase etwa 14 Monate.

Gunnar ist schon während der Trennungsvorphase darüber informiert worden, daß seine Eltern sich trennen werden. Von der tatsächlichen Trennung wird er dennoch überrascht, offenbar weil er die elterlichen Erklärungen wirkungsvoll abgewehrt hat. Gunnar war zu keinem Zeitpunkt vor der Trennung auffällig. Er wurde problemlos eingeschult und zeigte Leistungen, die deutlich oberhalb der Norm lagen. Auch in der Trennungsvorphase war dies noch der Fall. Das Kind wird als kontaktfreudig, ausgesprochen hilfsbereit und fröhlich geschildert. Unsere Beobachtungen in der Kindergruppe stützen diesen Eindruck.

Gunnars Grundverhaltensmuster ändert sich erst nach der faktischen Trennung und dem Umzug der Mutter. Am neuen Wohnort und im neuen Klassenverband zieht er sich völlig auf sich selbst zurück. Er beherrscht Rechenarten nicht mehr, die ihm vorher kein Problem waren, wird fahrig und unkonzentriert. Schließlich geht er mindestens partiell zu bewußter Leistungsverweigerung über. Engere Kontakte zu Mitschülern am neuen Wohnort kommen nicht zustande. Sie werden sogar aktiv verhindert. Während der Fernsehkonsum vor der Trennung keine nennenswerte Rolle gespielt hat, neigt er jetzt dazu, wahllos fernzusehen. An diesem Verhalten entzünden sich auch häufige Mutter-Sohn-Konflikte. Die Mutter kommt zwar mittags nach Hause, um den Jungen in der Mittagspause zu versorgen, ihr Dienstende ist aber erst um 17.00 Uhr. (Beides war schon vor der Trennung der Fall.) Früher hatte Gunnar Schularbeiten in Abwesenheit der Eltern besorgt und sich danach seinen Neigungen hingegeben. Dies geschieht nun nicht mehr. Er sitzt zu Hause und erwartet die Mutter. Häufig hat er inzwischen »etwas angestellt«, Tapeten herabgerissen, das Badezimmer überschwemmt oder ähnliches. Einmal hat er mitten im Sommer eine kleine Tanne aus dem Wald mitgebracht und Weihnachten gespielt. In einem anderen Fall reißt er aus dem Familienalbum all diejenigen Fotos heraus, auf dem nur ein oder zwei Familienmitglieder abgebildet sind. Nur Babybilder und Darstellungen der Gesamtfamilie verschont er. Die entfernten Bilder werden verbrannt. Überhaupt entwickelt Gunnar eine deutliche Neigung zu Feuer und zum Zündeln.

In der Schule macht er zunehmend Sorgen, so daß seine Mutter nach einiger Zeit regelmäßig mit ihm Schularbeiten macht. Dies akzeptiert er willig, und es stört ihn auch nicht, daß diese Tätigkeit wegen der Dienstzeit der Mutter stets in die Fernsehzeit fällt. Über seine innere Situation äußert er sich gegenüber seinen Eltern kaum. Vaterbesuche finden regelmäßig im Vierwochenrhythmus von Freitag bis Sonntagabend, gelegentlich auch spontan und außer der Reihe statt. Niemals gibt es Situationen der Peinlichkeit bei der Über- oder Rückgabe. Der Vater bleibt immer auf einen Kaffee oder einen Drink in der Wohnung der Mutter.

Nach etwa sechs Monaten beginnt Gunnar zögernd, seine alte Aktivität wiederzufinden und wieder aushäusig zu werden. Ein Jahr nach dem Umzug (= Trennung) ist er in der Straßenhorde seines Wohngebietes voll integriert, obgleich er sie vorher »doof« fand. Seine Schulleistungen haben ihr usprüngliches Niveau fast wieder erreicht. Dennoch besteht er weiterhin darauf, mit seiner Mutter Diktate zu machen. Dabei war seine Rechtschreibung in der Periode seines Leistungsabfalls ein weniger drückendes Problem.

Gunnar ist unter dem Gesichtspunkt des elterlichen Umgangs in einer vergleichsweise günstigen Situation. Der Loslösungsprozeß zwischen seinen Eltern läuft in untypisch milden Formen ab. Selbst in der Trennungsvorphase erlebt der Junge keine wesentlichen oder gar andauernden Erschütterungen. Depressive Reaktionen auf seiten der Eltern fehlen ebenfalls. Zu keinem Zeitpunkt besteht Gunnars Problem darin, sich mit zerstrittenen Eltern identifizieren zu müssen. Sein Problem reduziert sich auf die faktische Trennung, d. h. auf die Auflösung seiner Familie selbst. Zusätzliche Belastungen, die in der Person der Eltern oder in deren Umgang miteinander hätten liegen können, gibt es nicht. Außer dem unmittelbaren Auflösungsvorgang der Familie machen ihm natürlich Wohnungs- und Schulwechsel ebenso zu schaffen wie der Verlust seines bisherigen sozialen Umfeldes.

Vorher war er optimal in Klassenverband und Kinderfreundschaften eingebunden. Diese Beziehungen aufgeben zu müssen, trifft ihn sehr. Die für Gunnar eigentlich leichter als üblich zu bewältigende Trennung wird aus sozialen und situativen Gründen erschwert. Dennoch ist sein Fall ein Beispiel dafür, daß ein Kind die Auflösung der Familie in angemessenerer Zeit und ohne unerträglichen Schaden verarbeiten kann, wenn nur die Eltern diese beängstigenden Wesensveränderungen nicht darböten, die man in der Mehrzahl der Fälle vorfindet.

Ein knappes Jahr nach der Trennung wird Gunnar (nunmehr 9,5 Jahre) Mitglied einer unserer problemspezifischen Kindergruppen. Ein großer Teil seiner Trauerarbeit ist zu diesem Zeitpunkt bereits geleistet. Dies verwundert nicht, weil er die Chance hatte, das Kernproblem, die Elterntrennung selbst, bearbeiten zu können. Dennoch wünscht er sich die Wiederherstellung der alten Familie. Obgleich einer der Jüngsten, ist er in der Gruppe einer der Wortführer. Darauf angesprochen, wie er die Zeit nach dem Umzug erlebt habe, spricht er nach einigen Umwegen offen von seinen »Streichen« und davon, daß er »alles doof« fand; die neue Schule, die Lehrer, die Leute im neuen Wohngebiet und die Klassenkameraden.

»Das war so, es hat mir nichts mehr Spaß gemacht, ich hab' auch nicht verstanden, weshalb Mama ausgezogen ist. Die haben sich nie gestritten. Ich hab' Freunde gehabt damals, bei denen gab's häufig Krach zu Hause. Bei uns war das nie. Da hab' ich schon manchmal eine rechte Wut gekriegt. Nein, nicht auf Papa oder Mama, einfach so, weil die nicht mehr zusammen waren. Ja und die Wut, die mußte ich halt rauslassen.«

Daß er sich kaum mehr am Unterricht beteiligt und die Hausaufgaben sabotiert oder nur mit mütterlicher Assistenz gemacht hat, lastet er ausschließlich den Lehrern der neuen Schule an.

»Die sind doof gewesen. Die haben mich nicht leiden mögen, ehrlich, die haben auch über mich gelacht, wenn's mal nicht gleich geklappt hat. Das gab's in meiner alten Schule nicht. Die Lehrer haben mich auch selber für doof gehalten, und außerdem waren sie ungerecht ... aber jetzt sind sie eigentlich ganz nett.«

Gunnar kann nicht zugeben, daß seine Aggressionen sehr wohl personenbezogen waren und von beiden Eltern auch so erlebt wurden. Interessant ist außerdem die Projektion seiner eigenen Unsicherheit und seines verletzten Selbstwertgefühls auf die Lehrer, wie auch die Tatsache, daß er sie nicht mehr aufrechtzuerhalten braucht, nachdem es ihm besser geht. »Jetzt sind die Lehrer eigentlich ganz nett.«

Nach dem Wegzug zeigt auch Gunnar vermehrte Bindungsbedürfnisse. Frau S. befriedigt sie, soweit es ihr zeitlich möglich ist. Eine Überbetonung seitens der Mutter findet nicht statt. Ihre Persönlichkeit steht dem auch völlig entgegen. Sie benötigt das Kind nicht, um eigene Mangellagen zu kompensieren. Der Umstand allerdings, daß Gunnar sich weit über sein Leistungstief hinaus Diktate wünscht, läßt wohl den Schluß zu, wie sehr er mütterliche Nachhilfe als verschlüsselte Zuwendung erlebt.

Daß er das Familienalbum auf seine Weise bereinigt, bedarf wohl keiner weiteren Deutung. Gunnar läßt nur noch die komplette Familie gelten, d. h. er will sie wiederhaben. Er will nur die ganze Familie sehen und empfindet Fotos von Einzelpersonen, von Zweierkombinationen oder gar solche von ferner stehenden als störend. Lediglich seine eigenen Babybilder verschont er.

Martina: Ein Kind zwischen mütterlicher Depression und väterlicher Aggression

Martina U., zum Zeitpunkt der Trennung 9,1 Jahre. Mutter 36, Vater 41 Jahre. Ehedauer knapp zehn Jahre. Trennungsvorphase etwa zweieinhalb Jahre. Sie kennzeichnet sich durch ein hochgradig aggressiv-depressives Beziehungsmuster, und zwar so, daß Herr U., der über längere Zeit wechselnde Freundinnen hatte, das dominant aggressive Reaktionsmuster zeigt, während seine von ihm emotional stark abhängige, sehr duldsame und unselbständige Frau ein mehr depressives Verhalten darbietet. Die Trennung erfolgt vor der Scheidung durch Auszug des Vaters, der zu einer anderen zieht.

Martina ist seinerzeit ohne erkennbare Probleme eingeschult worden. In der zweiten Grundschulklasse zeigt sie Leistungsschwächen, die sich im dritten Jahr verdichten. Seit dem Ende des siebten Lebensjahres erlebt sie dauernde Streitsituationen bei einer immobilen, depressiv reagierenden Mutter, unterbrochen durch immer

wiederkehrende, gelegentlich mehrwöchige Abwesenheit des Vaters. Gegen Ende des achten Lebensjahres erlebt sie einen Suizidversuch der Mutter und kommt danach vorübergend in verwandtschaftliche Pflege am selben Ort (ohne Schulwechsel). Die Mutter ist danach über ein Jahr in psychotherapeutischer Behandlung, ohne daß sich ihr depressives Grundmuster wesentlich verbessert.
Anschließend kommt Frau U. regelmäßig in unsere Beratung und wird, etwa ein halbes Jahr vor der Haushaltsauflösung, Mitglied einer Gruppe. Inzwischen ist Martina 8,6 Jahre. Sie ist eine ausgesprochen schlechte Schülerin bei einem gemessenen IQ von 122. Außerhalb der Schulsituation kennzeichnet sich ihr Verhalten dadurch, daß sie das depressive Reaktionsmuster ihrer Mutter übernimmt, eine starke Mutter-Identifikation vorliegt und sie auch die Bewertungen der Mutter – den Vater betreffend – völlig übernommen zu haben scheint.
Im ersten Jahr nach der Trennung fällt Martina wiederholt durch kleinere Kaufhausdiebstähle auf, die sich zwischen Radiergummi und Kosmetika bewegen. Diese Vorfälle werden zunächst nur von der Mutter bemerkt. Als Frau U. in einem Fall darauf besteht, eine teure Tagescreme wieder zurückzubringen, verspricht Martina dies zwar, tut es aber nicht, sondern läuft zu ihrer Tante und erklärt, dort wohnen zu wollen.
Herr U. beantragt im Scheidungsverfahren das Sorgerecht für seine Tochter und trägt die angebliche Erziehungsunfähigkeit der Mutter vor, unter Verweis auf den Suizidversuch. In seinen Schriftsätzen belegt er den Wunsch Martinas nicht nur mit ihren Zitaten, sondern zusätzlich mit einer schriftlichen Erklärung, die er anläßlich eines Besuches vom Kinde unterschreiben ließ (!). In der familienrichterlichen Anhörung – Martina ist inzwischen über zehn Jahre – ist sie unfähig, mit dem Richter zu sprechen. Sie weint ausschließlich und vermag nur, ja-nein-Fragen zu beantworten. Vernünftigerweise befragt sie der Richter nicht, zu welchem Elternteil sie will. Inzwischen steht der Übertritt in die fünfte Klasse an. Sie schafft die Versetzung mit Mühe, nicht aber den Zugang zur Oberschule.
Der Besuchsverkehr, der regelmäßig im Vierzehntagerhythmus stattfindet, spielt sich ohne Begegnung der Erwachsenen ab. Wenn das väterliche Auto vor dem Haus parkt, verläßt Martina die Wohnung. Von Anfang an stehen Vaterbesuche in Verbindung mit psychosomatischen Störungen des Magen-Darm-Bereiches. Außerdem komplizieren sich die Besuche dadurch, daß der Vater auf eine sehr unangenehme Weise versucht, zwischen Martina und seiner Freundin ein positives Verhältnis herzustellen. Schließlich empfiehlt ein von Gerichts wegen angeordnetes Gutachten die Übertra-

gung der elterlichen Sorge auf die Mutter. Der Vater verzichtet auf Rechtsmittel.
Nach der Rechtskraft der Scheidung verändert sich das Verhalten des Vaters. Beeinflussungsversuche und Abwertungen der früheren Ehefrau ebben ab. Unter dem Einfluß seiner Freundin lernt er auch, den Bedürfnissen des Kindes angemessenere Formen der Vaterbesuche zu entwickeln, als dies in der Vorscheidungszeit der Fall war. Das Verhalten von Frau U. hatte sich schon früher, nämlich mit ihrer Gruppenmitgliedschaft, verändert. Ihre – in diesem Fall – über zwanzig Wochen laufende Gruppe erwies sich als wohltuende Hilfe. Sie trug sichtbar zur Stabilisierung bei. Darüber hinaus zeigen sich deutliche Schritte in Richtung Eigenständigkeit. Die Zuwendung der Gruppenmitglieder bewirkt, daß ihre Bezogenheit auf den ehemaligen Ehemann aufgebrochen werden kann. Erst damit kann die Verarbeitung ihrer gescheiterten Ehe beginnen. Auch nach Ende der Selbsterfahrung bleibt Frau U. noch einige Zeit in Einzelberatung.
Martina beginnt nach Rechtskraft der Scheidung eine Spieltherapie, die sie zunächst sehr unwillig über sich ergehen läßt. Nach einigen Monaten stellen sich zunächst sehr bescheidene, schließlich aber nachdrückliche Verhaltensänderungen ein. Das Kind behält zwar die Eigenart, sich schön machen zu wollen und mit Kosmetika umzugehen, es unterläßt aber weitere Diebstahlshandlungen. Am Ende des freiwillig wiederholten vierten Schuljahres besteht sie sogar die Prüfung zur Oberschule, wenn auch knapp.

Der Auszug des Vaters hat hier für Mutter und Kind eine sichtbare Erleichterung gebracht, weil die dauernden aggressiven Ausbrüche entfallen. Auch die depressiven und selbstanklägerischen Reaktionen der Mutter lassen nach. Dem steht nicht entgegen, daß Martina erst nach der Trennung durch Diebstahlshandlungen auffällt. Immerhin ist ihr der Vater nicht mehr zugänglich, zumindest nicht in der von ihr erwünschten Form. Allerdings reagiert die Mutter nun in einer Weise, die das Kind ebenfalls überfordern muß. Indem sie Schutz und Hilfe bei Martina sucht, zwingt sie das Kind in eine gnadenlose Schicksalsgemeinschaft. Zwar läßt sich nicht übersehen, daß Martina sich stark mit ihrer Mutter identifiziert. Dies war schon in der Vorphase so. Die pathogene Enge des Mutter-Tochter-Verhältnisses geht allerdings ganz eindeutig von Frau U. aus. Entsprechend massiv müssen die vatergerichteten Empfindungen verdrängt werden. Daß sie in durchaus guter Form vorhanden sind, steht völlig außer Frage. Dies zeigen auch die heimlichen Besuche beim Vater, von denen Martina erstmals in der Kindergruppe berichtet. Insofern ist sie ein Beispiel dafür, wie selbst herbe Auftritte eines Elternteiles die Bindungen des Kindes zu ihm nicht beeinträchtigen müssen. Entsprechend zwiespältig ist Martinas Beziehung zur Mutter, auch wenn sie deren Bewertungsschema innerhalb ihres Umfelds zu übernehmen scheint. Ihre Gefühle zum Vater sind jedenfalls weder zerstört noch gescheitert. Sie sind aufgrund des mütterlichen Verhaltens lediglich behindert. Wie weit das gehen kann, zeigt in frappierender Weise der Umstand, daß sich psychosomatische Störungen nur beim »offiziellen Besuchsverkehr«, nicht aber bei den heimlichen Vaterbesuchen einstellen. Wenn also die Mutter vom Vaterbesuch nichts weiß, so bedarf es auch keiner körperlichen Signale, um ihr vorzuspielen, wie »schwer« es dem Kind fällt, zum Vater zu gehen und die Mutter – wenn auch kurzfristig – zu »verlassen«.

Martina muß nicht nur die aggressiv-depressiven Verhaltensweisen und die Trennung, sondern auch noch das auf sie selbst gerichtete Klettenverhalten der Mutter bewältigen. Sie ist mehrfach überfordert und vermag aus ihrer Ausweglosigkeit nur durch Ersatzhandlungen auszubrechen. Dabei wäre die nicht alterstypische Beschäftigung mit Kosmetika noch einer besonderen Deutung zugänglich, die möglicherweise ebenfalls in Richtung Vater weist. Er liebt zurechtgemachte Frauen. Immerhin waren kosmetische Artikel Hauptziel ihrer Diebstahlshandlungen. Das Sachverständigengutachten ergab dann auch, daß eine gute Vaterbindung vorliege, wenn auch bei leichter Mutterpräferenz.

Psychosomatische Reaktionen im Zusammenhang mit Besuchsregelungen werden von Sorgeberechtigten häufig als Beleg dafür angeführt, daß die betroffenen Kinder den Besuch des anderen Elternteils ablehnen. Vielfach werden sie auch als persönliche Abneigung des Kindes oder als Beweis angeblich untergegangener Bindungen gewertet. Von ganz wenigen Ausnahmen abgese-

hen, gehen solche Vorstellungen mancher sorgeberechtigter jedoch völlig am Kern kindlicher Empfindungen vorbei. Fast immer bedeuten psychosomatische Reaktionen, aber auch andere Vermeidungsrituale zum Besuchsverkehr, daß das Verhältnis der Eltern nicht bereinigt ist. Tatsächlich fehlen solche Verhaltensweisen bei Kindern, deren Eltern aggressionslos miteinander umgehen können. Nicht den Kontakt zum Umgangsberechtigten lehnen diese Kinder ab, sondern die Fortsetzung des nachehelichen Streites, genauer: Mit solchen Formen des abweichenden Verhaltens machen Kinder auf die Belastung aufmerksam, der sie durch den fortdauernden Beziehungskrieg ausgesetzt bleiben. Gleichzeitig handelt es sich um eine Art unbewußte Konzession an die Erwartungen des Sorgeberechtigten. Auf ihn ist das Kind einfach stärker angewiesen als auf den abwesenden Elternteil. Ihn darf es nicht auch noch verlieren. Was also eignet sich besser zu signalisieren, daß man auf »seiner Seite« steht, als ein stets wiederkehrender Brechdurchfall, oder wenigstens Bauchweh, wenn der Vaterbesuch ansteht?
Dennoch macht es sich ein Familiengericht zu einfach, wenn es aus der zunächst richtigen Einsicht in die Sachlage den Schluß zieht, daß die tatsächlichen Ursachen für die Vermeidungsrituale des Kindes bei den Eltern liegen, sie diese zu beseitigen und wechselseitige Beeinflussungen zu unterlassen hätten, weshalb der Besuchsverkehr in der festgelegten Weise, u. U. durch Androhung eines Zwangsgeldes, abzuwickeln sei. Gefühle wie Mißtrauen, Haß und Aggressionen, Trauer, Kränkung oder unbewußte Bestrafungswünsche, lassen sich durch richterlichen Beschluß nicht beseitigen. Folglich verändert er auch nicht das Verhalten des Kindes. Deshalb kann es allenfalls naheliegen, den Besuchsverkehr vorübergehend auszusetzen oder zu modifizieren. Noch sinnvoller wäre es allerdings, in solchen Fällen mit den Eltern zu arbeiten. Dies wiederum kann nicht der Richter.

3. In der Pubertät

Die Wirkungen elterlicher Trennung in Vorpubertät und Pubertät sind natürlich nicht mehr mit denen der vorausgegangenen Entwicklungsstufen zu vergleichen. Heranwachsende sind in aller Regel in der Lage, eigenständige Urteile zu bilden und sich in der elterlichen Auseinandersetzung mit einer eigenen Position zu behaupten. Sicherlich bleiben die entwicklungstypischen Verhaltensmuster dieses Alters nicht ohne Einfluß auf den selbstgewählten Standpunkt. Man kann also auch hier phasentyische Formen der Einstellung zur anstehenden Scheidung beobachten. Man kann auch immer wieder sehen, wie sich Eltern-Kind-Bündnisse als Funktion des gegenwärtigen Entwicklungsstandes ergeben. Das Auffälligste ist, daß sich dabei keine nachdrücklichen Beeinträchtigungen des Angsthaushaltes mehr einstellen, wie wir sie auf früheren Altersstufen gesehen haben. Dies gilt allerdings nur unter der Voraussetzung, daß keine überlangen Scheidungsvorphasen vorliegen. Beginnt die Scheidungsvorphase deutlich vorher, so liegt es nahe, auch vorpubertäre Konflikte und verbliebene Ängste in die Pubertät einzubringen.
Auf diesem Entwicklungsniveau läßt sich vielfach recht massive Wut nachweisen. Es ist nicht mehr die ohnmächtige Wut des Neun- bis Zwölfjährigen, der sich überfahren und als ungefragtes Opfer der Trennung erlebt. Jugendliche nehmen Einfluß, argumentieren, taktieren sogar. Sie geben Ratschläge und verfügen über die Befähigung, Trennungssituationen recht realitätsnah einzuschätzen. Neben der Wut finden wir zwar immer noch Trauer, aber es ist nicht mehr die abgrundtiefe Traurigkeit des Kindes, das die elterliche Trennung als Bedrohung erlebt. Es ist die Trauer des jungen Erwachsenen über den Untergang des ihm lieb gewesenen Bezugssystems Familie. Natürlich finden auch hier, angesichts drohender Scheidung, Veränderungen der bisherigen emotionalen und sozialen Bezüge statt. Auch hier kommt es zu Eltern-Kind-Bündnissen und Koalitionen. Vielfach handelt es sich dabei um eine Fortsetzung oder Intensivierung der bisher schon vorhandenen familiendynamischen Eigenarten. Häufig

erleben wir aber auch die Umkehrung bisheriger Strukturen der Koalitionsbildung, wie sie angesichts der noch intakten Ausgangslage nicht zu erwarten waren. All dies verwundert nicht, weil Pubertät sich in vielfältiger Weise mit den konkreten Details der anstehenden Konflikte verschränkt. Pubertätstypische Empfindlichkeiten, überzogene Reaktions- und Empfindungsmuster, der Grad des in Gang gekommenen Ablösungsprozesses von den Eltern, aber auch aus früheren Phasen verbliebene, unerledigte Eltern-Kind-Konflikte strukturieren das Reaktionsmuster der Jugendlichen rund um die Elterntrennung. Die rein elterlichen Darbietungsformen der Auseinandersetzung hingegen unterscheiden sich so gut wie überhaupt nicht von denen, die wir bei jüngeren Eltern beschrieben haben.

Fallbeispiele

Claudia: Ein Mutter-Tochter-Bündnis als Notgemeinschaft gegenüber Vater und Ehemann

Claudia T., zum Zeitpunkt der Trennung 17,2 Jahre alt. Mutter 42, Vater 44 Jahre alt. Trennungsvorphase etwa fünf Jahre. Ehedauer bis zur Auflösung des gemeinsamen Haushaltes 18 Jahre.
Über die Vorphase sind in diesem Fall beide Eheleute erheblich unterschiedlicher Auffassung. Während Frau T. nachdrückliche Trennungswünsche schon fünf Jahre vorher hatte, erlebt Herr T. Krisenerscheinungen, die ihn an Scheidung denken lassen, erst in dem Moment, in dem sich seine Frau einem anderen Mann zuwendet. Dies wird ihm erst wenige Monate vor ihrem Auszug bewußt. Die Datierung durch Frau T. ist zweifellos die realistischere, weil die Familiendynamik in der Tat vor fünf Jahren begann, defekt zu werden. Herr T. hatte sich allerdings jeglicher Art der Konfliktbearbeitung entzogen, indem er den entsprechenden Wünschen seiner Frau durch gesteigerte Aushäusigkeit aus dem Wege ging. Frau T. hatte ihre ernsthaften und regelmäßig wiederkehrenden Trennungsabsichten des Kindes wegen unterdrückt. Auf diese Weise entsand das in der Familienberatung häufig zu beobachtende, geschlechtsspezifische Mißverständnis, daß nämlich irreparable eheliche Krisen von Männern weit kurzfristiger datiert werden als von ihren Frauen. So hat auch Herr T. die formale Seite seiner Ehe über Jahre hinweg

als Beleg ihrer vermeintlichen Funktionsfähigkeit erlebt, während seine Frau sie lediglich um des Kindes willen aufrechterhielt.
Das Verhältnis des Vaters zu seiner Tochter Claudia muß über wesentliche Entwicklungsphasen hinweg defizitär gewesen sein. Eine positive Tochter-Vater-Beziehung kam jedenfalls nur unzulänglich zustande. Entsprechend früh muß sich schon in der Grundschulzeit eine Mutterbeziehung eingerichtet haben, die man vielleicht nicht als Überbindungsverhältnis bezeichnen kann, die sich aber als langzeitiges Bündnis darstellt. Etwa im zehnten oder elften Lebensjahr begibt sich Claudia in eine aktive, aggressiv besetzte Frontstellung zum Vater. Hinzu kommt, daß das Gesprächsbedürfnis der Mutter, das der Ehemann zu keinem Zeitpunkt abdeckt, von der heranwachsenden Tochter befriedigt wird, die sich als Rückhalt der Mutter anbietet. Aggressionen von Frau T. gegenüber ihrem Mann werden auf diese Weise nahtlos von der Tochter übenommen, und dies lange vor der Pubertät. Als sich Frau T. schließlich einem anderen Mann zuwendet, ist Claudia über sechzehn Jahre alt. Sie unterstützt die zunächst heimliche Beziehung der Mutter, und als der Vater sie zur Kenntnis zu nehmen beginnt – er hätte es weit früher wissen können, hat es aber abgewehrt – da kommt es zu tätlichen Auseinandersetzungen, in deren Folge Mutter und Tochter ausziehen. Dabei ist zu bemerken, daß Herr T. nie zu Tätlichkeiten geneigt hat. Zu der Zeit aber, zu der ihm die über Jahre verdrängte Funktionslosigkeit seiner Ehe ins Bewußtsein dringt, kann er aus der daraus erwachsenden Hilflosigkeit nicht anders ausbrechen als durch Tätlichkeiten gegen Frau und Tochter.
Zu Beginn der Trennungsvorphase war Claudia etwa zwölf Jahre alt. Das Familienklima war in dieser Zeit durch mäßig-aggressive, im übrigen wohl mehr durch resignativ-depressive Begegnungsmuster geprägt. Tatsächlich hat Claudia keine manifesten Erschütterungen erlebt. Ihre Schulleistungen bleiben quer über die fragliche Zeit konstant oberhalb des Durchschnitts. Sie erweist sich allerdings als extrem verschlossen und im Umgang mit dem anderen Geschlecht deutlich gehemmt. Lange vor der unmittelbaren Trennungssituation identifiziert sie sich voll mit der Mutter und vertritt die Trennung auch konsequent gegenüber dem Vater. »Sie hat so getan und tut weiter so, als sei *ich* der Schuldige«, erklärt Herr T. in der Scheidungsfolgenberatung.

Hier haben wir den Fall einer Tochter mit nachhaltigem Vaterdefizit, obgleich dieser im Haus lebte. Identifikationsfigur war durchgängig und überwiegend die Mutter. Vieles spricht dafür, daß der Vater ein nur unzulängliches gegengeschlechtliches

Bezugsobjekt gewesen war. Manifeste Störungen sind bei Claudia nicht nachweisbar, und die Vorphase der elterlichen Trennung trug ja alle Kennzeichen einer formal intakten Familie. Im Moment der Trennung vertritt Claudia die Position der Mutter als wäre es ihre eigene. Mit der neuen Beziehung von Frau T. kündigt die Tochter ihrem Vater auch noch das Minimum an zwischenmenschlichen Gesten, das bislang üblich war. In der Beratung bricht Claudia in Tränen aus. Es zeigt sich schnell, daß der Hintergrund dieser Trauer nicht in der Auflösung der Familie liegt. Claudia war schon ein Jahr vor dem Auszug Komplizin ihrer Mutter. Sie erlebt deren Liebesbeziehung als eigene Erfahrung besonderer Art. Sie erlebt außerdem die Verwandlung ihrer Mutter in dieser neuen Beziehung und den Abbau einer jahrelang angestauten Verbitterung. In der Beratung äußert sie den Satz: »Was jetzt mit meiner Mutter läuft, zeigt mir, was hätte werden können, wenn ich einen richtigen Vater gehabt hätte.«
Claudia ist ein Beispiel der Kontinuität familiendynamischer Strukturen mit der Verschärfung ihrer Elemente, wenn die Elternbeziehung zerbricht. Wenden wir uns einem Beispiel zu, das sich eher durch eine Umkehr dieser Strukturen kennzeichnet.

Christian und Corinna: Ein veränderter Vater und die Wut seiner großen Kinder

Christian 16,10 und Corinna 15,3 Jahre zum Zeitpunkt der Trennung. Vater 42, Mutter 43 Jahre. Beide Eltern üben akademische Berufe aus. Ehedauer knapp 19 Jahre.
Herr V. hatte wiederholt kurzfristige außereheliche Beziehungen, auch schon in der Frühzeit der Ehe. Von seiner Frau sind sie immer wieder großzügig hingenommen worden. Den Kindern gegenüber wurden sie verschwiegen, solange sie kleiner waren. Die Trennungsvorphase beginnt, als eine außereheliche Beziehung einen Charakter anzunehmen beginnt, der auf lange Frist angelegt zu sein scheint und eine Nebenbeiehe nicht erträgt. Vieles im Verhältnis des Herrn V. zu dieser Freundin trägt Züge einer midlife crisis. Das elterliche Begegnungsmuster wird seitens des Mannes hochgradig aggressiv besetzt, seitens seiner Ehefrau überwiegend depressiv. In formal intakten Zeiten galt die Ehe der V.s nach außen als vorbildlich und ausgewogen.

Christian ist zum Beginn der Vorphase stark mit dem Vater identifiziert und pflegt mit ihm ein kollegenhaftes und freundschaftliches Verhältnis mit hoher Sohn-Vater-Kommunikation, die auch in der beginnenden Krise nicht erkennbar modifiziert wird. Corinna ist mehr mutterorientiert, bei ebenfalls guter Vaterbeziehung.

Die hohe Aggressionsneigung des Vaters ab Beginn der Krise verändert das ganze Familienklima erheblich. Dasselbe gilt für die in der Vorphase zutage tretende depressive Grundstimmung der Mutter. Sie begeht schließlich einen Suizidversuch. Corinna erlebt danach einen vorübergehenden Schulleistungsabfall, der aber zügig korrigiert wird. Beide heranwachsenden Kinder beziehen im Elternkonflikt Stellung gegen den Vater und identifizieren sich voll mit der Mutter. Dies ist schon vor dem Suizidversuch so und geschieht in einer absout eigenständigen Weise. Sie werden zu kompromißlosen Bündnispartnern der Mutter. Jetzt ist der Vater Ziel der massiven Aggressionen seiner großen Kinder, die gleichzeitig ein hohes Maß an Fürsorge gegenüber ihrer Mutter entwikkeln. Damit bieten sie ihr einen nachhaltigen Rückhalt an, der sie in den Stand versetzt, ihre zerstörte Ehe zwar nicht zu verarbeiten, aber immerhin besser zu handhaben.

Bei Corinna und Christian gibt es keine erkennbaren Verhaltensänderungen, die den Kern ihrer Persönlichkeit beträfen. Die Trauer begrenzt sich auf den Zerfall der Familie und auf den Verlust dieses liebgewordenen Sozialraumes. Diese beiden stabilen und eigenständigen jungen Menschen entwickeln allerdings einen massiven Zorn über die Formen des väterlichen Ausbruchs aus der Ehe. Sie sind ihnen völlig unverständlich. Nicht die Tatsache selbst, wohl aber die Art der Loslösung des Vaters von der Mutter, wird von Christian als infantil bezeichnet.

Wie realitätsgerecht Heranwachsende eine solche Lage bewerten können, zeigt sich auch darin, daß beide das »Naturereignis einer jüngeren Frau« nachvollziehen können. Sie erkennen auch, wie eine außereheliche Beziehung die Zerstörung einer Ehe erzwingen kann, nur ist dies nicht ihr Hauptproblem. Sie sind von der Tatsache erschüttert, daß die Ablösungprozesse Wesensmerkmale ihres Vaters aktivieren, die sie quer über ihre Kindheit nie an ihm wahrgenommen haben. Christian durchschaut auch den Zusammenhang zwischen den Aggressionen des Vaters und dessen Schuldgefühlen gegenüber der Familie. Seine aggressiven Ausbrüche, die beißenden Formulierungen, mit denen er die Mutter vor den Kindern herabzusetzen sucht, die bedrückende Ausstrahlung, die er im Haus verbreitet, all dies bewirkt keine Ängste mehr, sondern Wut, die beide zu einem emotionalen Frontwechsel in die Solidarität mit der Mutter zwingt.

4. Geschwister, Verwandte und Freunde als Hilfen im Scheidungskonflikt

Bei der Frage nach Umfang und Art der Belastung des Scheidungskindes sind stets die Veränderungen in den emotionalen und sozialen Beziehungen von Bedeutung, die die Familie in der Trennungsvorphase und nach der Ausgliederung eines Elternteils durchmacht. Für die Kinder hat die Trennung einen anderen Stellenwert als für die Erwachsenen. Deren Ablösungsprozesse, aggressiv oder depressiv ausgetragen, laufen beim Kind so nicht ab. Es erlebt die Trennung, aber auch die Wesensveränderung der Eltern als Verlust, auch wenn beides von diesen als Befreiung empfunden wird. Die Gefühle der Kinder sind regelmäßig nicht auf Trennung, sondern auf Bewahrung gerichtet. Sie sind einfach in einer anderen emotionalen Lage als die Eltern. Dies wird vielen Eltern überhaupt nicht bewußt, wenn sie stillschweigend unterstellen oder sich gar wünschen, daß die Umwertung ihrer Gefühle zum ehemaligen Partner auch von den Kindern nachvollzogen werden würde. Hier liegen einige der Ursache für die unbewußte wie bewußte Abwertung des ehemaligen Partners auch in den Augen der Kinder. Hier liegen Gründe für die wechselseitige Beeinflussung. Man will die Gefühlslage des Kindes buchstäblich mit der eigenen synchronisieren; ein wahnwitziges Unterfangen, das schadlos am Kind nicht vorbeigehen kann, wenn man bedenkt, daß es Bindungen an beide Eltern hat und sie in jedem Fall die Trennung überdauern. Es muß sich also arrangieren innerhalb eines Spannungsverhältnisses, das gar nicht arrangierbar ist. Deshalb verdeckt es seine tatsächlichen Gefühle, weil das Sich-Öffnen die zerbrochene oder zerbrechende Familiensituation noch konflikthafter gestalten würde. Zumindest entspricht dies den angstbesetzten Erwartungen solcher Kinder und in vielen Fällen auch der Realität.

Während sich gütlich und aggressionsarm voneinander loslösende Eltern durchaus dafür eignen, dem Kind Rückhalt zu geben, ist dies schon nicht mehr möglich, wenn nur ein Elternteil seinen Loslösungsprozeß mit Elementen der Aggression oder der Depression ausstattet. In diesen Fällen bewirken die stillen und verschlüsselten Hilferufe der Kinder kaum jemals die Aktivierung von echter Hilfe. Diesen Eltern bleibt der Blick verstellt. Ihnen liegt die Unterwerfung der Kinder unter ihre momentanen Bedürfnisse allemal näher. Nur verschärft dies eben die kindlichen Konflikte, fördert die Verdrängungsmechanismen, vermehrt also die Belastung und ist alles andere als ein Hilfsangebot in Zeiten großer Not.

Die bisherigen Beispiele waren aus der Sicht der Kinder relativ ungünstig gelagert, weil es sich außer Corinna und Christian um Einzelkinder gehandelt hat. Atypisch sind diese Fälle aber keineswegs, weil die Mehrzahl der Scheidungskinder eben tatsächlich Einzelkinder sind. Geschwister hingegen können Rückhaltefunktionen übernehmen, auch Mitglieder der erweiterten Familie erweisen sich immer wieder als lindernde Helfer im Scheidungskonflikt. Diese Familien stehen aber ebenfalls nur noch in abnehmendem Maß zur Verfügung, weil in unserer mobilen Gesellschaft ein familiäres Netz am Ort der kindlichen Probleme zunehmend weniger zur Hand steht. Großeltern, Onkel und Tanten finden sich längst nicht immer in räumlich greifbarer Nähe der Enkel, Nichten oder Neffen.

Immer wieder machen wir die Erfahrung, daß sich die Geschwisterbeziehung, dort wo es sie gibt, oft hilfreicher erweist als die Eltern selbst. Zwar hat die Mehrzahl der scheidungsbetroffenen Kinder keine Geschwister mehr. Dort, wo es sie noch gibt, rücken sie zusammen, stützen sich gegenseitig, fangen Belastungen ab oder erleichtern mindestens den Umgang mit ihnen. Diese

Erscheinung läßt sich selbst dann beobachten, wenn die Geschwisterbeziehung vor Beginn der Scheidungsvorphase durch scheinbare Gleichgültigkeit oder durch anhaltend rivalisierenden Umgang gekennzeichnet war. 24% unserer langzeitig beobachteten Gruppenmitglieder hatten zwei Kinder oder mehr[23] und kamen damit dem Durchschnitt der Geschiedenen recht nahe. In drei Viertel der Fälle mit mehr als einem Kind intensivierte sich die Geschwisterbeziehung deutlich. Am häufigsten geschah dies durch vermehrte Gesten der Fürsorge zwischen dem älteren und dem jüngeren Kind, aber auch durch den Abbau vorher vorhandener Rivalitäten. Geschlechtsspezifische Besonderheiten ließen sich nicht erkennen. Vermehrte Fürsorge und verstärkter Kontakt waren seitens älterer Schwestern zu jüngeren Brüdern etwa ebenso häufig wie zwischen älteren Brüdern und jüngeren Schwestern oder auch zwischen gleichgeschlechtlichen Geschwistern.

Was die erweiterte Familie betrifft, so kann sie nur unter bestimmten Voraussetzungen kindliche Belastungen mindern. Ein Problem ist, daß sie von den allgemeinen Kontaktabbrüchen meist mitbetroffen wird. Im Streit solidarisiert sich die Verwandtschaft überwiegend mit ihrem Abkömmling. Der Beziehungskrieg zwischen den Partnern verlagert sich so leider oft auch in die Herkunftsfamilien. Damit verbreitern sich allenfalls die Fronten, was die Belastung der Kinder eher steigert. Dem Bekenntniszwang, der schon ihr unmittelbares Konfliktfeld beherrscht, sind sie auf diese Weise oft auch innerhalb der erweiterten Verwandtschaft ausgesetzt. Nur in den Fällen, in denen die erweiterte Familie ein Mindestmaß an Neutralität wahren kann, vermag sie auch, den Kindern Hilfe zu sein.

Natürlich wird eher die Herkunftsfamilie des sorgeberechtigten Elternteils in Frage kommen, solche Hilfen anzubieten, und dies auch nur dann, wenn vorher schon gute und ausbaufähige Beziehungen bestanden haben. Diese Umgestaltung der Familienbeziehungen liegt nahe, weil viele Sorgeberechtigte, oder solche, die es werden, sich unter ihrer eigenen Scheidungsbelastung vermehrt ihrer Herkunftsfamilie zuwenden und diese als Quelle der Hilfeleistung für sich selber nutzen. Dort, wo die Verwandtschaft nicht nennenswert in die Streitfront einbezogen ist, kann sich die Zuwendung der Großeltern als hilfreich erweisen. Sie mindert trennungsbezogene Belastungen und vermittelt den Kindern mitunter auch den Eindruck eines zweiten Bezugsrahmens, der Geborgenheit ersatzweise anbietet. Vielfach eignet sich die Herkunftsfamilie auch dazu, Kinder in der Scheidungsvorphase wenigstens vorübergehend aus dem Spannungsfeld der zerfallenden Familie herauszunehmen.

Auch Kinderfreundschaften und Vereinsaktivitäten sind Hilfen im Scheidungskonflikt. Wie Geschwisterbeziehungen werden auch sie in der Familienkrise oft enger gestaltet und konsequenter wahrgenommen. Die außerhäuslichen Sozialbezüge können also ebenfalls wichtige Rückhaltefunktionen übernehmen. Inwieweit Kindergarten und Schule dies vermögen, wird stark vom Einzelfall, aber auch vom Einfühlungsvermögen der Lehrer und Erzieher abhängen. Die Schule schneidet hier nicht sehr gut ab und kann es wohl auch nicht. Wie bereits gezeigt, führt Scheidungsbelastung in einer großen Zahl von Fällen zu Schulleistungsschwächen. Sie sind nicht nur als Folge der kindlichen Konfliktbelastung denkbar. Wie schon erwähnt, deutet einiges darauf hin, daß ihnen auch eine Art Aufforderung nach vermehrter Zuwendung, in diesem Fall durch den Lehrer, zukommt. Er wird diese stumme Aufforderung in den seltensten Fällen wahrnehmen oder gar befriedigen können. Das Kind hingegen findet sich in einem Teufelskreis wieder: Seine Schulschwäche wird nicht durch vermehrte Zuwendung aufgefangen, sondern eher bestraft. Das mit der Scheidung der Eltern meist ohnehin stark beeinträchtigte Selbstwertgefühl wird nicht gestärkt, sondern auf dem Feld schulischer Leistungen weiter abgebaut. Insoweit erweist sich die Schule in aller Regel nicht als Hilfe in der Trennungsbelastung.

Grundsätzlich muß man sagen, daß die Entwicklung, die unsere Gesellschaft genommen hat, tendenziell auf die Beseitigung der Hilfen abzielt, die dem Scheidungskind Linderung geben könnten. Dies zeigt sich schon darin, daß das geschwisterlose Kind am häufigsten von der Scheidung betroffen ist, ihm also der wirksamste Rückhalt, die Geschwisterbeziehung, versagt bleibt. Die hohe Mobilität unserer Industriegesellschaft sorgt ebenfalls für einen steten Abbau früher vorhandener Pufferfunktionen im Umfeld des scheidungsbelasteten Kindes. Verwandtschaft als wirksames Hilfspersonal steht ortsnah und zuverlässig immer weniger zur Hand. Man denke nur daran, daß Einzelkinder in der zweiten Generation keine Tante und keinen Onkel, keine Cousine und keinen Vetter mehr haben. Die Tendenz zur Minifamilie bringt also eine drastische Ausdünnung auch der verwandtschaftlichen Beziehungen hervor. Sie verschwinden zunehmend als Ort der Hilfeleistung und des Trostes, und dies gilt ja nicht nur für die Kinder.

Wenn schließlich Schule und Kindergarten Linderungsfunktionen im Scheidungsfall gar nicht übernehmen können, wenn Eltern und Herkunftsfamilie dafür ebenfalls ausfallen, dann muß man wohl den Schluß ziehen, daß institutionelle Formen der Betreuung scheidungsgeschädigter Kinder nötig werden. Die Möglichkeit der Fehlentwicklung bei 100000 Kindern pro Jahr ist schließlich keine Größe, die man auf sich beruhen lassen könnte. Dazu müssen die durchaus vorhandenen Einrichtungen, etwa die psychologischen Beratungsstellen, mit dem Ziel aktiviert werden, sich vermehrt dem Scheidungskind zuzuwenden. Dies geschieht zwar bereits, es gibt aber ein Problem: Die meisten aggressiv ineinander verhakten Eltern haben große Schwierigkeiten, sich an entsprechende Beratungsstellen zu wenden. Der Leidensdruck, der Menschen in Bedrängnis normalerweise dazu bringt, sich Hilfe zu holen, erscheint unter dem aggressiven Potential solcher Eltern verschüttet. Und Familiengerichte, die ja das Gesamtspektrum der Ehescheidungen ihres Bezirkes überblicken, haben kaum eine rechtliche Handhabe, Eltern oder gar Kinder einer psychosozialen Betreuung zuzuführen, obgleich sie anhängige Streitverfahren nicht selten erheblich entlasten und die Lage der Kinder verbessern könnten.

IV. Wer bekommt das Kind?

1. Richter, Anwälte, Eltern und Ämter

Wenn sich Eltern über die Verteilung des Sorgerechtes nicht einigen, entscheidet das Familiengericht, nachdem es sich selbst ein Bild gemacht oder einen Sachverständigen zugezogen hat. Hier zeigt sich immer wieder, daß die rein juristische Behandlung des Problems die langfristigen Schwierigkeiten der Kinder nicht entschärfen kann. Das Streitverfahren um das Sorgerecht ist – wie jedes andere Verfahren auch – auf einen zeitlichen Punkt hin bezogen. Richter, Anwälte und Eltern wollen, daß es vom Tisch kommt und endlich eine Entscheidung fällt. Die innere Situation der Kinder ist allerdings Terminen und Beschlüssen nur bedingt zugänglich. Sie befinden sich allemal in einer Lage, in der sie Stützung und Trost brauchen. Der Verfahrensabschluß schafft zwar eine relativ unwiderrufliche Rechtslage, der sich die Eltern unterwerfen müssen. Inwieweit tun sie es aber wirklich? In vielen Fällen ist es doch so, daß der elterliche Grabenkrieg auch nach dem Sorgerechtsbeschluß weitergeht. Und das verwundert nicht einmal, weil ja der Streit um die elterliche Sorge nur dort in Gang kommt, wo keine Gesprächsbasis mehr besteht. Vom Kind her gesehen ist deshalb mit dem Abschluß des Verfahrens nicht viel gewonnen, wenn sich das Verhältnis der Eltern nicht gebessert hat. Und genau dies hat sich durch die vorangegangenen Streitigkeiten und Kränkungen meist eher verschlechtert.
Der richterliche Beschluß schafft sicherlich klare Rechtsverhältnisse. Die inneren Probleme des Kindes kann er allerdings so nicht lösen, wie manche Eltern sich das vorstellen, wenn sie Sorge- und Besuchsrecht nicht als Rahmenbedingungen, sondern als Handlungsanweisung *gegen* den früheren Partner einsetzen. Auf diese Weise werden Beschlüsse in der Hand der Eltern leicht

zum Mittel weiterführender Aggressionen, die kindgerechte Lösungen auch in Zukunft verhindern.
Der Streit um das Sorgerecht unterscheidet sich erheblich von einem Grundstücksprozeß, einem Mietrechtsstreit oder von einem verwaltungsrechtlichen Problem. Anders als dort, geht es hier um Kinder, in deren Schicksal eingegriffen werden muß. Hier müssen Lebenszusammenhänge erfaßt, künftige Entwicklungen abgewogen und bewertet werden. Im Moment des Verfahrens befinden sich die betroffenen Kinder und die Eltern regelmäßig schon seit längerem in einem Zustand existentieller Verunsicherung. Dabei kommt den Anwälten eine Rolle besonderer Art zu. Sie berührt weniger die richterliche Meinungsbildung, wohl aber das Klima zwischen den Eltern, und damit auch das Klima, in dem die Kinder leben müssen. Der Auftrag der Anwälte zielt vorrangig darauf, die Interessen ihrer Mandanten durchzusetzen. Er zielt nicht notwendigerweise auf das Kindeswohl, auch wenn dieser Begriff stets eloquent gehandhabt wird. Juristische Ausbildung, Funktion und anwaltlicher Auftrag haben natürlich überall dort ihren Sinn, so das richterliche Urteil ein Rechtsproblem endgültig und abschließend würdigen muß. Im Sorgerechtsstreit liegen die Dinge aber ganz anders. Mit dem Zwang zur Durchsetzung ihrer Parteiinteressen sind Anwälte ganz wesentlich an der aggressiven Sprachlosigkeit zwischen den Eltern beteiligt. Mehr noch, die Handhabung des Elterninteresses durch Anwälte im Sorgerechtsstreit läuft häufig auf das Gagenteil dessen hin, was dem Kind dienlich wäre. Geht man nämlich von den Bindungen des Kindes an beide Eltern aus – und das muß man ja wohl – so kann die Klimaverschlechterung zwischen den Parteien kaum dem Kindeswohl dienen. Das vielzitierte Wohl des Kindes gelangt doch nur dann ins Zentrum des Verfahrens, wenn auf allen seinen Stufen Einvernehmlichkeit angestrebt würde. Das berufsübliche Reaktionsmuster und vielfach auch die Qualifikation von Anwälten liegt eher in der Konfrontation als in der Herstellung von Einvernehmlichkeit. Damit ist die schriftsätzliche Auseinandersetzung im Sorgerechtsverfahren ein ziemlich untaugliches Mittel, um zwischen den Eltern eine Atmo-

sphäre herzustellen, die dem Kind entgegenkommen könnte. Im Gegenteil, viele Anwälte machen sich keinerlei Vorstellung davon, welche Wirkungen ihre Schriftsätze bei der eigenen wie der gegnerischen Prozeßpartei auslösen; von den Rückwirkungen auf die Kinder ganz zu schweigen. Was im normalen Zivilprozeß hingenommen werden kann, weil dort kaum jemals das Selbstwertgefühl der Beteiligten berührt wird, wirkt im Sorgerechtsstreit verletzend und manchmal existentiell kränkend. Diese Schriftsätze werden ja immer in einer Situation ausgetauscht, in der auch die Eltern in einer Phase erhöhter Verletzlichkeit leben. In dieser Lage stützen und verstärken die Kampftexte der Anwälte die Aggressionen ihrer Mandanten. Nichtjuristen sind nicht in der Lage, Abstriche am Inhalt dieser Texte zu machen. Laien können sie nicht auf das zurückführen, was sie in Wirklichkeit sind, nämlich verbale Versuche der kontroversen Interessendurchsetzung. Familienrichter können das, nicht aber normale Eltern. Sie lesen Schriftsätze mit erhöhtem Puls. Bei ihnen wirken sie wie rote Tücher, durch die sie sich verletzt und verleumdet fühlen. Eltern ordnen sie auch kaum dem gegnerischen Anwalt, sondern dem ehemaligen Partner zu. Sie haben die Empfindung, daß er seinen ganzen Haß auf sie ablädt, und sie trachten danach, es ihm heimzuzahlen. Dieses Hochschaukeln der Aggressionen in ohnehin angstmachender juristischer Verpackung verhindert den Zustand, der die wichtigste Voraussetzung des Kindeswohles wäre, nämlich die Eltern auf eine gesprächsfähige Begegnungsebene zurückzuführen.
Natürlich kann man einwenden, daß es nicht Aufgabe der Anwälte sein kann, auf die Gefühle der gegnerischen Partei Rücksicht zu nehmen. Dieser Einwand verkennt bloß, daß es hier um die Befindlichkeit von Kindern geht. Sie werden durch die Rückwirkungen dieses Vorgehens zusätzlich belastet. Die prozeßübliche Konfrontation dient dem Kindeswohl also nicht. Statt dessen setzt sie vielerlei Mechanismen in Gang, die das Kind weiterhin quälen. Aber Konfliktbearbeitung oder Entschärfung ist eben nicht Auftrag der Anwälte. Dieses Ziel müssen sie von Berufs wegen verfehlen, solange der Gesetzgeber nicht zur

Kenntnis nehmen mag, daß der Scheidungsfolgenstreit ganz andere zwischenmenschliche Dimensionen hat als das gerichtliche Eintreiben einer Geldforderung. Auch der Familienrichter kann wenig zur Einvernehmlichkeit oder wenigstens zur Entspannung beitragen. In der Zeit, die ihm zur Verfügung steht, ist es unmöglich, ein in Jahren zusammengetragenes und im Verfahren verschärftes Konfliktpotential zu entwirren. Selbst wenn er es gelernt hätte, oder wenn er nicht nur Richter, sondern auch Schlichter von hoher Begabung wäre, das Verfahren bietet hierzu keinen Spielraum.

Nur in etwa 10% der Ehescheidungen wird um das Kind gestritten. In Städten und Ballungsgebieten liegt der Anteil höher, im ländlichen Bereich etwas niedriger. Um eine Größe, die man vernachlässigen könnte, handelt es sich trotzdem nicht. Immerhin sind jährlich um die 10000 Kinder dieser Form des Rechtsstreites ausgesetzt.

Man kann auch nicht davon ausgehen, daß die außergerichtliche Einigung über das Sorgerecht grundsätzlich unproblematisch sein könnte. Das Gericht folgt ihr zwar in aller Regel, und sie hat auch den Vorzug, daß der Beschluß von beiden Eltern getragen wird. Damit ist das Kind hier nicht im gleichen Maße nacheheliches Streitobjekt. Auch das Besuchsrecht mag in diesen Fällen nicht so vergiftet sein wie im Anschluß an den Streit um das Kind. Gelegentlich stellt aber die außergerichtliche Einigung über das Sorgerecht das Ergebnis eines Tauschgeschäftes im Vorfeld des Scheidungsverfahrens dar. Etwa, wenn die Zustimmung zum Sorgerecht mit dem Verzicht auf vermögensrechtliche Ansprüche aufgewogen wird. Dies braucht dem Gericht gar nicht zu Ohren kommen. Es ist auch gewiß nicht die Regel, aber ganz so selten kommt es dennoch nicht vor.

In der Diskussion um die Lage des Scheidungskindes klagen nichtjuristische Fachleute zunehmend darüber, daß Familienrichter zu oft ohne Sachverständige entscheiden.[24] Ein Ausdruck dieser Klage findet sich auch in der Anregung vieler Sachkundiger, das Verfahren so umzugestalten, daß es endlich seiner zwischenmenschlichen Dimension gerecht werden kann. Einer der Vorschläge zielt darauf, dem Familienrichter Sachverständige auf Dauer beizuordnen. Sie könnten ihre Sachkunde bei allen Scheidungen einbringen, in denen Kinder betroffen sind. Auf diese Weise wäre der Richter im dauernden Austausch mit einem Fachmann. Manch voreilig erlassene einstweilige Anordnung, die möglicherweise falsche Weichen stellt, käme dann gewiß nicht vor.

Nach gegenwärtiger Rechtslage ist das Kind im Scheidungsverfahren ohne eigenständige Vertretung. Das schwächste Glied in der Kette der Betroffenen hat tatsächlich keinen Anwalt. Und die Praxis zeigt ja wohl, daß die Eltern diese Rolle nicht erfüllen, auch nicht ihre Rechtsbeistände. Eine andere Anregung läuft deshalb darauf hinaus, dem Kind als einer dritten Partei mit eigener Rechtsvertretung ein entsprechendes Gewicht mindestens im streitigen Sorgerechtsverfahren zu geben. Dieser Vorschlag – wie auch der zuerst genannte – ist von Juristen noch vor wenigen Jahren abgelehnt worden. Daß beide Anregungen eine Verbesserung der Rechtsstellung des Kindes erbringen würden, scheint sich inzwischen allerdings auch vielen Familienrichtern zu erschließen. Ihre Fachdiskussion befaßt sich jedenfalls zunehmend mit vergleichbaren Konzepten, wenn auch der Gesetzgeber dem bislang noch nicht gefolgt ist (vgl. S. 99ff.).

Die gegenwärtige Praxis sieht so aus, daß der Familienrichter darüber befindet, welche Streitfälle er einem Sachverständigen zuweisen und welche er selber entscheiden will. Oder aber es liegt der Antrag einer Partei auf die gerichtliche Anordnung eines Gutachtens vor. Auch darüber befindet der Richter. Wird ein Gutachter bestellt, so kommt ihm noch am ehesten die Funktion eines »Kinderanwalts« zu. Diese Rolle hat aber große Lücken. Der Sachverständige wird ja nur in wenigen Fällen und wiederum nur punktuell tätig. Er begleitet das Kind nicht über längere Zeit, und er vertritt es auch nicht im Verfahren. Sein Amt besteht darin, dem Gericht Einsichten über die innere Situation des Kindes, über seine Bindungen und über die Erziehungsfähigkeit der Eltern zu eröffnen. Diesem Auftrag wird der Gutachter weitgehend gerecht, obgleich die langfristig treffsichere Beurteilung von Eltern gewiß ihre Probleme hat. Neben der momentanen Beurteilung muß der Gutachter auch schwierige psychodynamische Vorgänge gewichten, die in die Zukunft weisen. Er muß also langfristig zu erwartende Entwicklungsverläufe prognostizieren. Dieser zweiten Aufgabe des Sachverständigen sind naturgemäß Grenzen gesetzt. Hier können allenfalls Tendenzen freigelegt, künftige Veränderungen und deren Folgen aber nur selten mit hinreichender Sicherheit bestimmt werden. Insofern besteht eine gewisse Gefahr, daß »das Gutachten als Teil des juristischen Prozesses unter Umständen einen familiären Prozeß auf seinen Jetztzustand hin« fixiert.[25] Dies mag zwar nicht der Intention des Gutachters entsprechen, hat aber möglicherweise mit der Eigengesetzlichkeit zu tun, die ein Gutachten annimmt, nachdem es dem Gericht zugegangen ist. Jetzt ist es seinem Urheber entzogen, wird nur noch mit den Augen von Juristen betrachtet und ist Erläuterungen kaum mehr zugänglich. Gefördert wird dieser Vorgang dadurch, daß der mündliche Vortrag des Sachverständigen vor dem Familiengericht kaum stattfindet, obwohl er im Strafprozeß durchaus üblich ist. Hier liegen die Gründe für das Unbehagen vieler Gutachter, zumal der Abschluß des Verfahrens in vielen Fällen ja nur auf rechtlicher Ebene klare Verhältnisse schafft. Die Lage des Kindes verändert er vielfach nicht. Gewiß, nun ist festgelegt, bei wem es leben und wie es besucht werden soll. Das Klima zwischen den Eltern, und damit ein wesentlicher Faktor seiner Weiterentwicklung, bleibt weiterhin belastet.[26]

Wenn das Sorgerecht zugewiesen ist, gibt es einen unterlegenen Elternteil. Seine Niederlage trifft ihn anders, als wenn er einen Mietprozeß verloren hätte. Er hat im Streit um sein Kind Gefühle investiert. Nicht nur positive, die sein Kind betreffen, auch destruktive, die seinem früheren Partner gelten. Dies ist ihm kaum jemals bewußt, weil er den ganzen Streit als Einsatz für das Kind erlebt. Dieser Einsatz erweist sich nun als nutzlos, und mit der richterlichen Entscheidung bleibt er allein, egal ob sie vom Richter selbst oder mit Hilfe eines Sachverständigen gefällt ist. Dieser Zustand beeinflußt wesentlich den künftigen Umgang der Eltern. Die vielen Einzelheiten der vorangegangenen Auseinandersetzung haben fast immer zusätzliches Porzellan zerschlagen. Die Gesprächsfähigkeit der Eltern bleibt oft auf lange Sicht verbaut. In vielen Fällen kann man als Außenstehender leicht erkennen, daß schon der Sorgerechtsstreit selber Ausdruck unerledigter Konflikte ist, die zum Machtkampf um das Kind verkommen. Tatsächlich erweist sich dieser Streit immer wieder als vordergründiges Ergebnis unbewußter Hintergrundskonflikte. Die Betroffenen können es ohne fremde Hilfe nicht erkennen, geschweige denn verändern. Sie befinden sich selbst in einem Zustand niedriger Belastbarkeit. Im Blick auf ihr eigenes Schicksal wie auch auf das des Kindes sind sie verunsichert. Ihr Verhältnis zueinander trägt Züge einer verzerrten, oft pervertiert erscheinenden Abhängigkeit. Zwanghaft neigen sie dazu, sich wechselseitig zu kränken und herabzusetzen, und der Sorgerechtsstreit eignet sich gut dazu. Nun ist er entschieden, und der Verlierer steht fassungslos davor. Subjektiv muß er mit einer vermeintlichen Fehlentscheidung zurechtkommen, wenn die Hintergrundskonflikte nicht erledigt sind. Sie lassen sich aber nicht abbauen, solange er sich für den besseren Elternteil hält und Trauerarbeit nicht zulassen kann. In dieser Ohnmachtssituation bleibt er allein. Das Gericht macht ihm den Beschluß so wenig einsichtig wie der Sachverständige.

Die Ohnmachtsempfindungen, die hier auftreten, können sich sicherlich nur aufs neue in Aggressionen umwandeln. Sie werden zumeist in den Besuchsverkehr verschoben, den sie eigentlich nur vergiften können. Selbst völlig einwandfreie Entscheidungen lösen so das Problem in wesentlichen Bereichen nicht, das sie zu lösen vorgeben. Sie verlängern es zusammen mit neuen Schwierigkeiten, die sie zu Lasten der Kinder erst schaffen. Dazu gibt es eine Fülle von Handlungsmustern. Allen gemeinsam ist, daß das wechselseitige Konfliktpotential über einen vermeidbar langen Zeitraum hinweg zwanghaft beibehalten bleibt. Der Besuchsberechtigte mißbraucht z. B. sein Umgangsrecht, um damit seine Ohnmacht zu kompensieren. Dies kann dadurch geschehen, daß er konsequent gegen die Erziehungsvorstellungen des Sorgeberechtigten arbeitet oder das Kind gegen diesen beeinflußt. Hierher gehören auch bewußte wie unbewußte Formen der Verursachung von Schuldgefühlen. Auch der Mißbrauch des Kindes als Überbringer kränkender Botschaften ist hier nicht selten, und es leuchtet ein, daß all dies bei der Gegenseite erneut Gegenreaktionen heraufbeschwört. Juristisch scheint das Verfahren zu einem guten Ende gebracht; psychologisch bleibt der Teufelskreis erhalten. Dies sind die Fälle, bei denen Elternteile sich nicht mehr begegnen können; bei denen verunsicherte Kinder vor Haustüren und auf Treppenabsätzen auf die Anfahrt des väterlichen Autos warten, Mütter mit fahrplanhafter Präzision auf die pünktliche Rückgabe des Kindes drängen oder gar Besuchsverbote verhängen, wenn sie meinen, ihre Bedingungen könnten verletzt sein.

Der unterlegene Elternteil sieht sich einer Entscheidung gegenüber, die er innerlich nicht tragen kann. Niemand hilft ihm, die Voraussetzungen dafür zu schaffen, daß er es könnte. Dies würde bedeuten, daß ihm und seinem »Streitpartner« Struktur und Herkunft dieser konfliktbeladenen Verschränkungen bewußt werden, denen beide ausgesetzt sind. Nötig wäre eine qualifizierte Hilfe zur Trauerarbeit für den Besuchsberechtigten und eine Hinführung der Eltern zu Umgangsformen, die auch nachehelich funktionieren, und zwar so, daß sie das Kind empfinden und erkennen kann. Hier liegt das Dilemma der meisten geschiedenen Eltern. Beim Sorgerechtsstreit tritt es nur besonders deutlich hervor, weil dort so ungemein verbissen gestritten wird. Der abschließende Beschluß aber kann immer nur festlegen, bei welchem Elternteil das Kindeswohl eher gesichert ist. Er kann nicht das zwischenmenschliche Verhältnis der Zerstrittenen verbessern. Das Konfliktpotential, das im Ansatz schon den Niedergang der Partnerschaft bewerkstelligt hat, kann eben nicht von Gerichts wegen entschärft werden. Dieselbe Entscheidung, die gegen die Einsicht des Unterlegenen das Kindeswohl beim anderen Elternteil sichern will, schafft neue Fakten, die nicht zum Wohl des Kindes sind. Das trifft zu, wenn man diesen Begriff nicht auf den Zeitpunkt der richterlichen Entscheidung beschränken will, sondern die Zukunft des Kindes und den auch künftig gestörten Umgang der Erwachsenen im Auge hat. Deshalb erhebt sich die Frage, ob sich dieses Dilemma, in dem ja auch der Richter steht, nicht mindern ließe, wenn man den Parteien die Möglichkeit gäbe, die tatsächlichen Ursachen ihrer destruktiven Abhängigkeit zu bearbeiten. Der Familienrichter kann dies zwar nicht, aber er könnte dazu beitragen.

Auch das Jugendamt ist verfahrensbeteiligt im Sorgerechtsstreit. Neben Anhörung, Terminen, Schriftsätzen und Gutachten sind seine Ermittlungen wichtige Informationsquelle des Familienrichters. Eine Untersuchung[27] aus den 70er Jahren ergibt allerdings, daß sich die Hälfte der Jugendamtsberichte in einer Wiedergabe der Entscheidungswünsche der Eltern erschöpft. Nur 15% der Berichte prüfen unter dem Gesichtspunkt des psychischen Kindeswohls. Über zwei Drittel dagegen geben detaillierte Hinweise auf den sozialen Status der Eltern und die rein äußerliche Versorgung der Kinder. Angaben über die Eltern-Kind-Beziehung finden sich in weniger als der Hälfte aller Berichte, und zur Erziehungsfähigkeit äußern sich lediglich knapp 9%. Insgesamt gesehen erscheinen die Jugendamtsberichte deshalb als recht unbefriedigend. Es liegt sicherlich auch daran, daß ihnen kein entsprechendes Beobachtungskonzept und keine standardisierte Fragestellung zugrunde liegt.

Seit 1977 ist der Familienrichter grundsätzlich verpflichtet, die Kinder anzuhören. Daß diese Gesetzesänderung etwas bewirkt haben muß, läßt sich daran ablesen, daß nach altem Recht Gerichte verstärkt von der Empfehlung des Jugendamtes abgewichen sind, wenn sie mit dem Kind Kontakt aufgenommen hatten. Wich der damalige Vormundschaftsrichter nur in 10% der Fälle von der amtlichen Empfehlung ab, so stieg diese Zahl mehr als doppelt, wenn er das Kind persönlich angehört hatte.

Wenn die damalige Berichtstätigkeit der Jugendämter offenbar Mängel aufwies, so muß hinzugefügt werden, daß seit der oben zitierten Untersuchung mancherlei Verbesserungen innerhalb der sozialen Dienste stattgefunden haben. Dies betrifft den personellen Bereich ebenso wie den der Fortbildung. Viele Ämter sind zu der außerordentlichen wichtigen Einrichtung der Supervision ihrer Mitarbeiter übergegangen, eine entscheidende Hilfe für jeden, der zwischenmenschliche Konflikte erkennen oder gar abbauen soll. Insoweit darf man davon ausgehen, daß die Qualität der Jugendamtsberichte sich verbessert hat. Hinzugetreten ist ja auch die Pflicht des Richters, mit dem Kind selbst Kontakt aufzunehmen. Das mag neue Probleme geschaffen haben, eine Korrektur zur Situation vor 1977 ist es gewiß. Die Anhörungspflicht sollte unseres Erachtens allerdings nicht dazu benutzt werden, Kindern unterhalb der Pubertät die Frage nach ihren Vorstellungen von der Sorgerechtsverteilung abzuverlangen.

2. Ist Liebe meßbar?

Im § 1671 BGB heißt es: »Das Gericht trifft die Regelung, die dem Wohle des Kindes am besten entspricht; hierbei sind die Bindungen des Kindes, insbesondere an seine Eltern und Geschwister zu berücksichtigen.« Hier ist er also, der unbestimmte Rechtsbegriff vom Kindeswohl, zu dem das Gesetz nur die Richtung weist. Der Familienrichter muß ihn ausfüllen, wobei man im allgemeinen davon ausgehen darf, daß Erkenntnisse der kindbezogenen Sozialwissenschaften und der Entwicklungspsychologie in die Auslegung einfließen. Dennoch taucht der Begriff häufig in einer eigenartig formelhaften Weise in Beschlüssen auf. Manchmal wird aus einer Begründung keineswegs einsichtig, weshalb eine konkrete Maßnahme des Richters dem Kindeswohl dienen sollte; etwa wenn der Begriff in einer sich selbst begründenden Weise verwendet wird. Wenn z. B. ein Familienrichter die Personensorge ohne weitere Prüfung, im Wege einer einstweiligen Anordnung – wenn auch nur vorläufig –, auf den Vater überträgt, um eine Urlaubsreise des fünfjährigen Kindes mit dem neuen Lebensgefährten der Mutter zu verhindern, so entspricht dieser Beschluß nicht deshalb dem Kindeswohl, weil er mit der Formel endet: »Diese Maßnahme entspricht dem Wohl des Kindes.« Sie tat es nicht, sondern entsprang möglicherweise uneingestandenen Ängsten und einer unbewußten Solidarisierung des Richters mit dem Vater. Eine nachträgliche Begutachtung ergab dann auch, daß das Kind durch die Urlaubsreise sicherlich weniger Schaden genommen hätte als durch die Folgen der richterlichen Maßnahme. Zwar konnte der Familienrichter nicht wissen, daß seine Anordnung mit polizeilicher Hilfe durchgesetzt werden würde; im Widerspruch zur Rechtslage übrigens, weil die Polizei niemals für die Vollstreckung familiengerichtlicher Verfügungen zuständig ist.[28] Aber mancher Beamte weiß dies offenbar nicht, sondern schreitet angesichts von Unterschrift und Siegel eines deutschen Richters schlicht zur Tat. Auf der Strecke bleibt ein mit Blaulicht von der Mutter gewaltsam weggeholtes Kind.

In einem anderen Fall überträgt eine Richterin ohne Anhörung der Gegenseite das vorläufige Aufenthaltsbestimmungsrecht über die sechsjährige Tochter auf den Vater. Grund: Nach Überzeugung der Richterin bestand die Gefahr, daß die Mutter mit ihrem Kind in ihr Heimatland zurückgekehrt wäre. Diese »Gefahr« – wenn man das überhaupt so nennen darf – bestand zwar wirklich. Ein späteres Gutachten ergab aber, daß die weit engeren Bindungen des Kindes der Mutter galten und die Initiative zum Sorgerechtskampf obendrein von der vereinsamten Großmutter ausging. Auch diese Entscheidung war nicht sachgerecht, aber sie endete mit der Formel vom Kindeswohl.

Beide Beispiele sind gewiß nicht die Regel, aber sie sind auch nicht ganz untypisch. Sie stehen für solche Fälle, bei denen Richter die formelhafte Verwendung des Kindeswohlbegriffes ohne weitere Prüfung für eine Begründung halten. Manchmal werden hier Weichen gestellt, die nicht mehr korrigierbar sind. Und selbst wenn, erfolgt die Korrektur oft erst nach Monaten vermeidbarer Erschütterung auf seiten des Kindes. Dies ist gewiß kein Angriff auf den Berufsstand der Familienrichter. Beide Beispiele zeigen aber, daß die manchmal durchaus wichtige Intuition des Richters nicht ausreicht, um Kindeswohl zu erfassen. Beide Beispiele stehen auch für die

Fälle, die gar nicht vorkämen, wenn dem Familienrichter ein Sachverständiger dauernd beigeordnet wäre.

Wie kann man nun Bindungen an die Eltern faßbar machen? Wie läßt sich gar die »engere Bindung« feststellen? Danach zu fragen (Wen hast du lieber, Vater oder Mutter? . . .) wäre ein Verfahren, das kein Ergebnis bringt, jedenfalls kein zuverlässiges. Im Gegenteil, hier geht es ja genau um den Punkt, der Not und Ausweglosigkeit des Kindes ausmacht.

Der Tübinger Kinderpsychiater Reinhart Lempp[29] hat schon 1972 den Begriff der »affektiven Tendenz« in die Diskussion um das Kindeswohl eingeführt. Er meint damit den inneren Kindeswillen, der natürlich im Widerspruch zu dem stehen kann, was das Kind anderen gegenüber äußert. Die Schwierigkeit liegt also darin, daß Kindesäußerungen vom affektiven Streben dieser Kinder abweichen können. Nach unseren Erfahrungen ist dies um so stärker der Fall, je massiver der Druck ist, dem sie seitens ihrer streitenden Eltern ausgeliefert sind. Aus diesem Grunde halten wir es einfach für nicht dienlich, ein Kind unterhalb der Pubertät darüber zu befragen, bei welchem Elternteil es leben will. Manche Richter stellen diese Frage dennoch. Aber genau sie macht Angst. Deshalb kann der Sinn der Gesetzesvorschrift, die den Richter zur Anhörung verpflichtet, nicht darin liegen dem Kind konkret diese Angstfrage vorzulegen. Sie liegt aus unserer Sicht im persönlichen Kontakt des Familienrichters mit dem Hauptbetroffenen. Die Anhörung ist ein Mittel, sich vom Kind selbst ein Bild zu verschaffen; sicher auch von seinen Bindungen. Sie darf aber nicht dazu verführen, eine richterliche Entscheidung auf das Kind abzuwälzen.

Die engere Bindung gilt als Maßstab der affektiven Tendenz des Kindes. Deshalb geht die ständige Rechtsprechung davon aus, daß derjenige Elternteil, zu dem sie besteht, die Kontinuität der Erziehung besser garantieren könne als der andere. Auch in der kinderpsychologischen und kinderpsychiatrischen Fachliteratur herrscht diese Auffassung vor, stößt aber neuerdings auch auf Kritik. So wird darauf hingewiesen, daß die engere Bindung über die Erziehungsfähigkeit der Eltern überhaupt keinen Aufschluß gäbe. Außerdem könnten überbehütende Eltern stets auf die engere Bindung verweisen. Gerade sie aber böten ihren Kindern als Sorgeberechtigte pathogene Entwicklungsbedingungen an.[30]

Beide Einwände sind gewiß ernst zu nehmen. Ganz so einfach liegen die Dinge aber nicht. Die Existenz pathogener Eltern-Kind-Beziehungen ist kein grundsätzlicher Einwand gegen das Gewicht gesunder Bindungen. Richtig ist natürlich, daß die engere Bindung überhaupt nichts über die Sozialisationskompetenz des potentiell Sorgeberechtigten aussagt. Problematisch ist auch, daß der Familienrichter in der Tat die momentane Bindungssituation des Kindes festschreibt, während Kind-Eltern-Bindungen, je nach Entwicklungsstand, nicht gleichmäßig verlaufen. Die Forderungen der Kritiker scheinen uns allerdings noch problematischer zu sein als der gegenwärtige Zustand. Sie möchten das Sorgerecht dem Elternteil übertragen, der es am besten verkraften und dem Kind gleichzeitig die Verbindung zu allen Bezugspersonen erhalten kann, die ihm bisher wichtig waren.[31] Das klingt recht gut, und über die Frage der Verkraftbarkeit des Sorgerechtes gibt es gewiß keinen Streit. Wie das Erfordernis der »engeren Bindung«, könnte aber auch das Erfordernis der Kontakterhaltung zu allen bedeutsamen Personen während des Verfahrens nur punktuell geprüft werden. Auch dieser Aspekt läßt sich nicht zuverlässig in die Zukunft verlängern. Wie problematisch dieser Gedanke außerdem ist, zeigt die Überlegung, daß engere Bindungen zerstört werden müßten, wenn nicht der Elternteil, zu dem sie bestehen, sondern der andere die Summe aller wichtigen Kinderkontakte garantieren würde; Fälle, die jedem mit der Materie Vertrauten leicht vorstellbar sind. So liegt das Dilemma unseres Erachtens nicht so sehr bei der Entscheidung über die engere Bindung. Schließlich beruht sie ja nicht auf Zufälligkeit, sondern aus der anderen Stellung dieses Elternteils gegenüber dem Kind. Sie hat eine Vorgeschichte, der Gewicht zukommt.

Im übrigen entscheidet kein Familienrichter anhand der engeren Bindungen alleine. Er gewichtet die anderen Bezüge des Kindes stets mit. Die Erhaltung des Zugangs zu allen wichtigen Personen im Leben des Kindes ist also auch bisher schon beachtet worden. Nur: zu diesem Personenkreis gehört doch wohl in erster Linie die Person, der die intensivere Bindung gilt. Wir meinen, daß sie in der Regel die Kontinuität von Erziehung und Entwicklung besser garantieren kann als jeder andere. Dann aber sind die nachgeordneten Bindungen des Kindes auch von nachrangigem Gewicht. Dies kann auch nicht anders sein, denn: hätten sie Vorrang, so würde die Übertragung des Sorgerechtes zum Abbruch oder zur erheblichen Kontaktminderung ausgerechnet mit der primären Bezugsperson führen müssen, mit gewiß nicht nur beim kleinen Kind denkbar abträglichen Folgen. Ganz anders liegen die Dinge natürlich, wenn sich keine Bindungspräferenzen erkennen lassen und sie auch im Gutachten nicht nachweisbar sind. Angesichts veränderter Elternrollen in heutigen Familien wird dieser Fall zunehmend häufiger auftreten.

Im Zusammenhang mit der Frage nach der Erziehungseignung wird darüber geklagt, daß es keine hinreichenden Verfahren zur vergleichenden Beurteilung von Erziehungszielen oder Praktiken der Eltern gibt. Objektive Prüfverfahren mit längerfristiger Treffsicherheit sind auch kaum denkbar, jedenfalls nicht im Rahmen des üblichen Zeitaufwandes. Man kann auch nicht die Gefahr übersehen, die darin liegt, daß die Beurteilung der Erziehungsfähigkeit mitunter vor dem Hintergrund des Wertsystems von Richtern oder Sozialarbeitern ablaufen kann. Die unbewußte Identifikation zwischen Richter(in) und einem Elternteil spielt ab und zu eine Rolle, und mancher Sachverständige scheint auch nicht ganz frei davon zu sein.

Gelegentlich wird darauf hingewiesen[32], daß die Fähigkeit, Kinder zu erziehen, weniger an bewußte Erziehungsziele gebunden ist als vielmehr an Wärme. Zu große Strenge oder Nachgiebigkeit würden die Erziehung zu einem selbständigen, lebenstüchtigen und damit belastbaren Menschen außerdem gefährden. Dem kann man nur zustimmen, nur hilft diese Überlegung nicht weiter. Wir haben eben kein Verfahren, um Wärme oder das

richtige Mittelmaß zwischen Strenge und Nachgiebigkeit längerfristig zu erfassen.
Auch die äußeren Lebensumstände werden wichtig, wenn Familienrichter ihre Entscheidung vorbereiten. Bedenklich wird es lediglich, wenn diesen äußeren Umständen ein überhöhtes Gewicht zugewiesen wird und sie in nicht vertretbarer Weise zur Charakterisierung der betroffenen Eltern herangezogen werden. Mittelschichtorientierte Sauberkeits- und Ordnungsvorstellungen verführen gelegentlich dazu, aus Unordnung, aus ästhetischen Mängeln der Wohnungseinrichtung oder der Art sich zu kleiden, aber auch aus abweichenden hygienischen Gebräuchen, manchmal recht sachfremde Beurteilungen eines Elternteils abzuleiten. Auf diese Weise dienen äußere Umstände bisweilen als vermeintliche Beweise für die mangelnde Erziehungsfähigkeit. Anwälte benutzen dieses Verfahren manchmal recht drastisch, wie eine Analyse kontroverser Schriftsätze im Sorgerechtsstreit zeigen kann. Diese Erscheinung findet sich aber auch nicht ganz selten in den Berichten der Ämter, und mancher Richter wird von Solidarisierungstendenzen mit derjenigen Partei nicht ganz frei sein, deren äußere Lebensumstände seinem eigenen Wertsystem näherstehen.
Anders liegen die Dinge in aller Regel beim Gutachter. Er wird unbewußten Bündnissen mit einem Elternteil naturgemäß weniger erliegen. Der kritische Umgang mit seiner eigenen Person gehört gerade unter diesem Gesichtspunkt zu seinem methodischen Rüstzeug. Durch Ausbildung, Erfahrung und Fortbildung kennt er die Tücken eigener unbewußter Anteile im Rahmen seiner Tätigkeit. Dies muß nicht bedeuten, daß er ihnen nicht erliegen könnte; er ist vor solchen Gefahren aber sicher besser geschützt als jeder andere Verfahrensbeteiligte.

3. Unauflösliche Elternschaft?

In jüngerer Zeit wird die Frage nach einem gemeinsamen Sorgerecht vermehrt diskutiert. Tatsächlich verletzt der Ausschluß der gemeinsamen elterlichen Sorge nach der Scheidung gültiges Verfassungsrecht, wenn die Eltern »willens und geeignet sind, die Elternverantwortung zum Wohle des Kindes weiterhin zu tragen«.[33]

Wie aber soll ein gemeinsames Sorgerecht nach der Scheidung aussehen? Geht es darum, die Erziehungsrechte beider Eltern nach der Scheidung in vollem Umfang zu erhalten? Oder soll eine Art Teilung der Verantwortlichkeiten und der Elternrechte stattfinden? Diese Fragen sind in der Diskussion. Dabei muß man zwei Dinge sehen: Das hierzulande gültige Alles-oder-nichts-Prinzip ist einer ganzen Reihe von Rechtsordnungen fremd. Zum anderen: Die gesellschaftlichen Veränderungen der letzten Jahrzehnte haben die bisherigen Rollenvorstellungen von Mann und Frau ebenfalls verändert. Väter sind inzwischen stärker in die Versorgung und Betreuung auch kleiner Kinder einbezogen als jemals zuvor. Das mütterliche Versorgungsmonopol von Kindern bröckelt ab. Geht man davon aus, daß die gemeinsame Personensorge nach der Scheidung der Eltern dem Kindeswohl dienen kann, so stellt sich wohl die Frage, unter welchen Voraussetzungen dies zutrifft und unter welchen Umständen das Wohl des Kindes dadurch eher verfehlt wird. Damit sind wir wieder beim Problem des Umgangs zwischen den Geschiedenen. Gemeinsames Sorgerecht wird den Bedürfnissen des Kindes sicherlich nur dann gerecht, wenn das Verhältnis zwischen seinen Eltern bereinigt ist. D. h., wenn sie ihre gescheiterte Ehe verarbeitet haben und sich wechselseitig wieder annehmen können, wenn auch auf anderer Ebene und in anderen Formen als während der Ehe. Trifft dies nicht zu, so wirkt die mit dem gemeinsamen Sorgerecht verbundene Rechtsposition wohl eher als Hebelmechanismus für weitere Auseinandersetzungen. Aus demselben Grund kann man vor dem gelegentlich ebenfalls diskutierten gemeinsamen Sorgerecht *gegen* den Willen eines Elternteils nur warnen.

Die Anhänger der gemeinsamen elterlichen Sorge berufen sich im allgemeinen darauf, daß es sich bei der Familie um ein System handle, das durch die Scheidung nicht einfach beseitigt ist. Das System Familie wird also durch die Elterntrennung nicht aufgehoben, sondern allenfalls verändert und umgewertet. Dieser systemorientierten Betrachtungsweise kann man sicherlich beipflichten. Die nacheheliche Familie ist aber ihrer Struktur nach in den allermeisten Fällen zunächst einmal ein destruktives System. Ihre erwachsenen Mitglieder bringen für lange Zeit nicht die geringste Befähigung auf, im Sinne des Kindeswohls miteinander umzugehen. Sie sind schlicht unfähig, die nacheheliche Situation in konstruktiver Weise neu zu definieren, und dieser Zustand erweist sich als die gewiß schlechteste Voraussetzung zu einem gemeinsamen Sorgerecht. Solange dieser Zustand anhält, ist ja wohl gemeinsam übernommene Verantwortung für das Kind nicht denkbar. Dieser Zustand dauert nach Auffassung vieler Autoren mehr als zwei Jahre über die Trennung hinaus. Nach unseren Erfahrungen sind auch weit größere Zeiträume nicht gerade selten. Hinzu kommen Rückfälle in aggressive Formen des wechselseitigen Umgangs bei den Eltern. Dies läßt sich manchmal selbst dann beobachten, wenn davor schon verhältnismäßig konstruktive Umgangsformen eingerichtet waren. Solche Rückfälle nach bereits eingetretener Beruhigung gab es z. B., wenn die Wiederverheiratung des Sorgeberechtigten anstand. Die neue Eheschließung reaktiviert in vielen Fällen bereits erledigt geglaubte, nacheheliche Konflikte. Es ist kaum anzunehmen, daß dies im Falle eines vorhandenen gemeinsamen Sorgerechts unterbleibt oder seltener vorkommt.

Nun kann man natürlich mißlungene Formen des gemeinsamen Sorgerechtes wieder abändern. Besser ist es dennoch, Mißerfolge gar nicht erst zuzulassen. Gemeinsame elterliche Sorge muß deshalb an die völlige Entspannung der Elternbeziehung gebunden sein. Es spricht jedenfalls wenig dafür, daß die oben angeführten Voraussetzungen schon durch das gemeinsame Sorgerechtsbemühen hinreichend belegt sein könnten. Wenn sie aber nicht vorliegen – und sie tun es recht selten – so erweist sich das gemeinsame Sorgerecht leicht als ein Rechtstitel, der zur Fortsetzung oder zur Neuauflage des Beziehungskrieges geeigneter ist als zu seiner Beilegung.

Eine Verknüpfung der gemeinsamen Personensorge mit Vorstellungen von der annähernd gleichwertigen Betreuung des Kindes dürfte gleichfalls recht abwegig sein. Diese zeitlich »gerechte« Aufteilung des Kindes erweckt bei ihm kaum Empfindungen von Familie, auch nicht von einer nachehelichen. Sie begünstigt eine ständig wechselnde Zweierbeziehung. Das Kind erlebt so zwei getrennte Welten, in denen jeder Elternteil immer nur an den gerade abwesenden erinnert; ein Ping-Pong-Spiel, mal Vater, mal Mutter, allenfalls aufgelockert im Falle von Geschwistern. Gemeinsames Sorgerecht als Ausdruck gemeinsamer Elternverantwortung in der geschiedenen Familie gibt unseres Erachtens nur dann Sinn für das Kind, wenn die Eltern mit ihm selber wieder gemeinsam umgehen können. Die »gerechte« Zeitverteilung alleine vermittelt ihm dieses Gefühl nicht.

Hier gibt es übrigens eine Parallele zur bestehenden Familie. Ohne daß Trennung ansteht, findet sich dort ebenfalls eine deutliche Neigung, Kinderbetreuung so aufzugliedern, daß sie mal durch den einen mal durch den anderen Elternteil geschieht. Auf diese Weise ist das Kind gewiß immer versorgt, mal durch den Vater, mal durch die Mutter. In Grenzen mag das völlig normal sein. Wenn es für eine bestehende Familie zur Regel wird, dann ist allerdings der gemeinsame elterliche Umgang mit dem Kind unterentwickelt. Diese Erscheinung, die sicherlich den Eltern Freiräume erlaubt, ist unübersehbar. Damit zeigt auch schon die bestehende Familie Tendenzen zu wechselnden Zweierbeziehungen in ihrem Innern. Sie gehen ohne Frage zu Lasten des Familienverbandes als einer Einheit. Wenn sich Eltern-Kind-Kommunikation so darbietet, daß Elternteile überwiegend nur ausgetauscht werden, zusammen aber immer weniger zur Verfügung stehen, so erleben betroffene Kinder auch die nicht geschiedene Familie nur noch unzulänglich. Statt dessen üben sie herabgesetzte, weitgehend dyadische Interaktionsformen ein, die soziales Lernen sicherlich nicht gerade fördern. Wenn sich diese

Tendenz schon in der intakten Familie zeigt, so gehört sie nach der Scheidung zur Regel, wenn das Kind zwischen Sorge- und Umgangsberechtigtem hin und her pendelt. Der Elterntausch ist jedenfalls kein Mittel, um Kinder in ein übergeordnetes soziales System einzubinden, egal ob es sich um bestehende Familien, um herkömmlich geschiedene oder um solche mit einem gemeinsamen Sorgerecht handelt.

Die Austauschbarkeit der Eltern hat natürlich auch ihre angenehmen Seiten. Sie löst viele persönliche und technische Probleme der Eltern(teile). Sie unterstützt nur kein optimales soziales System, weder in noch nach der Ehe. Familiäre Gemeinsamkeit wird auf diese Weise gemindert, und im Fall der gemeinsamen Personensorge ist gewiß die Gefahr nicht auszuschließen, daß das Kind »in Wahrheit keinen Elternteil ganz und ohne Wenn und Aber« besitzt und keinen »Platz der stabilen, für seine Erlebniswelt unzweifelhaft erkennbaren, sicheren Zuflucht hat«.[34] So bleibt das gemeinsame Sorgerecht eine problematische Angelegenheit, deren Voraussetzungen an die oben dargelegten Bedingungen geknüpft sein müssen. Niemand bestreitet, daß gemeinsame Elternverantwortung auch nach der Scheidung weiterwirken muß. Wahrgenommen wird sie dennoch nicht, solange die Eltern als Gegner, wenn nicht als Feinde miteinander umgehen. Gemeinsames Sorgerecht kann allenfalls die Folge einer gemeinsam praktizierten Verantwortung für das Kind sein, die trotz Scheidung überlebt hat. Ein Mittel, um diese Art Verantwortung erst wieder herzustellen oder auch nur bewußt zu machen, ist die gemeinsame Personensorge gewiß nicht.

4. Was ist wohl das Kindeswohl?

Der Begriff vom Kindeswohl weckt realitätsfremde Erwartungen, wie sie von der Rechtspraxis kaum dauerhaft erfüllt werden können. Die Formel von der »am wenigsten schädlichen Alternative für das Kind«, die von den Amerikanern Goldstein, Freud und Solnit[35] vorgeschlagen wurde, kommt der Wirklichkeit bedeutend näher. Sie trifft den Punkt, der sich in der richterlichen Praxis längst abzeichnet: man verzichtet darauf, die Entscheidungen so vorzuführen, als könne das Gericht mit letzter Sicherheit bestimmen, was denn das Wohl des Kindes genau verlangt. Gleichzeitig täuscht die »am wenigsten schädliche Alternative« »keine problemlose, eine optimale Entwicklung garantierende Zukunft vor, sondern stellt den Schaden, den das Kind bereits genommen hat, unmißverständlich fest«.[36]

Die »am wenigsten schädliche Alternative« ist Ausdruck einer Reihe von Vorstellungen, die es dem Gericht ermöglichen sollen, von mehreren Lösungen derjenigen zum Ziel zu verhelfen, die Not lindern kann. Auch diese Autorengruppe liefert natürlich keine Patentrezepte, wie manche juristische Praktiker sie erwarten mögen. Vorrangig geht es ihnen darum, Entscheidungen über die Unterbringung am kindlichen Bedürfnis nach langdauernden und stabilen Bindungen zu orientieren. Auf die Ehescheidung angewandt heißt dies, daß die Übertragung der elterlichen Sorge endgültig und keinen Änderungen unterworfen sein sollte.

Beim Besuchsrecht gehen die genannten Autoren so weit, daß sie dies dem Sorgeberechtigten überlassen wollen. Sie begründen es mit der Schwierigkeit der Kinder, Besuchskontakte zu beiden Elternteilen aufrechtzuerhalten, wenn diese selbst keine positive Beziehung mehr zueinander haben. »Wenn sie Feinde geworden sind, entwickelt das Kind Loyalitätskonflikte, die letztlich die positive Einstellung zu beiden Eltern stören.«[37] Auch weisen sie nachdrücklich darauf hin, daß Väter oder Mütter, die nur besuchen oder besucht werden, wenig Aussicht haben, Liebe und Zutrauen des Kindes zu erwerben oder zu behalten, oder als Identifikationsobjekt zu dienen, »eine Rolle, die auf täglichem ununterbrochenen Zusammenleben beruht«.[38]

Goldstein, Freud und Solnit sind konsequente Vertreter der Bindungstheorie. Sie heben hervor, daß der Elternteil, zu dem die engeren Bindungen bestehen, das Bedürfnis des Kindes nach Stabilität besser sichert als der andere. Eine Sorgerechtszuweisung auf der eingeschränkten Basis kurzfristiger Prognosen nehmen sie in Kauf, weil auf diese Weise die Chancen des Kindes steigen, auch tatsächlich »gewünscht« zu sein, und weil es in diesem Fall möglich wird, daß »das Kind eine dauerhafte Beziehung mit wenigstens einem Erwachsenen eingeht«.[39]

Aus denselben Gründen überlassen die Autoren die Entscheidung über das Umgangsrecht dem Sorgeberechtigten. Dabei übersehen sie allerdings, daß er in der Praxis dazu neigt, die Erlaubnis zum Umgang an seinen eigenen Bedürfnissen zu orientieren und nicht so sehr an denen des Kindes. Richtig an diesen Überlegungen ist natürlich, daß eine vergiftete Atmosphäre zwischen den Eltern die Kinder belastet. Richtig ist aber auch, daß es Sorgeberechtigte gibt, die an einer Erhaltung der vergifteten Atmosphäre interessiert sind, auch wenn es unbewußt sein sollte. Das Umgangsrecht zur Disziplinierung des Umgangsberechtigten einzusetzen oder es schlicht zu seiner Bestrafung zu streichen, liegt für diese Personengruppe allemal nahe. Einräumen kann man, daß solche Sorgeberechtigte ohne Hilfe von außen nie die unbewußten Antriebe ihres Verhaltens erkennen können.

Die Möglichkeit, mit der Aussperrung des Besuchsberechtigten Mißbrauch zu treiben, besteht auch dann, wenn die Entscheidung darüber nicht in den Händen des Sorgeberechtigten liegt. Davon wird recht häufig Gebrauch gemacht. Unterschiedliche oder wechselnde Wohnsitze der Eltern und unterschiedliche Jugendämter und Gerichte, die dann zuständig werden, begünstigen solche Mißbrauchsmöglichkeiten. Die Möglichkeit des Mißbrauchs alleine darf aber nicht schon zu dem Schluß führen, Besuchsrecht dürfe grundsätzlich nicht ausgesetzt werden. Die starre Auffassung, die die genannten Autoren in der Besuchsrechtsfrage vertreten, ist in der Bundesrepublik sicher überwunden. Eine mittelfristige Aussetzung des Umgangs durch den Familienrichter kann dennoch ein hilfreiches Mittel sein, Kind und Eltern Ruhepausen zu Neuorientierung und Entkrampfung ihres Verhältnisses zu verschaffen. In vielen Fällen dient dies dem Kindeswohl eher als ein gerichtlich erzwungenes Besuchsrecht, das gar nicht so selten mit psychosomatischen Störungen oder mit abweichendem Verhalten einhergeht.

Die Goldsteinschen Auffassungen hatten auch in der Bundesrepublik erhebliche Wirkungen. Sie haben die Diskussion vorangetrieben. Insgesamt gesehen sind bedeutsame Fortschritte in Richtung verbesserter Beziehungen zwischen Rechtssprechung und den Erkenntnissen der Humanwissenschaften in Gang gekommen. Wenn man die jüngere Spruchpraxis der Familiengerichte betrachtet, so muß man feststellen, daß Goldsteinsche Positionen keineswegs unwidersprochen, undifferenziert oder gar umfassend dort Eingang gefunden haben, sondern eben auch andere. Zwar orientiert sich das Gesetz selbst an der Bindungstheorie und an der Kontinuitätsregel; dem Besuchsrecht kommt aber in der Rechtsprechung großes Gewicht zu. In vielen Entscheidungen wird darauf abgestellt, daß der Sorgeberechtigte das Kindeswohl gefährdet, wenn er den Umgang unterbindet oder sabotiert. Auch die Version, daß der Sorgeberechtigte seinen ganzen Einfluß geltend machen muß, um die Besuche des anderen Elternteils zu sichern, ist nicht selten. Mitunter wird gar der Einsatz erzieherischer Mittel verlangt. Solche Entscheidungen gibt es selbst dann, wenn das betroffene Kind mit schweren psychosomatischen Störungen auf die Besuche des anderen Elternteils reagiert. Diese Fälle lassen sich dann kaum als gerichtliche Darbietungen des Kindeswohles einordnen. So gibt es begründete Zweifel, ob der nachfolgende Satz des Oberlandesgerichtes Düsseldorf etwa auch dann gelten kann, wenn das Kind einen unvertretbaren hohen Preis für seine Durchsetzung zahlen soll: »Die Pflege der Familienbande«, heißt es da, »dient ohne Rücksicht auf das Alter des Kindes dessen Wohl, von dem der sorgeberechtigte Teil sich bei der Erziehung leiten lassen muß«.[40] Hier wird mit einer Prämisse gearbeitet, der man in dieser verallgemeinernden Form gewiß nicht zustimmen kann. Sie mag vielfach richtig sein, sie braucht es nicht im Einzelfall. Kindeswohl verlangt aber nicht die abstrakte Anerkennung des Besuchsrechtes um jeden Preis, sondern die sorgfältige und notfalls gutachtlich abgesicherte Prüfung des Einzelfalls.
Dem Kindeswohl dient es nicht, wenn gerichtlich angeordnet wird, daß der Sorgeberechtigte auf die Besuche hinwirken und

gar erzieherische Mittel einsetzen muß. Wenn Kinder psychosomatische Störungen zeigen, die in einer Beziehung zum Besuchsrecht stehen, so spiegelt sich hierin stets die Spannung im Verhältnis der Eltern und das Ausmaß der kindlichen Belastung wider. Man kann allenfalls sagen, daß solche Reaktionen so gut wie nie die Abneigung des Kindes gegen den Umgangsberechtigten und seine Besuche belegen, wie es manche Sorgeberechtigte gerne vortragen. Nicht dies wird dadurch belegt, sondern der immer noch schwelende Elternkonflikt, der die Belastung des Kindes in diesen Fällen in psychosomatische Bahnen lenkt. Man kann also nicht an der Einsicht vorbei, daß der Erwachsenenkonflikt doch wohl nicht vom Kind vertreten werden muß. Dann dürfen aber Kinder nicht mit gerichtlichem Zwang zu akuten Zusatzbelastungen gezwungen werden. Wendungen in den Beschlüssen, wonach Eltern ihre Beziehung gefälligst zu normalisieren und sich jeglicher Beeinflussung zu enthalten hätten, sind gewiß gut gemeint. Sie liegen aber jenseits jeder realistischen Einschätzung einer solchen Situation. Destruktive Gefühle zwischen diesen Eltern sind Gerichtsbeschlüssen nur insoweit zugänglich, als die richterliche Weisung das nacheheliche Klima in aller Regel weiterhin vergiftet. Damit geschieht das Gegenteil dessen, was wichtig wäre, nämlich die Bearbeitung der Elternkonflikte. Das Gericht kann dies gewiß nicht. Es kann aber auch nicht darum gehen, die Enthaltung jeglicher Beeinflussung anzuordnen und Besuche zwangsweise durchzusetzen, wenn sich dadurch das Verhältnis der Eltern und damit die Lage des Kindes nur verschlechtert. Überlegungen, wonach die Vorteile des Besuchsrechtes gewichtiger zu Buche schlagen als seine Nachteile, helfen in diesen Fällen gewiß nicht weiter. Hier geht es um Einzelschicksale. Wenn die Prüfung des Einzelfalles aber die Vermehrung der kindlichen Belastung ergibt, dann wird man eben nicht umhinkönnen, das Besuchsrecht auszusetzen oder in anderer Form zu praktizieren. Die zusätzliche Konfliktbelastung des Kindes kann jedenfalls nicht deshalb in Kauf genommen werden, damit vorrangig ein Erwachsenenrecht garantiert bleibt.

Bei der Aussetzung des Umgangsrechtes darf es allerdings nicht bleiben. Das Kind braucht grundsätzlich beide Eltern. Wenn die Voraussetzungen aber nicht vorliegen, weil Eltern sich weiterhin bekriegen und ihre Kinder psychosomatisch reagieren, dann muß der Versuch ihrer Befriedung gemacht werden. Dazu bedarf es Sachverständiger, weil das Gericht ihre Rolle gewiß nicht übernehmen kann. Mit solchen Eltern muß gearbeitet werden, und der Familienrichter kann die Wege dazu ebnen. Er könnte z. B. die Aussetzung der Besuche mit der Empfehlung verbinden, daß sich solche Eltern einer systematischen Bearbeitung ihrer Konflikte unterziehen und sie ihr Kind psychologischer Betreuung zuführen (vgl. S. 179ff.). Gewiß, dies sieht nach Zwangsberatung aus, aber dieser Zwang ist für das Kind weniger gravierend als die Unterbindung des Umgangsrechtes. Außerdem kann hierdurch allenfalls das Ziel verfehlt, nicht aber der Elternkonflikt weiter verschärft werden. Im Gegenteil, wir haben hinreichend Grund zu der Annahme, daß dieser Weg in vielen Fällen zum Erfolg, mindestens aber zu einer spürbaren Entspannung führt.

V. Die Sorgeberechtigten und ihr täglich Brot

1. Neuanfang und feindliche Umwelt

Sorgeberechtigt sind in der übergroßen Mehrzahl immer noch die Mütter. Dort fällt zunächst der materielle Abstieg ins Auge, dem sie sich nach der Trennung ausgesetzt sehen (vgl. S. 19). Dies trifft mindestens für die Mütter zu, die wegen Zahl oder Alter ihrer Kinder Einkommenseinbußen nicht durch Ganz- oder Halbtagsbeschäftigung ausgleichen können. Ihr Tagesverlauf ist voller Aufgaben, die bisher nicht oder kaum zu ihrer Tätigkeit gehört haben. Der Umgang mit Behörden, Konflikte mit Hauseigentümern, Kontakte zu Erziehern und Lehrern und das weit verbreitete Nicht-gewohnt-Sein, auf diesen Ebenen Verantwortung zu tragen und sich durchzusetzen, all dies sind Fähigkeiten, die sehr viele von ihnen in der nachehelichen Zeit erst erwerben müssen und oft nur mühsam erwerben können. Zu sehr waren diese Pflichten auch bei fortschrittlichen Paaren dem Mann übertragen. Jetzt, nach der Trennung, müssen sie von den Alleinerziehenden alleine abgedeckt werden, eine bisweilen als sehr hart erlebte Umstellung. Fast alle weiblichen Sorgeberechtigten haben sie in Einzelgesprächen wie in der Gruppe als nicht einkalkulierte, zusätzliche Belastung empfunden. Hier liegt einer der Gründe für den Erfolg der vielerorts entstandenen Selbsthilfegruppen, wie sie von kirchlichen oder freien Trägern angeboten werden. Sie entsprechen einem wachsenden Bedürfnis, wobei die Nachfrage sich nicht in der Begegnung mit Menschen des gleichen Schicksals erschöpft, sondern auch auf Zuspruch und Hilfestellung zielt.

Bei ganz- oder auch nur halbtagsbeschäftigten Müttern kommt die Schwierigkeit hinzu, kindliche und mütterliche Zeitplanung halbwegs miteinander in Einklang bringen zu müssen. Von großstädtischen Ausnahmen abgesehen, sind Kindergarten und Schulzeiten kaum mit den Bedingungen der modernen Arbeitswelt vereinbar. Insbesondere Kindergärten arbeiten in der Bundesrepublik noch mit Öffnungszeiten, die offenbar einer Zeit entstammen, als es noch nicht darum ging, Kinder berufstätiger Mütter zu versorgen, sondern die damals großen Familien durch Aufnahme der Vorschulkinder zu entlasten. Für die Mutter einer siebenköpfigen Familie der Jahrhundertwende war der Kindergarten eine Entlastung, obgleich sie voll Hausfrau war. Eine Zeitregelung, die verlangt, Kinder um 11.30 Uhr abzuholen, sie nach dem Mittagessen wiederzubringen und um 16.00 Uhr endgültig nach Hause zu nehmen, mag bei den damaligen gesellschaftlichen Bedingungen einen Sinn gehabt haben. Heute ist sie deplaziert, und dies nicht nur im Blick auf geschiedene Berufstätige, sondern auf berufstätige Mütter überhaupt. Es ist kaum verständlich, weshalb solche Öffnungszeiten immer noch überwiegen. Die Folgen zeigen sich in dauernden Zeit- und Terminängsten, oft noch kompliziert durch die notwendig werdende Einschaltung von Drittpersonen, die zur Überbrückung der mütterlichen Fehlzeiten herangezogen werden müssen. Die allermeisten Alleinerziehenden, aber auch viele Verheiratete, erleben diese täglichen Terminzwänge und die damit verbundene Hektik als völlig unsinnige Zusatzbelastung.

Vielfach wird behauptet, daß die nacheheliche Restfamilie zu einer früher einsetzenden Selbständigkeit der Kinder führe. Tatsächlich muß eine berufstätige Alleinerziehende Kinder zu häuslichen Verrichtungen anhalten, die ihnen in der Familie nicht oder noch nicht zugemutet würden. Wir haben allerdings auch Fälle gesehen, in denen der vorverlegten Selbständigkeit ein deutliches Zurückbleiben zur Seite stand. Grundschulkinder, die einerseits in der Lage waren, in Abwesenheit der Mutter Essen vorzubereiten und den Haushalt zu versorgen, waren gleichzeitig auf anderen Gebieten nicht voll auf der Höhe ihrer Entwicklung. Vor allem war dies dann nicht der Fall, wenn das Zeitmoment im Vordergrund stand. Dies leuchtet ein, denn die Hektik, etwa des Tagesanfangs mit dem drängenden Termin des Arbeitsbeginns,

zwingt Alleinerziehende dazu, Verrichtungen selbst zu übernehmen, damit sie überhaupt rechtzeitig vollzogen werden. Eine gestreßte Mutter wird also regelmäßig selbst Hand anlegen, z. B. wenn das Kind sich anziehen soll, damit beide pünktlich aus dem Hause kommen. Dies wird auch dann der Fall sein, wenn das Kind die entsprechende Verrichtung längst selber übernehmen könnte. Viele Kinder legen es außerdem darauf an, bei ihren Müttern solche Handlungen abzurufen. Auch sie werden vielfach als Formen der Zuwendung erlebt. Dabei spielt es nicht einmal eine nennenswerte Rolle, wenn die Eingriffe der Mutter (oder des Vaters) nur widerwillig, mit deutlicher Ablehnung, mit lautstarker Kritik oder mit Schimpfen einhergehen. Diese Beobachtung ist vielleicht nicht von sehr großem Gewicht, sie war aber auffällig.
Die Lage der sorgeberechtigten Väter unterscheidet sich deutlich von derjenigen der Mütter. Die geringe Zahl der uns zugänglichen Väter (n = 34) läßt allerdings keine sehr weitgehenden Rückschlüsse zu. Deutlich war jedenfalls, daß Väter mit ihren Außenkontakten weit weniger Schwierigkeiten haben als Mütter. Der Bereich der häuslichen Verrichtungen hingegen ist den Vätern offenbar fremder. Weniger die Küche als vielmehr Wäsche und Haushalt scheint ihnen anfänglich Probleme zu bereiten. Nach einer gewissen Eingewöhnungszeit können sie ihre Kinder auch in diesem Bereich angemessen versorgen. Der Haushalt nimmt bei Vätern allerdings kaum jemals den Stellenwert ein, den Mütter ihm beimessen.
In einem Punkt unterscheiden sich Väter ganz grundsätzlich von sorgeberechtigten Müttern: Männer sind so gut wie nie bereit, sich mit Teilzeitbeschäftigung und entsprechenden Einkommenseinbußen zu begnügen. Zwar bietet unsere teilzeitunfreundliche Wirtschaft diese Form der verminderten Erwerbstätigkeit Männern ohnehin kaum an. Sorgeberechtigte Väter zeigen allerdings auch keine Bereitschaft dazu. Wenn sie nicht gerade privilegierte Berufe haben, sind Väter deshalb auch stärker auf fremde Versorgung angewiesen als Mütter. Tages-

mütter, Großeltern oder ähnliche Lösungen finden sich hier weit häufiger als bei weiblichen Sorgeberechtigten.
Im Wohnumfeld sorgeberechtigter Väter zeigt sich, daß sie vielfach seltsamen Abwehrreaktionen ihrer Nachbarn ausgesetzt sind. Sie äußern sich als eine Art neugierige Ablehnung, die Distanz schafft. Dahinter stehen offenbar Relikte traditioneller Rollenvorstellungen, denen der sorgeberechtigte Vater nicht gerecht zu werden scheint. Hinzu kommt, daß man mindestens den Vätern jüngerer Kinder die Tätigkeiten nicht zutraut, die dem weiblichen Rollenklischee zugeschrieben werden. Seltsamerweise ist dies selten ein Grund, um Hilfen anzubieten, sondern eher Anlaß zu vermehrter Sozialkontrolle. Alle alleinerziehenden Väter unserer Gruppen haben dieses Distanzverhalten wahrgenommen und es als stumme Vorwurfshaltung oder als unausgesprochene Diskriminierung empfunden. Väter mit Kindern unterhalb des Hauptschulalters geraten also leicht in eine Außenseiterposition. Dies kann nur bedeuten, daß man inzwischen zwar die hohe Zerbrechlichkeit von Ehe und Familie hinnimmt, geschlechtsspezifische Rollenbilder aber eine größere Zähigkeit aufweisen als die Vorstellung von der relativen Unauflöslichkeit der Ehe.
Schon in der Trennungsphase finden viele Kontaktabbrüche statt. Freundschaften bröckeln ab und Bekanntschaften werden funktionslos. Wenn sich die Partnerschaft auf Trennung zubewegt, schrumpfen auch die bisher gemeinsamen Sozialkontakte. Dieser Zustand hält in aller Regel bis weit in die nacheheliche Zeit hinein an und wird kaum durch eine vergleichbare Anzahl neuer Beziehungen ersetzt. Deshalb verschärft sich in dieser Zeit fast immer die quälende Empfindung des Verwiesenseins auf die eigene Person und die Restfamilie. Es dauert unerträglich lange, bis sich wenigstens die allgemeinen Sozialkontakte wieder normalisieren lassen. Und wenn es endlich geschieht, kann man darin geradezu ein Kennzeichen dafür erkennen, daß die gescheiterte Ehe bewältigt und verarbeitet wird.
Es waren besonders die Mütter, die phasenweise erheblich unter der Verminderung ihrer Sozialkontakte gelitten haben, ohne in

der Lage zu sein, sie mittelfristig aufzufüllen. An Anstrengungen fehlt es gar nicht. Sorgeberechtigte Mütter finden sich häufiger bei (Fort-)Bildungsveranstaltungen aller Art als Väter. Solche Unternehmungen können aber die tatsächlichen Bedürfnisse dieser Mütter kaum abdecken. Dies liegt auch daran, daß Verarbeitung, Trauerarbeit und Bewältigung mit einem erhöhten Gesprächsbedürfnis über die eigene emotionale und soziale Lage verbunden sind. Auf neutralem Feld wie Fortbildung oder Vereinsleben findet dieses Bedürfnis kaum ein angemessenes Echo. Im Gegenteil, beim uninteressierten Gesprächspartner baut es eher Distanz auf, also das Gegenteil dessen, was der Betroffene möchte. Auch aus diesen Gründen sind Begegnungsangebote für Alleinerziehende ausgesprochen gute Lösungen. Der Zulauf, den diese Anlaufstellen finden, zeigt ihre Notwendigkeit.
Die Isolationstendenzen, denen Alleinerziehende beiderlei Geschlechtes nach der Trennung ausgesetzt sind, werden durch zahlreiche Impulse aus ihrem Umfeld noch verstärkt. Vor allem den Müttern unter ihnen wird nachhaltig signalisiert, daß sie kein Familienoberhaupt und die Restfamilie keine ernstzunehmende Familie darstellt. Nur eine Minderheit vermag hier ein gesundes Maß an Aggressionen einzusetzen, das diese Zwänge ertragen hilft. Die Mehrheit fühlt sich diskriminiert, ohne sich dagegen wehren zu können. Soziale Isolation, erhöhte Sensibilität, antriebshemmende und kränkende Umweltimpulse kennzeichnen also große Strecken des Neuanfangs der Sorgeberechtigten.

2. Der frühere Partner ist überall

Den meisten Betroffenen fehlt das Gespür dafür, daß ihre Ehe nur juristisch geschieden ist, der Systemcharakter ihrer gescheiterten Verbindung aber in veränderter Form weiterwirkt. Sie können nicht erkennen, daß auch nach der Trennung ein mehrschichtiges Bezugssystem erhalten bleibt. Die Gefühle dieses Systems haben allerdings eine destruktive Umwertung erfahren, die meist mit

Vehemenz gehandhabt wird, »nun aber über die Kinder, die offen oder verschlüsselt als Spione und Übermittler von Botschaften mißbraucht werden«.[41]
Die nachehelichen Umgangsformen der Eltern stellen sich oft als Verlängerung dessen dar, was in der Trennungsvorphase eingerichtet worden ist. Vieles davon ist die destruktive Variante der paartypischen Beziehung aus früherer Zeit. Schließlich besteht ein Zusammenhang zwischen den psychosozialen Reaktionsmustern in der intakten Partnerschaft und den spezifischen Formen, in denen sie zerfällt.[42] Anders ausgedrückt: Die emotional positiven Abhängigkeiten der intakten Ehe müssen wohl in zerstörerischer Form noch einmal nachgespielt werden, damit Loslösung stattfinden und die gescheiterte Beziehung verarbeitet werden kann. Sicher ist jedenfalls, daß man dem Streitpartner über den Streit verbunden bleibt und dies fast zwanghaft tun muß. Man braucht ihn also offenbar weiter.
Im Rahmen unserer Gruppen- oder Beratungsarbeit war es nicht möglich, die paartypische Bezogenheit aus intakten Ehezeiten zu rekonstruieren. Wir haben deshalb die Loslösungsprozesse unter dem Gesichtspunkt des Umgangs mit Aggressionen betrachtet. Dabei ließen sich vier Personengruppen unterscheiden. Eine, deren Ablösung vom Partner aggressionsorientiert und eine andere bei der sie eher depressiv ausgestaltet war. Als drittes fanden sich aggressiv-depressive Mischverhaltensmuster und schließlich auch aggressions- wie depressionsarme Ablösungsvorgänge. Die aggressiven Formen der Loslösung traten sowohl wechselseitig als auch aggressiv beim einen und mehr depressiv beim anderen Partner auf. Die wechselseitig aggressive Verschränkung kommt eindeutig am häufigsten vor. 67% unserer Gruppenmitglieder waren hier einzuordnen (n = 316). Bei einer kleineren Zufallsauswahl nur dieses Typs (n = 100) waren die partnerbezogenen Aggressionen zwei Jahre nach der Trennung in 41% der Fälle noch nicht abgebaut, sondern allenfalls gemildert. Nach drei Jahren schließlich fühlten sich immerhin noch 18% nicht in der Lage, mit dem früheren Partner aggressionsfrei umzugehen.

Wechselseitig depressive Formen der Loslösung haben wir nicht angetroffen. In 9% der Fälle hingegen fanden sich aggressiv-depressive Mischreaktionen bei einem der beiden Partner und in 12% der Fälle die Verbindung eines überwiegend aggressiv Reagierenden mit einem Partner, der dieses Muster mehr depressiv beantwortete.

Die beidseitig aggressive Verschränkung als häufigstes Muster, sich vom früheren Partner freizumachen, äußert sich meist so, daß man ihn einfach »nicht mehr sehen kann und ihn auch ganz in sich zerstören möchte«.[43] Ein Teil dieser Sorgeberechtigten neigt dazu, daß Umgangsrecht als lästige Pflicht zu erdulden, was Kinder stets empfinden können. Andere Sorgeberechtigte dieses Typs handhaben das Umgangsrecht als Waffe, als Mittel, ihre Aggressionen über das Kind abzuführen, indem sie es gelegentlich oder gar mit System verweigern oder sabotieren. Da werden Krankheiten des Kindes vorgetäuscht oder übertrieben. Da wird behauptet, das Kind will überhaupt keine Besuche, oder es werden Verhaltensauffälligkeiten als Beweis seiner Abneigung ins Feld geführt. Daß Kinder nur in extremen Ausnahmefällen den Kontakt mit dem anderen Elternteil echt ablehnen, in Wirklichkeit aber unter den elterlichen Aggressionen leiden und allenfalls dem Sorgeberechtigten nach dem Munde reden, all dies kann nur selten erkannt werden. Und weil der Blick auf den Zustand des Kindes getrübt bleibt, ist der Phantasie zur Aufrechterhaltung des Beziehungskrieges keine Grenze gesetzt.

Vorgeschobene Konfliktherde lassen sich leicht finden. Gelegentlich kann man den Rechtsweg erneut in den Dienst der eigenen Aggressionen nehmen. Nicht selten wird sogar die Neuorentierung des früheren Partners als Grund für die Besuchsaussetzung herangezogen. Etwa mit dem Argument, das Kind dürfe dem vermeintlich schädlichen Einfluß der neuen Freundin oder des neuen Freundes nicht ausgesetzt werden. Damit wird versucht, das Kind aus den neuen Sozialkontakten des Besuchsberechtigten auszusperren. Manchmal geht dies bis zur Verhinderung von Urlaubsplänen, wenn der (oder die) Besuchsberechtigte mit einem neuen Partner verreisen möchte und das Kind dann Zeuge intimerer Formen der neuen Partnerschaft werden könnte. Auch solche Reaktionen sind drastische Belege für die nicht erfolgte Verarbeitung der vorausgegangenen Ehe. So verwundert es nicht, wenn viele Streitpartner unbewußt davon ausgehen, daß zumindest Reste der ehelichen Treue auch nach der Trennung fortzugelten haben. Anders kann man es nicht einordnen, wenn die emotionale und natürlich auch die sexuelle Neuordnung eines geschiedenen Elternteils als eine Art Fehltritt erlebt wird, der den Kindern nicht zugemutet werden darf.

Bei der aggressiv-depressiven Verschränkung (12%) handelt es sich um aggressive Reaktionsmuster des einen, die vom anderen Partner überwiegend depressiv beantwortet werden. Von dieser kleinen Population (n = 50) zeigte zwei Jahre nach der Trennung noch mehr als die Hälfte depressive Reaktionen. Hier findet sich auch der höchste Anteil derjenigen, die im völligen Widerspruch zur Wirklichkeit auf eine Art Wunder warten. Viele davon bekunden mindestens verbal die Bereitschaft, bei Rückkehr des Besuchsberechtigten neu anzufangen und die Ehe fortzusetzen oder wiederzubeginnen. Solche Sorgeberechtigte haben es schwerer, die erlittenen Kränkungen zu verarbeiten und das beschädigte Selbstwertgefühl wiederaufzurichten. Sie scheinen zur Wiederherstellung ihrer Identität deutlich längere Fristen zu benötigen als ihr aggressives Pendant.

Wenn man von den wenigen absieht, die sich aggressionsarm oder ohne nennenswert depressive Befindlichkeit von ihren Partnern lösen können, so muß man den Schluß ziehen, daß alle anderen Verlaufsmuster offenbar der Verarbeitung dienen. Sie sind wohl nötig, um mit dem Scheitern der Familie, mit Schuldgefühlen, zerschlagenem Selbstbewußtsein und der eigenen angeschlagenen Identität besser fertig zu werden. Dabei ist offenkundig, daß die »Partner« sich während dieser Verarbeitungszeit ebenso brauchen, wie sie sich früher gebraucht haben, nun aber mit den Ausdrucksmitteln der Destruktion. Es scheint, als müsse man den anderen in sich und sich selbst im anderen gewaltsam beseitigen. Vernunft und Einsicht oder auch nur Erinnerung an die einstige Basis der Partnerschaft bleiben ausgesperrt. Diese

Verarbeitsformen der Erwachsenen stehen allerdings in einem grotesken Gegensatz zu den Bedürfnissen der betroffenen Kinder. Sie werden in diesem schlimmen Spiel fast immer instrumentalisiert, d. h. als Mittel gegen den anderen eingesetzt. Bei ihnen wirken diese Praktiken oft verheerend, weil sie den Zugang zu beiden Eltern unmöglich machen und die kindliche Bearbeitung der Elterntrennung verhindern. Aus ihrer Sicht käme es darauf an, positive Formen der Loslösung zu finden. Aber aus eigener Kraft sind die allermeisten Eltern hierzu lange Zeit nicht imstande.

3. Partnerangst und Sexualität

Im Gegensatz zur landläufigen Meinung steht nach der Trennung nur selten ein neuer Partner bereit, der eine tragfähige Zukunft versprechen könnte. Zumindest sind Scheidungen kaum Sprungbretter für vorbereitete Neuanfänge in Gestalt einer schnellen Wiederverheiratung. Häufiger finden sich Personen, die – ohne langzeitige Zukunftsperspektive – beim Geschiedenen befristet Partnerfunktionen übernehmen. Sicher verstärken sie inner- oder nacheheliche Ablösungsprozesse und vertiefen regelmäßig auch die zugehörigen Konflikte. Im Grunde begleiten sie die Betreffenden eine Wegstrecke, ohne selbst die Nachfolge anzutreten. Wenn Geschiedene neu anfangen, so zielt dies in aller Regel kaum auf langzeitige Bindungen. Neue Beziehungen sind durchweg problematisiert. Insbesondere bei den Sorgeberechtigten gibt es sichtliche Ängste, sich wiederzuverheiraten. Andererseits schützt die am eigenen Leibe erfahrene Verunsicherung vor voreiligen Bindungen. Nacheheliche Kontaktscheu und Bindungsängste sind jedenfalls unübersehbar.
Dies gilt nicht für Sexualkontakte mit vermindertem emotionalem Intimitätsgrad. Mehr als die Hälfte unserer weiblichen Sorgeberechtigten hatten innerhalb von 15 Monaten nach der Trennung sexuelle Beziehungen zu Männern, die sie sich nicht als Langzeitpartner vorstellen konnten.

Sorgeberechtigte Väter scheinen unbekümmerter und auch gezielter nach einem Dauerpartner zu suchen als Mütter. Viele haben nach der Scheidung Heiratsannoncen aufgegeben, und fast alle haben ihr Freizeitverhalten auf Partnersuche hin ausgerichtet. Ihr Erfolg war allerdings nicht größer als bei Müttern. Dabei muß man berücksichtigen, daß alleinerziehende Väter fast immer ganztags berufstätig und daher stärker auf Fremdversorgung ihrer Kinder und auf Improvisation angewiesen sind. Von dieser Seite kommen offenbar auch gewisse Zwänge ins Spiel, die auf Wiederverheiratung oder auf stabile Langzeitpartnerschaft hinwirken, weil dann das Versorgungsproblem gelöst wäre. Das Problem, mit Kindern zusammen auf Partnersuche zu gehen, setzt allerdings Vätern wie Müttern deutliche Grenzen. Grundsätzlich kann man allenfalls sagen, daß Bindungs- und Kontaktängste bei alleinerziehenden Vätern weit weniger verbreitet sind als bei Müttern.
Im Bereich der Sexualität fiel auf, daß sorgeberechtigte Männer Sexualkontakte als Mittel auch zur Langzeitpartnersuche einsetzen. Mütter hingegen lassen eine weit klarere Trennung zwischen momentanem Sexualverhalten und derjenigen Partnersuche erkennen, die auf Stabilität und Dauer angelegt ist.
Für beide Geschlechter gilt, daß vorhandene Kinder die Wiederbegründung einer tragfähigen Partnerschaft erschweren. Weil die Versorgung der Kinder bei Vätern wie Müttern Vorrang hat, sind beide in ihrer Beweglichkeit eingeengt. Hinzu kommt die Frage nach der Verträglichkeit der Beziehung zwischen dem eigenen Kind und dem denkbaren Langzeitpartner. Er verändert schon in der Phase des Kennenlernens das Klima in der Restfamilie und zieht Zuwendung und Zeit ab, die vorher dem Kind galten. Entsprechend schlecht ist oft seine Startposition. Gutwilligkeit und Kinderliebe allein lösen diese Probleme nicht. Neue Partner aktivieren deshalb häufig kindliche Aggressionen, die von den Erwachsenen nicht zutreffend eingeordnet werden können. In jedem Fall stören oder behindern sie den Aufbau einer neuen Paarbeziehung, und nicht selten scheitert sie an der Abwehr des Kindes. Das muß nicht so sein, aber seine Einbindung in die neue

Beziehung ist eine Aufgabe, die viel Sensibilität braucht und manchmal nicht nur den neuen Partner, sondern auch den Sorgeberechtigten überfordert.

4. Gluckenmütter, Gluckenväter

Kein Geschiedener mit Kind – ob Frau oder Mann – scheint aus einer Scheidung so hervorzugehen, wie er sich das vorgestellt hat. Die Erschütterungen, die mit jedem Familienzerfall verbunden sind, entwickeln so gut wie immer eine Eigengesetzlichkeit, die unabhängig von der Einsicht in die Notwendigkeit der Trennung abläuft. Die Einzelheiten, die auf die Betroffenen zukommen, sind kaum vorhersehbar, vor allem nicht, was die eigene Befindlichkeit in der Zukunft betrifft. Die Vorstellungen, die gewiß jeder für die Zeit nach der Trennung hat, decken sich in sehr vielen Fällen höchstens teilweise mit der Wirklichkeit, die ihn erwartet. Kaum jemand ahnt, daß er Jahre damit zu tun haben wird, bis es ihm gelingt, wieder Boden unter den Füßen zu haben. Und daß sich das Verhältnis zum Kind in der Nachscheidungszeit ebenfalls verändert, wird vorher kaum vermutet.
Wenden wir uns deshalb etwas genauer einer bestimmten Erscheinung zu, die bereits erwähnt worden ist: Kontaktscheu, Bindungsängste, Schuldgefühle und schrumpfendes Sozialverhalten führen häufig dazu, daß die Restfamilie gefühlsmäßig enger zusammenrückt als die Vollfamilie. Viele Sorgeberechtigte erliegen der Neigung, mit ihrem Kind eine Art emotionale Notgemeinschaft zu begründen. Diese zunächst ganz natürlich erscheinende Veränderung in der Restfamilie hat ihre Tücken, und zwar ebenso unter dem Gesichtspunkt der Motivation wie unter dem der Folgen für die Beteiligten.
Wenn Väter wie Mütter nach der Trennung dazu neigen, dem Kind eine Rolle zuzuweisen, die es vorher nicht hatte, so mögen dahinter vielleicht Schuldgefühle stehen, die aus der gescheiterten Ehe herrühren. Manchmal könnte man auch meinen, ihre

Herkunft entspringe dem Bedürfnis, dem Kind den anderen Elternteil ersetzen zu helfen. Dies sind nur recht vordergründige Erklärungen. Bei Licht gesehen, steht hier oft das uneingestandene Bedürfnis dahinter, dem eigenen Kind nicht irgendeine Rolle, sondern die eines Ersatzpartners zuzuschieben. D. h., die eigenen unabgedeckten Partnerwünsche werden auf das Kind verschoben und dort befriedigt. Wenn der Sorgeberechtigte seine gescheiterte Ehe verarbeitet, ebben diese Bedürfnisse zwar wieder ab. Sie sind aber erst befriedigt, wenn die Verarbeitung selbst zum Abschluß gekommen ist und Neuordnung auch emotional stattgefunden hat. Dies dauert Jahre.

Bei unseren weiblichen Sorgeberechtigten haben wir in knapp der Hälfte aller Fälle noch im zweiten Jahr nach der Trennung solche überintensiven Verbindungen gefunden (n = 287), und in der kleinen Gruppe der sorgeberechtigten Väter war es immerhin fast ein Viertel (n = 34). Interessant war, daß dieses eigene Reaktionsmuster einer Mehrheit der Alleinerziehenden ebenso bewußt war wie die hinderliche Wirkung, die es auf die Kinder entfalten muß. Insofern unterscheiden sich diese Überbindungserscheinungen deutlich von den Fällen echter Überbehütung. Überbehütende Eltern sind sich ihres Fehlverhaltens kaum jemals bewußt. Dennoch sind die Grenzen zwischen Überbindung und Überbehütung fließend. Jedenfalls besteht sicherlich dann die Gefahr, daß solche Überbindungsverhältnisse zu echten Formen der Überbehütung werden, wenn Sorgeberechtigte mit ihren emotionalen Außenkontakten endgültig scheitern und schließlich resignieren.

Nicht nur Mutter oder Vater, auch das Kind neigt in der Trennungserschütterung dazu, emotionale Mängel zu kompensieren. Die Antriebe sind beim Kind andere als bei Erwachsenen, wirken aber ähnlich. Das Kind hat erstmals in seinem Leben die »Unzuverlässigkeit« der Erwachsenen gespürt, obendrein die der bisher wichtigsten Menschen. Einer der beiden tritt in den Hintergrund und ist nicht mehr annähernd so verfügbar wie bisher. Es dauert lange, bis Kinder die schmerzvolle Unabänderlichkeit dieses Zustandes halbwegs nachvollziehen können. Noch bis in die

Vorpubertät haftet dies: ein bisher geliebter Elternteil ist nicht mehr dauernd da. Die nacheheliche Beziehung der Eltern erlaubt über weite Strecken keine Identifikation mehr mit beiden gleichzeitig. Im Umgang mit dem einen gelten andere Regeln als mit dem anderen. Die dem »Verschwundenen« zukommenden Gefühle müssen verdrängt oder verdeckt gehalten werden. All dies signalisiert den Kindern, daß Erwachsene nicht so zuverlässig sind, wie es die Erfahrung vor der Trennung erwarten ließ. Es könnte ja auch bedeuten, daß man selbst den verbliebenen Sorgeberechtigten nicht mehr sicher hat.
Natürlich sind dies keine rationalen Überlegungen des Kindes. Aber so etwa müssen nach unserer Einschätzung die kindlichen Empfindungen sein. Eigentlich ist dem Sorgeberechtigten wohl ebenfalls nicht mehr zu trauen. Die schmerzende Erfahrung, daß z. B. der Vater nur noch gelegentlich, und dann in einer buchstäblich knisternden Atmosphäre erscheint, könnte darauf hinweisen, daß auch die Mutter nicht mehr sicher ist. Wer weiß? So etwa könnten kindliche Ängste nach der Trennung aussehen. Sie müssen also abgewehrt werden. Und gleichzeitig liefern sie den Antrieb, der Kinder dazu drängt, u. U. erhebliche Beiträge zur Überintensivierung ihrer Gefühle zum Sorgeberechtigten zu erbringen. So war immer wieder zu sehen, wie kunstvolle Rituale errichtet werden, um sich der Zuverlässigkeit wenigstens des verbliebenen Elternteils zu versichern, bis hin zu der ehrenwörtlichen Verpflichtung (großes Kinderehrenwort), die Straßenverkehrsordnung peinlichst genau einzuhalten, damit die tägliche Rückkehr gesichert und das Unfallrisiko auf ein Minimum beschränkt bleibt.
Die existentielle Verunsicherung der Zeit nach der Trennung lastet auf dem Sorgeberechtigten wie auf seinem Kind, wenn auch mit unterschiedlichem Gewicht. Diese anhaltende Verunsicherung kann in mehrfacher Hinsicht die Basis für eine abweichende Persönlichkeitsentwicklung des Kindes liefern. In einer Reihe von Fällen stellen sich zwischen Kind und Sorgeberechtigten spiegelbildliche Bedürfnisse ein. Beide haben Liebesobjekte verloren. Beide sind nach der Trennung vermehrt aufeinander

angewiesen. Beide sehen sich immer wieder der Neigung ausgesetzt, das verlorene Liebesobjekt mit dem anwesenden zu kompensieren. Beide Impulse addieren sich, wenn der erwachsene Teil diesen Teufelskreis, der sich hier anbahnt, nicht durchbrechen kann. Ob es ihm möglich ist, hängt davon ab, wie gut er seine Anteile an diesem Überbindungsbedürfnis erkennt. Und wenn er sie erkennt – was erstaunlich häufig vorkommt – so ist er dennoch nicht unbedingt imstande, sie auch abzubauen, wie sich in den Selbsterfahrungsgruppen zweifelsfrei gezeigt hat. Es waren vor allem ich-schwache, aber auch mehr depressiv reagierende Mütter oder Väter, denen dies nicht gut gelang. Sie müssen ihr Kind überdurchschnittlich lange als Krücke ihrer eigenen Mängel benutzen. Damit bürden sie ihm eine unerträgliche Belastung auf, die es zwar gerne ergreift, der es aber aus eigener Kraft nicht entfliehen kann.

Überbindungsverhältnisse bergen nicht nur die Gefahr in sich, unter ungünstigen Bedingungen in echte Formen der Überbehütung überzugehen. Auch wenn die ungute Enge hier geringer ist, läßt sich nicht übersehen, daß sie auch regressive Elemente enthält. Auch dies kann die gesunde Weiterentwicklung des Kindes erheblich behindern. Es kann sie retardieren oder in die falsche Richtung lenken. Solche verengten Symbiosen in der Restfamilie sind außerdem ein großes Hindernis, wenn es für den Sorgeberechtigten *und* für das Kind darum geht, die zerbrochene Familie zu verarbeiten. So kann es nicht verwundern, wenn die Hälfte derjenigen, die Überbindungen gezeigt hat, »regelmäßig bis häufig« mit ihren vier- bis zehnjährigen Kindern das Bett teilen, während es bei den anderen in weniger als 10% und obendrein nur »gelegentlich bis selten« der Fall ist.

5. Undank ist der Welt Lohn: Der Sorgeberechtigte und sein pubertierendes Kind

Die Pubertät von Kindern aus geschiedenen Ehen nimmt häufig andere Züge an als bei Kindern aus intakten Familien. Bekanntlich ist die Pubertät eine Entwicklungsphase, in der Jugendliche zu ihren Eltern eine gewisse emotionale Distanz einrichten, sich mit den Wertvorstellungen ihrer Familie kritisch auseinandersetzen und ihr Sozialverhalten eigenverantwortlich in außerhäusliche Bereiche verlegen. Diese Ablösungsvorgänge der Jugendlichen sind vielfach aggressiv begleitet, aber es handelt sich dabei um notwendige Prozesse zur Entwicklung einer eigenständigen Persönlichkeit. Erst sie lassen es zu, daß eine elternunabhängige Definition des eigenen Ich möglich wird. Pubertät ist deshalb notwendigerweise konflikthaft. Ihre Inhalte können aber kaum ohne Berücksichtigung des Eltern-Kind-Verhältnisses früherer Altersstufen beurteilt werden. Hier gibt es einen Zusammenhang, der über Ausmaß und Inhalt der Dramatik entscheidet, mit der Pubertät abläuft. In vielen Fällen ist Pubertät eine Art phasenverschobene Rache an den Eltern, oder die Quittung für die nicht befriedigten kindlichen Grundbedürfnisse früherer Zeiten. Wenn sich Pubertät im ausgehenden 20. Jahrhundert hierzulande dramatischer darstellt, oder die Zahl der dramatischen Pubertätsverläufe sich erhöht hat, so könnte dies damit zu tun haben, daß die Qualität der Sozialisation in Teilbereichen kindlicher Entwicklung schlechter geworden ist. Naturgemäß trifft dies auch für eine große Zahl von Kindern aus geschiedenen Ehen zu. Ihre spezifischen Defizite strukturieren eben auch ihre Pubertät. All die Erschütterungen, die unerledigten Konflikte von damals und ihre mühselige Verdrängung, zählen zum Rohmaterial der nun stattfindenden Vorgänge. Für Fehlentwicklungen in der Restfamilie oder im Verhältnis zum Besuchsberechtigten gilt dies ebenfalls. Er stand lange nur als Gelegenheitsvater (oder Mutter) zur Verfügung. Über Jahre war diese Beziehung der Beeinflussung durch den Sorgeberechtigten unterworfen. Viele Kinder haben Eingriffe in diesen Teil ihrer Bedürfnisse hinneh-

men müssen. Sie hinterlassen ihre Spuren nicht nur im Kindesalter selbst, sondern finden sich in ihrer Fernwirkung auch im Pubertätsverlauf wieder.
Vor der Pubertät war der Sorgeberechtigte in der stärkeren Position. Er hatte das Kind. Oft hat er nicht nur den Zugang zum Besuchsberechtigten durch Beeinflussung und Reglementierung belastet, sondern durch seine pure Vorrangstellung darauf hingewirkt, daß es nicht einmal möglich war, die Gefühle angstfrei zu äußern, die dem anderen Elternteil gehörten. Das Ergebnis findet sich dann eben in vielen Fällen in Form von jahrelang ungestillten Sehnsüchten, in wirklichkeitsfremden Idealisierungen und in illusionären Zukunftserwartungen. Besonders bei längeren Besuchsschwierigkeiten oder bei Aussetzungen vertiefen sich diese Vorstellungen, und die wirklichkeitsgerechte Einordnung des anderen Elternteils wird behindert oder erschwert. Diese Kinder haben ein langes Verdrängungstraining hinter sich, und manchmal haben sie daneben oder danach ein völlig überzogenes Wunschbild vom anderen Elternteil aufgebaut.
In der Pubertät hat dies Folgen. Der Zwang zur Eigenständigkeit zielt in der Restfamilie (und häufig auch in der Zweitfamilie) auf den Sorgeberechtigten. Mütter oder Väter, die über große Strekken enge Symbiosen unterhalten haben, bewirken deutlich dramatischere Ablösungsprozesse, als wir sie im Normalfall finden können. Gleichzeitig geschieht im Verhältnis zum Besuchsberechtigten oft etwas ganz anderes. Ihm gegenüber, dessen Abwesenheit vielfach zur unwirklichen Vergoldung seiner Existenz genutzt wurde, findet pubertätsbedingte Ablösung oft überhaupt nicht oder in viel milderen Formen statt. Während in Restfamilien mit ehemals nachhaltigen Überbindungen die »Fetzen fliegen«, findet sich gegenüber dem Besuchsberechtigten nicht die pubertätsbedingte Loslösung, sondern viel eher die zeitverschobene Aufarbeitung des Defizits der früheren Jahre. Statt Aggressionen und Ablösung kommt es eher zu Zuwendung, manchmal gar zu Umklammerungshandlungen gegenüber dem lange entbehrten Elternteil. Der Jugendliche löst sich nicht, sondern liiert sich erst einmal mit dem jahrelang Diskriminierten und Abge-

werteten. Manchmal hat man fast den Eindruck, als würde die verengte Kindheitsbeziehung zum Sorgeberechtigten auf den Umgangsberechtigten verschoben und dort noch einmal nachgespielt. Wenn Jugendliche das erlittene Leid ihrer Kindheit auf diese Weise kompensieren, so ist dies aber nicht altersgerecht. Es ist schlicht deplaziert. Angesichts der Idealisierung des Besuchsberechtigten geschieht es außerdem in einer der Pubertät völlig fremden und unkritischen Weise. So berichtet die Mutter einer sechzehnjährigen Tochter von ihrer über vier Jahre langen Verarbeitungsphase. Im Zusammenhang mit der Pubertät ihrer Tochter fällt schließlich der spontane Satz: »Jetzt hat er es doch noch geschafft, acht Jahre nach der Trennung« und vier Jahre nach einem vermeintlich entspannten Besuchsverkehr. Gemeint war, daß es dem früheren Ehemann nach so langer Zeit doch noch gelungen sei, ihr die Tochter zu entfremden.

Die Pubertät ist auch eine Phase der Wiederkehr des Verdrängten. Insofern spiegelt sich die frühere Konfliktbelastung der Kinder in der Art wider, in der sie abläuft. Wenn Pubertierende hinsichtlich ihrer Einstellung und ihrer Gefühle nun zu beiden Eltern bekenntnisfähig werden, so erleben dies manche Sorgeberechtigte als eine Art Verrat. Auf sie wirkt das Offenlegen der jahrelang schwelenden, aber eben verdrängten Realität wie ein emotionaler Frontwechsel. Deshalb kann die Pubertät der Kinder Empfindungen wiederbeleben, die eigentlich für die zurückliegende Verarbeitungszeit des Sorgeberechtigten kennzeichnend waren. Hinzu kommt noch etwas: Auch in bestehenden Familien geht die Loslösung von den Eltern mit Aggressionen einher. Bei scheidungsbezogenen Pubertätsverläufen allerdings treiben jugendliche Aggressionen in der einen Richtung die Hinwendung zum anderen Elternteil an. Natürlich sind Aggressionen gegen die Mutter am Werk, wenn die übereng ausgelegte Mutter-Kind-Symbiose der Grund- und Hauptschulzeit in der Pubertät in eine unkritische und manchmal wiederum verengte Kind-Vater-Symbiose mündet. Allenfalls kann man sagen, daß diesem Pendelausschlag nicht mehr dasselbe Gewicht zukommt wie den unmittelbar nachehelichen Überbindungsformen. Der Umgang der Eltern untereinander, und auch der zwischen Sorgeberechtigten und Jugendlichen, wird in diesen Fällen allemal destruktiver als im Rahmen einer normalen Pubertät. Es scheint auch, daß gelegentlich ihr Ziel, nämlich die personale Eigenständigkeit des Jugendlichen, durch diese Vorgänge verfehlt oder behindert werden kann.

VI. Die Ausgesperrten

1. Wochenendeltern, und das nur einmal im Monat

Besuchsberechtigte sind eine Art Teilzeiteltern. Nach der Trennung leiden sie in aller Regel unter dem Verlust ihrer Kinder. Hatten sie vorher eine gute Beziehung, so erweisen sich die Bedingungen, unter denen Besuche ablaufen können, als recht unbefriedigend. Besuchsberechtigte können ihre Kinder nicht mehr spontan und in natürlicher Umgebung sehen. Sie können auch lange nicht mehr unbefangen mit ihnen umgehen. Statt dessen sind sie in ein widernatürliches Zeitkorsett eingepaßt, das fahrplanartig abgewickelt werden muß. Spontaneität ist nicht mehr möglich. Die zeitlichen Zwänge erschweren den Aufbau oder die Erhaltung einer natürlichen Beziehung. Da verlieren Zoo- und Museumsbesuche, Badeaktionen und nach Stunden bemessene Exkursionen leicht den Stellenwert, den sie in der bestehenden Familie haben. Nicht selten entwickelt sich das Umgangsrecht zu einer Pflichtübung für Vater und Kind, weil der eine meint, seinem Kind in geraffter Zeit möglichst viel bieten zu müssen, und das Kind den Vater (oder die Mutter) nicht enttäuschen mag (schon wieder Zoo . . .). Tatsächlich ist es schwer möglich, im Rahmen ausgehandelter oder gar gerichtlich angeordneter Besuchszeiten Formen der Begegnung einzurichten, die für beide Teile befriedigend verlaufen können. Ein stereotyper Besuchsverkehr vermag dies nicht oder nur sehr unzulänglich zu leisten.

Aus dieser Zwangslage, aber auch aus ihrer minderen Stellung heraus, entwickeln Besuchsberechtigte eine Reihe von Neigungen, die dazu dienen sollen, ihre Position gegenüber dem Kind aufzubessern, sie zu kompensieren. So liegt es z. B. nahe, in den kurzen Besuchszeiten einen anderen, nämlich milderen Erziehungsstil zu gebrauchen, als der Sorgeberechtigte es tut. Dies läßt sich sogar beobachten, wenn der Besuchsberechtigte in der vorangegangenen Ehe der strengere war. Dabei ist leicht einzusehen, daß dieser Versuch, erzieherisch gegenzusteuern, vom anderen Elternteil als Eingriff in sein alleiniges Erziehungsrecht verstanden wird. Das Bedürfnis, seine Lage als Gelegenheitsvater (Mutter) durch größere Milde etwa aufzuwerten, entfaltet also eine Bumerangwirkung, weil dadurch die Konflikte der Erwachsenen sich verschärfen müssen.

Alle kompensatorischen Neigungen des Besuchsberechtigten haben eigentlich konfliktverschärfende Wirkungen, wenn das nacheheliche Verhältnis der Eltern noch nicht beruhigt ist. So werden die kurzen Besuchszeiten auch dazu genutzt, dem Kind gehäuft Zuwendung zu bieten. Und dies gilt auch für deren Ersatzformen. So ist die Überschüttung des Kindes mit begehrten Geschenken oder kostspieligem Spielzeug recht verbreitet. Auch dieses Verhalten verschärft natürlich bestehende Konflikte zwischen den Erwachsenen, zumal der Besuchsberechtigte in aller Regel der wirtschaftlich Stärkere ist, und der Sorgeberechtigte mit solchen Verwöhnungsunternehmungen im Alltag nicht mithalten kann. Besuchende Elternteile neigen also dazu, ihren Kindern alternative Reaktionsmuster zu dem anzubieten, bei dem sie leben. Ihr Ziel liegt in der Kompensation der eigenen Mangelsituation und vielfach auch in der Bestechung der kindlichen Gefühle. Natürlich sind die Antriebe zu diesem Verhalten nicht unbedingt bewußt. An ihrer fragwürdigen Wirkung ändert dies allerdings nichts. Die Kinder werden mithin auch von dieser Seite her mit zweierlei Welten konfrontiert, die nicht mehr miteinander vereinbar zu sein scheinen.

Zur Mangelsituation besuchender Elternteile gehört auch die tiefsitzende Angst, der Sorgeberechtigte könnte ihnen das Kind langzeitig entfremden. Mit seinen emotionalen und erzieherischen Möglichkeiten hat er tatsächlich einen Status, gegen den derjenige des nur Umgangsberechtigten nur als dürftig erlebt werden kann.

Sorgeberechtigte Elternteile müssen den Alltag mit all seinen

Tageskonflikten und seinen vielfach restriktiven Lösungen für das Kind bewältigen. Besuchsberechtigte haben dieses Problem nicht. Auch deshalb neigen sie dazu, Besuchstage als Darbietung einer künstlichen Konfliktfreiheit in gedrängter Zeit auszugestalten und Kinder in ein Feiertagsklima zu versetzen, das man außerdem noch mit materiellen Zuwendungen anreichern kann. Wenn dieses Verhalten vielleicht auch nicht durchgängig zu beobachten ist, so läßt sich die Tendenz dazu dennoch nicht übersehen. Sie verschwindet erst, wenn das Verhältnis zum früheren Partner entspannt und Trauerarbeit zum Abschluß gebracht ist. Dazu muß die schmerzliche Erfahrung bewältigt werden, die stets damit verbunden ist, wenn Besuchsberechtigte mitansehen müssen, wie ihre Kinder in Lebensräumen zubringen, die ihnen selbst nicht mehr zugänglich sind. Es ist sehr schwer, ertragen zu lernen, wie die eigenen Möglichkeiten der Einflußnahme schwinden und man im Grunde in die Rolle eines freundlichen Onkels oder einer lieben Tante versetzt zu werden scheint.

2. Befreit von der Bürde

Das nacheheliche Partnerverhalten scheint auch bei Besuchsberechtigten zunächst nicht auf eine tragfähige Zukunft gerichtet zu sein. Auch hier sind die neuen Paarbeziehungen anfangs problematisiert. Die unkonventionelle Übergangsbeziehung überwiegt bei weitem. Besuchsberechtigte leben allerdings unter günstigeren Bedingungen als Sorgeberechtigte. Wenn man von dem Mangel einmal absieht, daß sie ihr Kind nicht mehr regelmäßig um sich haben, bleiben sie von vielerlei Alltagsproblemen verschont. Die tägliche Verantwortung für das Kind entfällt ebenso wie der Zwang, kindliche Bedürfnisse, Kinderprobleme und Beruf miteinander in Einklang bringen zu müssen. Die Befreiung von vielerlei Bürden kennzeichnet ihr Sozialverhalten und wirkt sich darüber hinaus auf neue Partnerschaften aus. Besuchsberechtigten fehlt auch das Angewiesen-Sein auf die Restfamilie. Wenn sie sich gelegentlich einsam fühlen, so können sie der Einsamkeit besser entfliehen als Sorgeberechtigte. Hier liegen vermutlich die Gründe, weshalb sich das allgemeine Sozialverhalten nichtsorgeberechtigter Eltern schneller normalisiert. Die Neugestaltung des eigenen Lebens kann sich auf die eigene Person beschränken. Es entfällt die nervliche Belastung, die eigenen Probleme, die Verarbeitung der zerstörten Familie und die Umstellung des eigenen Lebens mit den Bedürfnissen eines Kindes in Einklang bringen zu müssen. Die schnellere Normalisierung hat sicherlich auch damit zu tun, daß Besuchsberechtigte überwiegend Männer sind, die möglicherweise wirklich schneller verarbeiten oder es zumindest meinen. Den Schritt zum schnellen Neuanfang allerdings gehen auch sie nicht, obgleich der Aufbau neuer Beziehungen bei ihnen ja nicht auf das Hemmnis von Kindern stößt, die den Neuanfang komplizieren könnten.

3. Die Pubertät des fernen Kindes

Es ist bereits gezeigt worden, wie Defizite, auch vor Eintritt der Pubertät, dennoch ihren Verlauf beeinflussen können. Die langjährige Ausweglosigkeit, mit zerstrittenen Eltern zurechtkommen und leben zu müssen und den einen nur untergeordnet und dann nur verändert zu Gesicht zu bekommen, all dies sind Bedingungen, die ihre Wirkung nicht verlieren, wenn sich nach einer gewissen Zeit eine Beruhigung zwischen den Eltern eingestellt hat. Da bleiben psychische Wunden. In der Pubertät entwickeln sie die Neigung aufzubrechen. Auch wenn das Kind durch normalisierte Elternbegegnung nach Jahren Entlastung erfährt, die Folgen der vorangegangenen Katz-und-Maus-Phase der Eltern sind dadurch nicht ausgeräumt.
Nun haben wir aus der Sicht des Sorgeberechtigten die Vorgänge schon beschrieben, die sich bei restriktiven Umgangsregelungen und bei Überbindungserscheinungen einstellen können. Der Ver-

drängungszwang im Kindesalter bringt die Wiederkehr des Verdrängten vielfach zu dem Zeitpunkt, zu dem die Eigenständigkeitsbestrebungen des Pubertierenden einsetzen. Die damals jahrelange Unterbewertung des Besuchsberechtigten und die Energie, die mit der Pubertät nötig wird, um sich aus der Umklammerung mit dem Sorgeberechtigten zu befreien, führt aber oft nicht zur Ablösung von *beiden* Eltern, sondern nur von dem einen, mit dem man bisher dauernd zusammen war. Der andere, der bisher Ausgesperrte, war jahrelang Gegenstand verdeckter Wunschvorstellungen. In der Pubertät hat er deshalb in vielen Fällen keinen ablösereifen Stellenwert erreicht. Was nun geschieht, ist eine Aufarbeitung des kindlichen Defizits zum falschen Zeitpunkt. Solche Heranwachsende lösen sich vom Sorgeberechtigten mit Vehemenz. Dem Besuchsberechtigten wenden sie sich erstmal zu, d. h, sie wechseln emotional die Fronten. Ob sie dies tun, und wie intensiv sie diesen Frontwechsel ausgestalten, ist eine Frage nach dem Gewicht des emotionalen Mangels, dem sie als Kinder ausgesetzt waren. Auffällig ist jedenfalls die häufige Neuordnung des Verhältnisses zum Besuchsberechtigten, wenn sein Kind die Pubertät erreicht hat.

Beim Sorgeberechtigten aktivieren diese Erscheinungen Entfremdungsängste, Empfindungen des Versagens und Aggressionen gegenüber einem Heranwachsenden, der nun als undankbar eingestuft wird. Schließlich hat man dieses Kind unter Entbehrungen und Opfern großgezogen, und nun gebärdet es sich wie die Axt im Walde und läuft zum Vater (oder der Mutter) über; manchmal sogar mit allen äußeren Kennzeichen des Weglaufens. Keine Frage, daß solche Vorgänge die Restfamilie – und im Falle der Wiederverheiratung auch die Zweitfamilie – verändern und belasten. Keine Frage auch, daß in diesen Fällen die Begegnungsebene der Eltern erneut konfliktbeladen wird, auch wenn sie längst entspannt war. Nur vereinzelt allerdings finden sich Fälle, in denen Pubertätskonflikte dieser Art ähnliche Ausmaße annehmen, wie sie bei Sorgerechtsstreitigkeiten während der Scheidung vorkommen. Die Streithähne sind offenbar müde geworden. Aber es kommt nicht selten vor, daß Umgangsberechtigte solche späten Triumphe erleben. Aus ihrer subjektiven Sicht leiten sie dann die nachträgliche Bestätigung dafür ab, daß die damalige Sorgerechtsverteilung und das Sachverständigengutachten »Fehlentscheidungen« gewesen sein müssen, wofür trotz allem kein Anlaß bestehen muß.

In einigen Fällen löst der späte Triumph des Frontwechsels folgerichtigerweise auch die Wiederaufnahme des Beziehungskrieges mit juristischen Mitteln aus. Die Fünfzehnjährige, die nun erklärt, ihr stinke es, weiterhin mit der Mutter zu leben, und die auch räumlich und über Nacht zum Vater überwechselt, vollzieht einen Willensakt, an dem kein Familienrichter vorbei kann, wenn er eine solche Spätsache auf den Tisch bekommt. Er wird dem Willen der Heranwachsenden folgen und das Sorgerecht abändern müssen. Und selbst dies ist kein Beleg dafür, daß die andersgeartete Sorgerechtszuweisung im Kindesalter »falsch« gewesen sein muß. Aber jetzt haben sich die Bedingungen geändert. Und der erklärte Wille einer Heranwachsenden ist kaum mehr relativierbar. In diesem Lebensalter kann man auch kaum vermuten, daß es einen verdeckten, affektiven Willen geben könnte, der dem vorgetragenen entgegenstünde. Dies kann man auch dann nicht, wenn der Frontwechsel überwiegend von Aggressionen angetrieben sein sollte, die dem Sorgeberechtigten gelten.

Aber auch in weniger dramatischen Fällen, ohne Frontwechselcharakter, ist eine Intensivierung der Gefühle zum Umgangsberechtigten feststellbar. Auch diese milderen Formen emotionaler Veränderungen in der Pubertät werden als Triumph, mindestens aber als Entschädigung für jahrelange Entbehrungen erlebt. Eine Mehrheit unserer Umgangsberechtigten mit pubertierenden Kindern hat jedenfalls eine solche Verbesserung der Beziehungen wahrgenommen und mit Befriedigung registriert.

Ein anderer Gesichtspunkt liegt im Identifikationsbedürfnis des Pubertierenden. Gegenüber dem Besuchsberechtigten blieb es jahrelang unbefriedigt. In der Pubertät kommt es nun oft zeitfalsch in Gang. Die Entbehrungen, denen der jetzt aufgewertete Elternteil früher ausgesetzt war, verstellen ihm aber weitgehend den Blick dafür, daß sein pubertierendes Kind hier ebenfalls unerledigte Bedürfnisse kompensatorisch befriedigen will. So kommt es immer wieder vor, daß sich die Bedürfnisse des Pubertierenden mit denen des Besuchsberechtigten verbünden und dies Formen annimmt, die dem entwicklungspsychologischen Ziel der Pubertät völlig zuwiderlaufen. Dagegen kann man zwar einwenden, daß die Nacharbeit in diesem Alter keine vergleichbare Gefährdung mehr bedeutet, wie etwa bei Überbindungsverhältnissen im Kindesalter. Dieser Einwand trifft die Dinge aber nur zum Teil. Die Aufarbeitung des »Vater-Defizits geschieht allenfalls im Bereich der momentanen Empfindungen des Jugendlichen. Den engeren Zugang zum Besuchsberechtigten hätte er aber auf früheren Altersstufen benötigt. Die zeitgenaue Befriedigung dieser Bedürfnisse hätte damals Ergebnisse gebracht, die sich jetzt nicht mehr einstellen können. Das in der Pubertät immer wieder feststellbare verengte Bindungsverhalten zum bislang entbehrten Elternteil ist also selber ein Indiz dafür, daß (Vater-)Defizite bereits bleibende Wunden geschlagen haben.

4. Neue Partnerschaft, neue Ehe

Die Wiederverheiratung des Besuchsberechtigten hat naturgemäß nicht das gleiche Gewicht wie die des Sorgeberechtigten. Zwar entsteht auch in diesem Fall ein neues System Familie, das eigentlich in eine positive Beziehung zur alten gesetzt werden müßte. Dies gelingt zunächst recht selten, weil jede Art von neuer Partnerschaft Veränderungen bringt, auf die sich alle Beteiligten, natürlich auch das Kind, erst einmal einstellen müssen. Dabei erhebt sich die Frage, ob man Wiederverheiratung als ein Ereignis bewerten kann, das die abgeschlossene Verarbeitung der vorangegangenen Ehe belegt. Dies fragt man sich deshalb, weil man sich in vielen Fällen wundern muß, wie menschliches Gefühlsleben immer wieder zum Schnittpunkt der widersprüchlichsten Impulse werden kann. So wird man die Frage, ob Wiederverheiratung die Bewältigung der Erstehe bedeutet, zwar grundsätzlich bejahen können, gelegentlich sind aber Vorbehalte am Platz. Etwa bei neurotisch bedingten Heiratsmotiven, die manchmal mit Bezug zum ehemaligen Partner durchbrechen, oder auch dann, wenn der Sprung in die neue Verbindung Abwehrcharakter hat und dazu dient, die Aufarbeitung der ersten Ehe zu vermeiden. Ganz selten sind solche, auf die erste Ehe bezogenen Motive zur Wiederverheiratung gewiß nicht, und sie belasten dann auch stets die neue Beziehung nachhaltig.

Besuchsberechtigte heiraten nach unseren Erfahrungen häufiger und auch früher als Sorgeberechtigte. Ihre Lebenssituation ist einfach unkomplizierter und der Aufbau einer neuen Partnerschaft in aller Regel problemloser. Heiratet der Besuchsberechtigte, so verändert sich regelmäßig die Kommunikation zwischen den Eltern. Die neu hinzugekommene Person entwickelt eigenständige Ansprüche. In vielen Fällen hat sie eigene Vorstellungen über die Art des Umgangsrechtes, und sie muß ihrerseits Einstellungen zu dem Kind aufbauen, das ihr nun als Wochenendstiefkind entgegentritt. Dasselbe gilt für das Kind. Es trägt seine meist ambivalenten Einstellungen zurück in die Restfamilie und löst dort Empfindungen höchst unterschiedlicher Art aus.

Oft kommt es zwischen dem Sorgeberechtigten in der Restfamilie und dem neuen Partner des Besuchsberechtigten zu rivalisierenden Verhaltensmustern im Blick auf das Kind. Der realen Begegnung zwischen den beiden bedarf es dazu keineswegs. Natürlich braucht das neu entstandene Beziehungsgeflecht nicht destruktiv zu sein. Vorübergehend wird dies trotzdem zutreffen, bis wiederum eine entspanntere Begegnungsebene gefunden werden kann. Ob und wie schnell dies gelingt, hängt natürlich vom inzwischen erreichten Verarbeitungsgrad der früheren Partner und gewiß auch von der Rolle der neu hinzugetretenen Person ab. Bei einem kleinen Teil der Besuchsberechtigten findet sich auch die Tendenz, den Sorgerechtsstreit wieder aufleben zu lassen. Hieraus muß man allerdings schließen, daß trotz Wiederverheiratung die Erstehe kaum hinreichend verarbeitet sein kann. Die Begründungen lesen sich wie Neuauflagen der Argumentation zum Zeitpunkt der Scheidung, angereichert mit Hinweisen auf die geringere Erziehungsfähigkeit der bisher Sorgeberechtigten. Immer wird in diesen Fällen darauf abgezielt, daß man jetzt eine eigene intakte Familie gegründet, der neue Partner eine gute Beziehung zum Kind aufgebaut habe und dem Kindeswohl besser gedient sei, wenn es in die neue Verbindung eingebracht, statt in der Halbfamilie verbleiben würde. Nach unserer Überzeugung war keines dieser verspäteten Sorgerechtsbegehren gerechtfertigt, und es hat auch keines zum Erfolg geführt.

Wenn der Besuchsberechtigte wieder heiratet, so aktiviert er beim anderen Elternteil Regungen und Gefühle, die jenen ähneln, die in der unmittelbaren Trennungszeit schon auftraten. Schlimm wird es, wenn Sorgeberechtigte weiterhin immer noch Reste nicht bewältigter Wiedervereinigungswünsche mit sich herumtragen, die auf den früheren Partner gerichtet sind. Solche, vielfach unbewußte Tendenzen werden entweder aktiviert, oder sie müssen aggressiv abgewehrt werden, wenn der frühere Partner eine tragfähig scheinende Verbindung begründet hat. In allen Fällen aber ist seine Eheschließung ein Einschnitt in die bisherige Kommunikation der Altfamilie, die über das Kind weiterwirkt. Auch damit zeigt sich, daß Erstehen, aus denen Kinder hervorgegangen sind, eine Fernwirkung entfalten, die weder durch Scheidung noch durch Wiederverheiratung aufgehoben werden kann. Neue Partnerschaft eines oder beider Partner beseitigt nicht ein einmal begründetes System.

Die einseitige wie die zweiseitige Wiederverheiratung ist nichts anderes, als die Erweiterung eines vorgegebenen Bezugssystems, in dem sich Kind und Erwachsene einrichten müssen. Altehe und neue Verbindung existieren einfach nicht freischwebend nebeneinander, wie viele Beteiligte sich das wünschen. Über die Kinder müssen sie miteinander in Beziehung treten, so oder so: in destruktiven oder in konstruktiven Umgangsformen. Erst die beidseitige Aufarbeitung der Vergangenheit und die Hinnahme der gegebenen Verhältnisse können die Grundlage dafür liefern, daß sich das erweiterte Bezugssystem seiner kindfeindlichen Elemente entledigen kann. Als Beobachter, als Berater und als Gruppenleiter ist man immer wieder von der Zähflüssigkeit und der zermürbenden Langsamkeit beeindruckt, mit der diese Prozesse ablaufen.

VII. Der zweite Versuch – oder die Wiederverheiratung des Sorgeberechtigten

Über ersteheliche Kinder, die in Zweitehen mitgebracht werden, gibt es so gut wie keine Literatur. Dabei haben seit 1965 weit über eine Million Kinder wesentliche Etappen ihrer Entwicklung in Zweitfamilien zugebracht und tun es weiter. Wenn ein Sorgeberechtigter wieder heiratet, addieren sich die Familienbeziehungen und vielfach auch ihre Konflikte. Daß diese additiven Familien mit ihrer speziellen Problematik kaum Forschungsobjekt sind, scheint erstaunlich, wenn man bedenkt, daß die Neigung enorm zugenommen hat, im Laufe seines Lebens nicht nur eine Verbindung dieses Intimitätsgrades einzugehen. Wenn aber Ehe und Familie immer mehr als zeitlich befristete Daseinsräume angesehen werden, die man zu gegebener Zeit durch andere gleicher Intimität ersetzt, so liegt die Frage nach dem psychosozialen Schicksal der betroffenen Kinder doch wohl nahe.

Es war nicht leicht, zu additiven Familien Zugang zu bekommen, die über längere Zeit hinweg beobachtet werden konnten. Wir sind ihnen über wiederauflebende Besuchs- oder Sorgerechtsstreitigkeiten und in der Beratungs- und Gruppenarbeit begegnet. Besuchsrechtsprobleme treten vor allem dann auf, wenn die neue Familie sich gegen den Vertreter der alten abzuschirmen sucht. Mitglieder additiver Familien haben sich kaum unseren Gruppen zugeordnet, sondern nur solchen, die für sie selbst unter dem Aspekt ihrer Problematik angeboten wurden.

Die additive Familie hat eine ihr eigene Vor- und eine Aufbauphase. Die Vorphase kennzeichnet sich durch das bereits beschriebene Vorsichtsverhalten sorgeberechtigter Elternteile. Das Kind muß sich schließlich in der neuen Verbindung wohlfühlen. Sie wird deshalb bereits in ihren Anfängen im Blick auf das Kind und seine Möglichkeiten gesehen. Ein gewisses Maß an skeptischer Intuition in Richtung künftiger Probleme ist stets vorhanden. Anders liegen die Dinge im Verhältnis zum ehemaligen Partner. Daß sich zwischen der entstehenden neuen Familie und dem Besuchsberechtigten wieder Konflikte auftun oder alte verstärken könnten, ist vorher kaum vermutet oder vorhergesehen worden. In der Mehrzahl der Fälle trat aber genau diese Erscheinung auf.

Die Wiederverheiratung des Sorgeberechtigten hat größeres Gewicht als die des Besuchsberechtigten. Hier verändert sich die Dynamik der Restfamilie, weil die neue Bezugsperson ihr dauernd anwesendes Mitglied wird. Sie ist neuer Intimpartner der Mutter oder des Vaters. Sie ist eine Art Nachfolger des Besuchsberechtigten, ohne daß dieser seine Funktion verliert. Sie hat tatsächliche Erziehungsbefugnisse, wenn auch nicht von Rechts wegen; auch dies ein konfliktträchtiger Umstand. Mit ihr, ihren Reaktionen und Empfindungen, muß sich das Kind auseinandersetzen. Zu ihr soll es möglichst zügig eine gute Beziehung, Bindungen also, aufbauen. All dies geschieht immer nur vor dem Hintergrund der Bindungen, die zum Sorgeberechtigten, aber auch zum Besuchsberechtigten bestehen.

1. Dein Kind, mein Kind

Das Kind ist durch seine Herkunftsfamilie, aber auch durch die Vorgänge zwischen den Ehen vorgeprägt. Ihm erscheint der neue Partner in vielen Fällen zunächst einmal als Eindringling in eine zwar belastete aber gewohnte Mutter- oder Vater-Kind-Symbiose. Zwar hat der Sorgeberechtigte endlich eine neue, tragfähig erscheinende Paarbeziehung eingerichtet. Sein neuer Partner trifft aber fast immer auf eine festgefügte Fraktion. An ihrer Entstehungsgeschichte hat er nicht den geringsten Anteil. Auch wenn keine Überbindungen vorgelegen haben, handelt es sich immer um eine stabile Stuktur. Sie hat ihre eigene Gesetzlichkeit und läßt sich oft nur mühsam und kaum ohne Abwehr des Kindes zugunsten der neuen Familie aufbrechen. Dies ist in vielen Fällen die Ausgangssituation, und sie bietet sich in dieser Weise recht unabhängig von der Qualität der neuen Paarbeziehung dar. Daß das Kind mit seinen rückwärts gerichteten Wünschen und Träumen in die Paarbeziehung eingreift und sie manchmal auch belastet, ist nicht auszuschließen. Von Geburt an gewachsene Eltern-Kind-Beziehungen unterscheiden sich eben von solchen, die man als Zweitmutter oder -vater auf dem Umweg über die Heirat mit einem Alleinerziehenden aufbauen kann. Der gute Wille, pädagogisches Geschick und Offenheit gegenüber dem angetretenen Kind reichen da nicht aus. Damit soll nicht die Möglichkeit einer guten Beziehung zu Stiefeltern ausgeschlossen, wohl aber auf die Probleme hingewiesen werden, die mit dem Aufbau einer additiven Familie verbunden sind und die manchmal auch ihr Scheitern bewirken.

Zweiteltern treffen einfach auf Kinder, die durch Bindungen in dritter Richtung vielleicht durch lästige Reaktionen oder gar durch Verhaltensstörungen vorbelastet sind. Manchmal sperren sich diese Kinder gegen die Verbindung, weil sie den neuen Partner als Einbrecher in die gewohnte Zweierbeziehung erleben. Er hat ja auch zunächst nichts mit ihnen gemein. Im Konfliktfall schließlich steht der Sorgeberechtigte immer im Spannungsfeld zwischen seinem Kind und dem neuen Partner. Im Konfliktfall innerhalb der Zweitehe (und auch in eheähnlichen Verbindungen), werden Sorgeberechtigte auch immer wieder auf ihren Fraktionsstatus verwiesen (du und dein Kind), und sie kommen nicht daran vorbei, diesen Status gelegentlich aktiv einzubringen (mein Kind und ich). Ihr Kind hat dabei aktiven Anteil, weil es mindestens in der Aufbauphase dazu neigt, den Fraktionsstatus – der vor der Neuverbindung ja eine Art Notgemeinschaft war – zu erhalten und gegen den Eindringling zu verteidigen. Besonders deutlich wird dies, wenn beide Partner Kinder in die Zweitehe einbringen. Die neue Beziehung erscheint dann zwar ausgeglichener, weil zwei Fraktionen vorhanden sind und die Probleme sich spiegelverkehrt darbieten. Das Verhältnis zwischen den Partnern wird dadurch aber nicht einfacher. Im Gegenteil, es kompliziert sich, weil beide Kinder die neue Beziehung auf die Probe stellen und sie manchmal auch bis zur Konfrontation belasten.

2. Revierkämpfe

Der Fraktionsstatus zwischen dem Sorgeberechtigten und seinem Kind sorgt dafür, daß der neue Partner notgedrungen in emotionales Territorium eindringen muß, das vorher vom Kind besetzt war. Deshalb gibt es in der Aufbauphase deutliche Rivalitäten zwischen dem Kind und dem neuen Partner. Die Formen, in denen sie ablaufen, hängen von vielen Faktoren ab. Da spielt wiederum das eingefahrene Bindungsverhalten zu den leiblichen Eltern eine Rolle. Da wirken auch die belastenden Erfahrungen seit der Elterntrennung. Natürlich ist auch das Alter des Kindes von Bedeutung, wenn es um die Art seiner Rivalität gegenüber dem Zweitelternteil geht. So war immer wieder zu erleben, wie Zärtlichkeiten unter den Erwachsenen von den Kindern mit Aggressionen beantwortet wurden. Vielfach wurde solchen Zärtlichkeiten auch vorgegriffen, indem das Kind beim Auftauchen des neuen Partners derart penetrant die körperliche Nähe des Sorgeberechtigten suchte, daß Stiefvater oder Stiefmutter es hätten verdrängen müssen, hätten sie ebenfalls Körperkontakt beansprucht. In einer Reihe von Fällen haben Kinder zwischen dem fünften und dem neunten Lebensjahr bereits erledigte Schlafstörungen wiederbelebt, als der Sorgeberechtigte seine neue Beziehung intensivierte. Einige davon gingen dazu über, ihr nächtliches Erwachen mit Besuchen im Bett der Mutter oder des Vaters zu verbinden, das inzwischen vom neuen Partner mitbelegt war. Revierkämpfe werden also offenbar auch durch Störungen der elterlichen Intimsphäre ausgetragen.
Eine andere Form des Revierkampfes spielt sich im Verhältnis zu den Stiefgeschwistern ab, wobei nachgeborene Geschwister eine deutlich positive Sonderstellung einnehmen. Bei zwei Sorgebe-

rechtigten und beidseitig eingebrachten Kindern gab es in der Aufbauphase der neuen Familie massive Macht- und Revierkämpfe. Alle Kinder waren vorher Einzelkinder gewesen. In einigen Fällen waren in der zwischenehelichen Zeit, vorwiegend bei Müttern, Überbindungen zu verzeichnen. Die Machtkämpfe, die zwischen den Kindern einsetzten, spielten sich scheinbar auf zwei Ebenen ab: einmal auf einer vermeintlich sachbezogenen, etwa im Zusammenhang mit der Verteilung und Beherrschung von Räumen und Gegenständen; und zum zweiten auf einem Feld, auf dem es darum ging, die Verteidigung oder die Abschirmung des mitgebrachten Vater- oder Mutterobjektes zu erreichen. Auf der Sachebene wurde eifersüchtig darüber gewacht, daß mitgebrachtes Spielzeug den ursprünglichen Eigentumscharakter nicht verlor, gemeinsames Spielzeug nicht wechselseitig privatisiert wurde und neu geschenktes oder neue Sachen in gerechter Weise beiden zuflossen. Selbst Gegenstände des täglichen Bedarfs wurden zum Problem, etwa wenn der eine neue Schuhe brauchte, während die des anderen noch brauchbar waren.

Natürlich gibt es solche Erscheinungen auch in gewachsenen Familien. Dort kommt ihnen aber eine andere Bedeutung zu. Die Auseinandersetzungen in der additiven Familie sind anderer Art. Vielfach entzünden sie sich nur vordergründig an Sachproblemen. In Wirklichkeit steht die ungesicherte Position der Kinder innerhalb der neuen Familie dahinter. Deshalb sind neue Ängste und Aggressionen, aber auch stark konflikthafte Bedürfnisse nach Bewahrung emotionaler Besitzstände mit dem Aufbau der neuen Familie verbunden. Sie fließen in die vordergründigen Auseinandersetzungen ein oder treiben sie an. So erweist sich der Gebrauch eines Fußballs, die Benutzung des Fahrrades der Stiefschwester oder der Kauf einer Cordhose leicht als Ausdruck eines Hintergrundkonflikts, der von den Eltern nicht erkannt wird. Auch dies gibt es gewiß in gewachsenen Familien. Dort hat aber jedes Kind seine eingespielte und stabile Beziehung zu beiden Eltern, und es hat eine gewachsene Rolle. Sie mag ihre Tücken haben, streckenweise als ungerecht erlebt werden und auch dort nicht voll den Bedürfnissen des Kindes oder den Vorstellungen der Eltern entsprechen. Sie ist aber sicher. In der additiven Familie ist zunächst nichts sicher. Hier müssen Rollen erst aufgefunden, Positionen z. T. geräumt und neue aufgebaut werden.

So machte in einem Fall ein zehnjähriger Junge unmittelbar nach dem Einzug von Stiefmutter und Stiefschwester in die väterliche Wohnung einen Kreidestrich auf den Teppichboden des Kinderzimmers, das er nun mit seiner achtjährigen Stiefschwester teilen mußte. Die wechselseitige Grenzüberschreitung des exakt zweigeteilten Zimmers war zwar erlaubt, nicht aber die Belegung des eigenen Reviers mit Sachen oder mit individuellem Spielzeug des anderen. Der immer wieder verblassende Grenzstreifen mußte natürlich regelmäßig erneuert werden, was vielfach in aggressive Reaktionsmuster eingekleidet wurde. Auch so etwas mag in gewachsenen Familien gelegentlich vorkommen. Hier allerdings setzte sich dieses Verhalten in eine jahrelange Weigerung um, mit der Stiefschwester geschwisterliche Beziehungen aufzunehmen. Über Jahre bewegten sich die Umgangsformen dieses Jungen mit seiner Stiefschwester zwischen Gleichgültigkeit, Kontaktvermeidung und Aggression. Dieser Junge – vor der Wiederverheiratung seines Vaters hatte er vier Jahre mit ihm allein gelebt – hat nicht verwunden, daß Stiefmutter und Schwester väterliche Zuwendung abgezogen haben. Er hat nicht seinen Vater dafür »bestraft«, auch nicht dessen neue Frau, wohl aber das schwächste Glied in dieser Konstellation, seine Stiefschwester. Erst viel später, etwa in der Vorpubertät, kamen ansatzweise positive Tönungen im Geschwisterkonflikt zum Vorschein. In der Pubertät des Jungen gingen sie allerdings wieder völlig unter.

Wenn beide Partner Kinder in ihre Zweitehe mitgebracht hatten, war übrigens eindeutig feststellbar, daß die kindlichen Revierprobleme unter gleichgeschlechtlichen Geschwistern leichter lösbar waren als bei gegengeschlechtlichen. Natürlich gab es auch hier Revierkämpfe und Rivalität in der Aufbauphase der neuen Familie. Nach unseren Beobachtungen ähnelten diese

Revierkämpfe der Kinder noch am ehesten der Geschwisterrivalität in gewachsenen Familien. Bei gegengeschlechtlichen Stiefgeschwistern zwischen sechs und zwölf Jahren hingegen war die Neigung zur Kontaktabstinenz deutlich sichtbar, auch wenn sie regelmäßig nicht die Ausmaße des oben genannten Beispiels annahm. Es schien auch so, als ginge die Initiative zur Vermeidung des Geschwisterkontakts überwiegend von Kindern männlichen Geschlechts aus. Diese Kontakthemmnisse standen übrigens im völligen Widerspruch zu den verbalen Bekundungen dieser Kinder. Fast alle erwähnten im Gespräch den Gewinn, der ihnen mit der Familienneugründung in Gestalt einer Schwester oder eines Bruders zugewachsen ist.

3. Wie wächst die neue Familie zusammen?

Der neue Partner des Sorgeberechtigten beansprucht Zuwendung, die im Erleben des Kindes diesem abzugehen droht. Er scheint aber auch selbst bereit zu sein, dem Kind Zuwendung zu geben. Aus der Sicht des Kindes wird diese Bereitschaft allerdings von der Tatsache überschattet, daß hier kein gewachsenes Objekt auftritt, sondern ein Erwachsener, der einbrecherartig die Bühne betritt, während gleichzeitig ein gewachsenes Objekt in Gestalt des Besuchsberechtigten im Hintergrund steht. Zu dieser Ausgangslage kommt die Identifikationsneigung mit dem Sorgeberechtigten und die Vorgeschichte der zwischenehelichen Zeit hinzu. Das Bedürfnis, sich mit dem Elternteil zu identifizieren, mit dem man lebt, verlangt vom Kind auch ein gewisses Maß an »Respekt« vor der neuen Partnerschaft. D. h. die Ausgangslage des Kindes mag ambivalent sein und zu einem gespaltenen Verhältnis zum Stiefelternteil führen. Die Ablehnung des »Einbrechers« und die Bereitschaft, ihn anzunehmen, schließen sich aber nicht aus. Er ist auch potentielles Objekt, weil er Liebesobjekt des Sorgeberechtigten ist.
Die Identifikationsneigung zum Sorgeberechtigten sorgt mit da-

für, daß sein Partner vom Kind auch innerlich angenommen werden kann. Die unbekannte Größe in dieser Rechnung bleibt allerdings die Art der Verbindung zum Besuchsberechtigten. In jedem Fall benötigt das Kind eine gewisse Zeit, um mit seinen widersprüchlichen Emotionen zurechtzukommen und die ambivalente Beziehung zum Zweitelternteil entflechten zu können. Kinder sind in dieser Zeit außerordentlich sensibel gegenüber Steuerungsversuchen der Erwachsenen. Die Entflechtung ihrer ambivalenten Gefühle bedarf vielleicht der vorsichtigen Hilfe, nicht aber der Aktivität der Erwachsenen. Ihre Einbindung in die neue Familie wird keinesfalls durch die Aussetzung des Umgangsrechts oder durch seine Behinderung begünstigt. Diese Maßnahmen werden häufig ergriffen, weil Zweitfamilien nicht selten bisher funktionierende Umgangsregelungen zu unterbinden suchen. Damit geschieht das Gegenteil dessen, was im Regelfall dem Kindesbedürfnis entspricht: nämlich die Versöhnung zwischen alter und neuer Familie.

Natürlich kann es vorkommen, daß der Aufbau der Zweitfamilie vorübergehend Vorrang vor dem Umgangsrecht haben muß. Die Integration in der neuen Familie kann durchaus mit einer Distanzvergrößerung zum Besuchsberechtigten einhergehen müssen. Dies mag dort schmerzvoll sein und mit erneuten Aggressionen beantwortet werden. Im Vordergrund solcher Maßnahmen müssen aber die tatsächlichen Kindesbedürfnisse stehen und nicht die Interessen der Erwachsenen. Die Frage ist nur, wie sich dies erkennen läßt. Zweiteltern jedenfalls, die davon ausgehen, daß die neue Familie die tatsächliche und ausschließliche werden muß, projizieren ihre eigenen Wünsche auf das Kind und erklären ihre Aussperrungswünsche zum Kindeswohl. Solche Eltern neigen dazu, den Besuchsberechtigten am liebsten zu einem entfernten Verwandten umzuarbeiten, der möglichst nicht mehr auftauchen soll. Auch für sensiblere Eltern ist es nicht leicht, die Lage ihres Kindes richtig einzuschätzen. Die Beziehung und die Sehnsucht nach dem Besuchsberechtigten entscheidet über jeden einzelnen Integrationsschritt in der neuen Familie mit, doch überblicken die Eltern nur ein begrenztes Feld. Und selbst dieses

beurteilen sie vielfach falsch, weil auch wenig beeinflußte Kinder in der Zweitfamilie ihre innere Lage nicht gut äußern können. Die Euphorie des Neuanfangs der Eltern ist meist auch nicht dazu angetan, sie für die Lage des Kindes zu sensibilisieren. Natürlich registrieren sie die kindlichen Signale, die der positiven Empfindungsebene des Kindes entsprechen. Die gegenläufigen Empfindungen, die ja die Ambivalenz ausmachen, bleiben aber nach unserer Einschätzung meist verborgen.
Hinzu kommt, daß die Eltern additiver Familien wiederum in einer anderen Interessenlage zubringen als ihre eingebrachten Kinder. Wunschorientierte Fehldeutungen des kindlichen Verhaltens sind deshalb mindestens in der Aufbauphase häufig. Wenn sie unterbleiben, wenn Zweiteltern nicht manipulierend in den kindlichen Vereinbarungsprozeß zwischen alter und neuer Familie eingreifen, wenn sie keine drängenden Erwartungen signalisieren und auch der Umgangsberechtigte nicht dazwischenfährt, dann besteht eine große Chance für das Kind, bei der Neuordnung seiner Gefühle zwei Vater- oder Mutterbezüge in sich aufzubauen. Es darf aber nicht sein, daß die leibliche Konkurrenzfigur des Zweitvaters (oder der Zweitmutter) aus der Empfindungswelt des Kindes verbannt werden soll. Genau dies stellen sich manche Zweiteltern vor. Wird es dem Kind abverlangt oder auch nur von ihm erwartet, so unterwirft es sich zwar häufig. Es steht ja immer noch in Abhängigkeit zum Sorgeberechtigten, aus der es sich vor der Pubertät kaum aus eigener Kraft befreien kann. Die Bindung an ihn ist immer noch überlebensnotwendig, und angesichts der emotionalen Einheit der neuen Eltern erscheint der Stiefelternteil fast als ein Stück von ihm. Tatsächlich kommt es immer wieder vor, daß Eltern dem eingebrachten Kind die Zweitfamilie als einziges Bezugssystem aufzwingen. Damit legen sie mit ziemlicher Sicherheit die Grundlagen für das Gegenteil. Diese Einwirkungen erschweren den Aufbau guter Beziehungen zum Stiefelternteil erheblich oder verhindern sie gar.
Natürlich ist es verständlich, wenn Erwachsene beim Aufbau ihrer Zweitfamilie anders empfinden als ihre Kinder. Der Neuan-

fang steht vielfach am Ende quälender und langwieriger Versuche, eine befriedigende Paarbeziehung wiederzubegründen. Inzwischen sind Jahre voller Umwege vergangen (vgl. Anhang S. 196). Der zweite Versuch ist also immer mit hohen Erwartungen, wenn auch mit einem Schuß realistischer Vorsicht verbunden. Er allerdings bezieht sich eher auf die Paarbeziehung als auf die Kinder. Sie sind das Verbindungsglied zur ersten, der gescheiterten Ehe, der man entronnen ist. Weshalb sollten sie nicht dieselben Erwartungen und Hoffnungen haben? Weshalb sollten sie nicht erkennen können, daß der neue Partner ein »besserer« Vater oder eine »bessere« Mutter werden wird?
Alles neu, alles erfüllender als im ersten Durchgang, ist die häufige Ausgangsempfindung mancher Zweitelternteile. Es ist eine falsche Ausgangsposition, nicht nur im Blick auf die neue Beziehung, sondern auch im Blick auf das Kind. Sie geht stillschweigend von der Deckungsgleichheit der Gefühle zwischen Sorgeberechtigtem und seinem Kind aus. Ein folgenschwerer Irrtum, bei dem man sich nicht darauf berufen sollte, das Kind habe dies ja dauernd signalisiert. Diese Haltung haben wir schon beim Sorgerechtsstreit gesehen. Dort wie hier handelt es sich um ein Mißverständnis. Die Gefühle des Kindes sind nicht die der Erwachsenen. Die Zerstörung seiner alten Bindung hat in aller Regel nicht stattgefunden. Seine Gefühle sind nicht vom Umgangsberechtigten abgekoppelt wie die des Sorgeberechtigten. Das Kind lebt – und träumt – noch in seiner alten Familie, und für sein Seelenheil ist wichtig, daß es dies auch darf. Seine Bindungen überdauern auch die Wiederverheiratung, und mag die neue Ehe noch so erfüllend sein. Die Konsequenz daraus kann für Zweiteltern nur darin liegen, diese Bindungen zu respektieren und sogar zu fördern. Keine Frage wie schwierig es ist, wenn man den früheren Partner nicht mehr ausstehen kann, die Beziehung seines Kindes zu ihm aber fördern soll. Vorhandene Bindungen in Richtung alter Familie lassen sich aber nicht unter Druck durch solche ersetzen, die in der neuen Familie erwünscht sind. Und dennoch kann ein Zweitelternteil im Bindungsverhalten des Kindes Ranggleichheit oder auch Priorität vor dem

leiblichen Elternteil erhalten. Aber nur in Fällen, in denen die Zweiteltern den Zugang zum Umgangsberechtigten eben nicht diskriminieren, abwerten oder behindern. Diese, keinem emotionalen Leistungsdruck ausgesetzten Kinder, haben ihre Stiefeltern jedenfalls deutlich besser angenommen.
In den Fällen, in denen Zweiteltern den Bruch mit dem meist umgangsberechtigten Vater herbeiführen wollten, lief es anders. Diese Eltern erlagen der Versuchung, die Hochstimmung des Neuanfangs, die ja immer auch einen Triumph über das frühere Scheitern darstellt, ihren Kindern abzuverlangen. Da wurden Besuche des anderen Elternteils nun nachhaltig sabotiert oder völlig ausgesetzt, in einigen Fällen über Jahre. Diese Kinder haben sich unterworfen solange sie kleiner waren. In einigen Fällen haben sie ihre leiblichen Elternteile heimlich aber regelmäßig aufgesucht. Mehrfach sind diese Kinder dazu angehalten worden, den Stiefelternteil mit Mama oder Papa anzureden. In drei von fünf Familien, die derartige Zwänge gesetzt hatten, konnte dann auch von einem Zusammenwachsen keine Rede sein; eher von zwischenzeitlichen Anpassungsübungen. Verhaltensbeobachtung, Spielbeobachtung und Gespräche mit den Kindern dieses Familientyps legen dann auch den Schluß nahe, daß hier sicherlich neue Sozialgebilde entstanden sind, die innerfamiliale Kommunikation aber nicht stimmig ist.
Eine unvollkommen ablaufende Zweitfamiliendynamik braucht sich nicht nur in mißlungenen oder mißlingenden Beziehungen zum Stiefelternteil darzustellen. Auch die Beziehung zum Sorgeberechtigten kann wesentlich daran beteiligt sein. Etwa wenn das Kind im Laufe der Zeit ihn für die Bedeutungslosigkeit des Umgangsberechtigten verantwortlich macht und das Verhältnis sich von dieser Seite her aggressiv auflädt. Unter manchen Voraussetzungen bahnt sich das schon in der zwischenehelichen Zeit an. Mit dem Auftritt des neuen Partners und der Wiederverheiratung kann sich diese Tendenz im Kind massiv verschärfen.
Die spezifischen Probleme der additiven Familie muß man sehen, wenn man sie angehen will. Natürlich sind auch die Reaktio-

nen der Zweiteltern vielfach unbewußt angetrieben. Die reine Information über den Kopf genügt gewiß nicht, um das eigene Verhalten auf seine für das Kind schädlichen Antriebe hin überprüfen zu können. Eines aber muß klar sein: Der Neuanfang darf nicht zu einer Insel der Seligen unter Einbau des erstehelichen Kindes und unter Mißachtung seiner alten Bindungen führen. Sie bleiben nicht ohne Schaden unabgedeckt. Da mag der neue Partner noch so kindgemäß auftreten können oder gar wirklich »besser« sein als der Umgangsberechtigte. Darauf kommt es nicht an! Auf die subjektive Empfindung des Kindes und auf die Zugangsmöglichkeit zu Vater oder Mutter kommt es an, und dies sicherlich nicht wegen der Blutsverwandtschaft, sondern wegen seiner Bindungen. Es kommt auch darauf an, daß das Kind darüber sprechen kann, und zwar ohne daß es Signale der Mißbilligung entgegennehmen muß. Das Kind soll im Stiefelternteil ein zweites Angebot seiner Bindungsbereitschaft erleben dürfen, nicht aber die einzig erlaubte Lösung. Ihm selber muß es überlassen bleiben, wie es diese beiden Vater- oder Mutterfiguren in seinem Innern gewichten will. Möglich ist nahezu alles: Nach gelungener Aufbauphase emotionales Gleichgewicht zwischen Stiefelternteil und Sorgeberechtigtem über große Strecken, bleibende Priorität des Sorgeberechtigten und Fortdauer der Fraktionsgemeinschaft mit ihm zu dauernden Lasten des Stiefelternteils und des Familienklimas, aber auch die Verlagerung der Sehnsüchte auf den Umgangsberechtigten und die Zunahme seiner Bedeutung zum Nachteil der Integration in der neuen Familie, bis hin zur bleibenden Außenseiterposition des Kindes in der zweiten Familie.

Die Gleichrangigkeit – in diesem Fall zweier Vaterfiguren – entnehmen wir einem gewiß etwas atypischen Fall. Dort hat sich der leibliche Vater lange nach der Trennung mit dem künftigen Stiefvater seiner Tochter befreundet. Viel später erst kam es zu einer Beziehung dieses Mannes mit der Mutter. Der leibliche Vater lebte bereits in einer befriedigenden eheähnlichen Verbindung. Hinweise dafür, daß er seine Erstehe nicht verarbeitet haben könnte, gab es nicht. Zwar war auch dieser Vater als

Umgangsberechtigter seiner Tochter nicht in dem Maße zugänglich wie der Stiefvater. Zu keiner Zeit aber – weder vor noch nach Begründung der Zweitfamilie – gab es auch nur die geringsten Zugangsprobleme. Das inzwischen freundschaftliche Verhältnis beider Vaterfiguren tat sein übriges. Das Ergebnis war eine weitgehende Gleichrangigkeit beider Väter in der Empfindungswelt des inzwischen elfjährigen Mädchens. In der verzauberten Familie[44] kleidete das Kind beide Väter in das Symbol freundlicher Bären, zwischen denen es sich selbst plazierte. Aber das Mädchen stand nicht dazwischen, es hatte zwei Väter.
Der Sprachgebrauch der Kinder läßt übrigens oft Rückschlüsse auf den Stand der emotionalen Einordnung der gleichgeschlechtlichen Elternfiguren zu. So finden sich bei Kindern aus Zweitehen folgende Formulierungen für den Stiefvater: Mamas Mann, mein Vater oder der Vorname. Für den leiblichen Vater in der Rolle des Umgangsberechtigten: mein richtiger Vater, mein Vater, der andere Vater oder der Vorname. Für die Zweitmutter gibt es analoge Bezeichnungen: Meine Mutter, Papas Frau oder der Vorname. Für die nur besuchsberechtigte leibliche Mutter: meine richtige Mutter, meine eigentliche Mutter, meine Mutter, die andere Mutter oder der Vorname. Die Deutung dazu darf dem Leser überlassen bleiben.
In der Aufbauphase der Zweitfamilie gibt es drei Problembereiche, in denen sich das Kind bewegen und Lösungsmöglichkeiten entwickeln muß. Der erste Bereich ist mit der Identifikationsneigung zum Sorgeberechtigten verbunden. Über diesen Mechanismus wird auch der Aufbau guter Beziehungen zum Stiefelternteil möglich, wenn seine Rolle als Eindringling einmal abgebaut ist. Auch der abwesende Umgangsberechtigte bleibt stummes Identifikationsobjekt, mit dem man rechnen muß. Der zweite Bereich ist mit der Identität des Kindes verbunden. Es war bereits die Rede davon, daß Kinder unterhalb der Pubertät sich ohne beide Eltern nicht begreifen können. Insofern rüttelt bereits die Elterntrennung mit ihren Folgen an der Identität des Kindes. Erneut geschieht dies, wenn die Zweitfamilie ins Blickfeld gerät. Es geht ja nicht einfach darum, in sie hineinzuwachsen, wie viele

Sorgeberechtigte sich dies bei der Wiederverheiratung vorstellen. Es geht darum, Familienbeziehungen möglich zu machen, die die sichere Wiederfindung kindlicher Identität ermöglichen. Die Prozesse des Zusammenwachsens in der neuen Familie bilden schließlich den dritten Bereich, in dem das Kind Lösungen entwickeln muß. Die Qualität aller drei Ebenen zusammen entscheidet also darüber, ob auch der Stiefelternteil Identifikationsfigur, zusätzliches Liebesobjekt also, werden kann, oder ob er allenfalls hinnehmbarer Kumpel, lästiges Anhängsel des Sorgeberechtigten oder gar Dauerziel kindlicher Aggressionen wird.

4. Ein Neugeborenes, Schwester, Bruder oder wieder ein Einbrecher?

Bei den uns zugänglichen Zweitfamilien[45] mit einem nachgeborenen Kind erfolgte seine Geburt innerhalb der ersten drei Ehejahre. Berücksichtigt man die langen Wartezeiten zwischen Scheidung und Wiederverheiratung (vgl. Anhang), so wird klar, daß zwischen eingebrachten und nachgeborenen Kindern regelmäßig recht große Altersunterschiede bestehen. Der untypisch kleinste betrug knapp vier Jahre, im Durchschnitt lag er bei fast acht Jahren. Natürlich gibt es solche Altersabstände auch in gewachsenen Familien. Die Erstgeborenen werden dort stark in die Versorgungsleistungen am Kleinkind einbezogen. Dies ist auch in Zweitfamilien der Fall. Dabei erschien uns ein durchgängig hohes Maß an Zuwendung und positiven Fürsorgeleistungen gegenüber den nachgeborenen Halbgeschwistern feststellbar. Es scheint über die Norm hinauszugehen, die sich in gewachsenen Familien einstellt. Im Test der verzauberten Familie haben fast alle Kinder das Nachgeborene in Tiersymbole mit hohem positivem Gefühlswert eingekleidet. Und dies (länger als ein Jahr nach der Geburt) immer in guter Verbindung zum Testkind. Nur in fünf Fällen war das neugeborene Halbgeschwister mit eindeutig negativen Gefühlswerten besetzt, an den Bildrand gedrängt oder einseitig der Stiefmutter (oder dem Stiefvater) zugeordnet worden. Daneben gab es auch Kontaktformen, die auf Gleichgültigkeit schließen ließen. Anzeichen dafür, daß dem Nachgeborenen Einbrecherstatus zugewiesen sein könnte, fanden sich nur bei den genannten fünf. In den Verhaltensbeobachtungen dominierten jedenfalls eindeutig Elemente der Fürsorge und der Zuwendung. Auch Revierkämpfe traten nur wenig zu Tage, viel eher stand weitgehendes Wohlwollen gegenüber den andersgearteten Bedürfnissen der kleinen Geschwister im Vordergrund. Aus Verhaltensbeobachtungen und Explorationsgesprächen muß man schließen, daß die Zuwendung des eingebrachten Kindes zum Nachgeborenen eine Art Integrationshilfe für die neue Familie darstellt. In der Tat sind ja Versorgungsleistungen und vielfach atypisches Wohlwollen gegenüber dem kleinen Bruder oder einer kleinen Schwester gute Möglichkeiten, um sich die Zuwendung der Zweiteltern zu erwerben oder zu erhalten und gleichzeitig eine konstruktive Rolle in der neuen Familie aufzubauen.

Nun reichen natürlich Verhaltensbeobachtungen nicht aus, um aus so kleinen Populationen weitreichende Schlüsse zu ziehen. Dennoch scheint uns sicher, daß das Verhältnis zum Nachgeborenen das harmloseste Problem der additiven Familie ist. Das gemeinsame Kind wirkt im Erleben des ersteheliчen Kindes als Brücke, aber auch als Signal der Endgültigkeit. Damit trägt es dazu bei, den neuen Familienverband sicher zu erleben. Bei den wenigen aus zwei Erstehen entstammenden Stiefgeschwistern, bei denen z. T. massive, nachhaltige Revierkämpfe und große Verständigungs- und Kontaktschwierigkeiten bis hin zur Beziehungsverweigerung vorlagen, erwies sich das nachgeborene Kind als ein Mittel, um zum Stiefbruder oder der Stiefschwester einen besseren Zugang zu finden. Es schafft ein Stück Gemeinsamkeit für die Größeren und damit eine Verbindung, die stückweise und sichtbar die bisherige Rivalität, die Kontaktabstinenz und manchmal die über große Strecken vorhandene Feindseligkeit abbauen hilft.

5. Neue und alte Familie, wie geht das zusammen?

Der Aufbau der Zweitfamilie läßt sich nicht ungestraft von der Biographie des eingebrachten Kindes trennen. Er läßt sich auch nicht losgelöst von dessen Bindungen an den Besuchsberechtigten betreiben. Grundsätzlich kann man sicher sagen, daß Kinder überwiegend die Bereitschaft zeigen, die neue Familie anzunehmen. Ausnahmen fanden sich bei Kindern, die bereits in die Pubertät eingetreten waren und vor dem Hintergrund der stattfindenden Ablösungserscheinungen die neue Verbindung des Sorgeberechtigten sabotierten. Die vorhandene Bereitschaft jüngerer Kinder hat allerdings stets auch gegenläufige Gefühle. Verbunden ist die Hinnahme der Zweitfamilie aber allemal mit dem vielfach unterschätzten und von manchen Zweiteltern geleugneten Bedürfnis, sich die Herkunftsfamilie im Rahmen der kindlichen Empfindungen und Erinnerungen zu erhalten. Dies gehört zur ambivalenten Ausgangslage, und hier liegen auch wesentliche Konfliktflächen der additiven Familie. Bindeglied zwischen alt und neu ist zwar der wiederverheiratete Sorgeberechtigte, der das Gesamtsystem verkörpert. Die Frage ist nur, ob er es auch dem Kind und dem neuen Partner gegenüber vertritt, ob er Versöhnung zwischen alt und neu im Kind unterstützt. Positives Bindeglied könnte auch der neue Partner, der Stiefelternteil sein oder werden. Die Voraussetzung dazu wäre allerdings, daß er die Herkunftsfamilie seines Stiefkindes mit allen Konsequenzen innerlich erträgt und nicht in eine rivalisierende Auseinandersetzung mit dem Besuchsberechtigten um die Gunst des Kindes eintritt. Auch der Besuchsberechtigte selbst könnte einen wesentlichen Beitrag leisten. Er müßte nur fähig sein, die Zweitfamilie auch von seiner Seite her innerlich zu unterstützen.

Unsere Beobachtungen zeigen deutlich, daß die Wiederverheiratung des Sorgeberechtigten Stimmungslagen und Einstellungen reaktiviert, die an jene aus der Zeit nach der Elterntrennung erinnern. Dies hat uns sehr verblüfft, weil ja in allen Fällen inzwischen Jahre vergangen waren und der damals aggressive Umgang zwar nicht immer beseitigt, aber doch handlicheren

Formen der Begegnung gewichen war. Vielleicht wäre es zu einfach, das Wiederaufleben solcher Begegnungsmuster als Indiz für die Nichtverarbeitung der gescheiterten Ehe zu werten, obgleich dies in einigen Fällen die einzige Erklärung bietet. Es ist schon zu vermuten, daß die Wiederverheiratung – im Gegensatz zu vorübergehenden Verbindungen – beim ausgesperrten Besuchsberechtigten manchmal tiefsitzende Gefühle mobilisiert, die möglicherweise – wenn auch nicht unbedingt – auf die Nichtverarbeitung der gescheiterten Ehe hinweisen. In der Gruppensituation, aber auch in der Beratung, bieten sich allerdings auch noch andere Erklärungen an: Entfremdungsängste hinsichtlich des Kindes, das nun endgültig einer anderen Vater- oder Mutterfigur ausgesetzt bleibt und die Angst, das Kind nun endgültig zu verlieren, findet sich häufig. Auch Formen des Sexualneides waren gelegentlich feststellbar, und dann natürlich das mitunter überraschend belastende Erlebnis der Wiederverheiratung des anderen selbst. Sie macht schließlich die Unmöglichkeit unbewußter und manchmal auch bewußter Wünsche und Sehnsüchte nach dem früheren Partner unabwendbar kenntlich, die einige offen oder verschüttet noch Jahre nach der Scheidung mit sich herumtragen. Natürlich handelt es sich hier nicht um Umgangsberechtigte, die inzwischen selbst zu erfüllenden Beziehungen zurückgefunden haben. Zu dieser Personengruppe zählen die, die ihre gescheiterte Ehe nicht bewältigen und sich vom früheren Partner nicht loslösen konnten. Sie haben allenfalls gelernt, mit der nicht verarbeiteten Realität zu leben, sich damit zu arrangieren. Die Zweitfamilie des anderen bringt so die Nichtverarbeitung oder die Nichtloslösung ans Licht.
Eine besondere Bedeutung kommt der tatsächlichen oder auch der vermeintlichen Rivalenrolle zu, die zwischen dem neuen Partner des Sorgeberechtigten und dem außenstehenden Umgangsberechtigten besteht. Es muß für einen Besuchsberechtigten schwer sein, einen gleichgeschlechtlichen Konkurrenten um die Zuneigung des eigenen Kindes hinnehmen zu müssen. Er erzieht das Kind mit, das nicht »das seine« ist. Genau besehen tut er das, ohne dazu »(sorge)berechtigt« zu sein. Diese Rivalitäts-

empfindungen sind sehr zäh. Sie enden möglicherweise nicht, bevor das Kind selbständig ist. So hat ein besuchsberechtigter Vater nach Jahren eines problemlosen Besuchsverkehrs in einer schriftsätzlichen Auseinandersetzung die tatsächliche Erziehungsposition des Stiefvaters seiner Tochter als »usurpiertes Erziehungsrecht« definiert. Er konnte nicht ertragen, daß sein vermeintlicher Rivale zwar faktisch erzieht, formal aber dazu gar nicht ermächtigt war. Berechtigt, moralisch zumindest, wäre allenfalls er, der zwar abwesende, aber eben leibliche Vater. So jedenfalls hat er seine Situation erlebt und subjektiv muß es ja auch bedrückend sein, wenn ein Fremder, der tatsächlich keinerlei Rechtstitel dazu besitzt, das Kind des Umgangsberechtigten mitprägt.

Wie sich alte und neue Familie im Schnittpunkt kindlicher Empfindungen vereinbaren und ob dies überhaupt gelingt, hängt überwiegend vom Einfühlungsvermögen und vom Verhalten aller beteiligten Erwachsenen ab. Starke und manchmal aggressiv getönte Rivalitätshaltungen zwischen leiblichen und Zweitelternteilen sind nicht selten. Einerseits richten sie sich auf die Gunst des Kindes. Andererseits entzünden sie sich, ähnlich wie bei Kindern, an Bagatellproblemen, hinter denen viel tieferliegende Antriebe stehen. Hierzu eignet sich eigentlich alles, angefangen von der Fächerwahl in der Schule über die Frage, welches Instrument erlernt und welcher Sport betrieben werden soll, bis hin zu Fragen der Haartracht oder der Ausgestaltung kindlicher Sozialkontakte. Verblüffend ist immer wieder die Heftigkeit, mit der über solche Dinge nach Jahren der relativen Ruhe gestritten wird. Die Wiederverheiratung reaktiviert also in vielen Fällen längst erledigt geglaubte Rechnungen, die sich erneut in vordergründige Konflikte einkleiden, ohne daß die Hintergründe von den Betroffenen erkannt werden könnten.

Die Neuauflage der Aggressionen bei der Wiederverheiratung ist kein einseitig ablaufender Prozeß. Auch hier handelt es sich um eine wechselseitig in Gang gebrachte Eskalation. Auf der einen Seite stehen nicht mehr zeitgerechte Regungen, uneingestandene Besitzansprüche an den früheren Partner oder an das Kind,

Entfremdungsängste oder ähnliche; und auf der anderen Seite steht das deutliche Bedürfnis des Sorgeberechtigten in der Zweitfamilie, diesen neuen Versuch buchstäblich von der Vergangenheit zu trennen, neu anzufangen mit dem Kind und einem anderen Partner. Die Folgen zeigen sich in Abschirmreaktionen der additiven Familie. Man möchte die neue Familie möglichst störungsfrei halten, und der Besuchsberechtigte, den man bisher hingenommen hat, mit dem es vorher gar einen modus vivendi gab, erweist sich jetzt als Störfaktor. Er besucht nicht mehr nur sein Kind. Er verändert die neue Familie. Er stört einfach. Er regiert in die Zweitfamilie hinein mit seinen ewigen Terminwünschen, mit seinem periodischen Auftreten und nicht zuletzt mit seinen Geschenken, die er »seinem Kind« und nicht etwa den anderen im neuen Familienverband mitbringt. So wird er vielfach erlebt. Tatsächlich muß man sagen, daß die Begegnung zwischen alter und neuer Familie, etwa bei zweiseitig eingebrachten Kindern, auch ohne die oben beschriebenen Aggressionen mit ganz erheblicher Turbulenz verbunden ist. Der eine Besuchsberechtigte sieht sein Kind vierzehntäglich, der andere monatlich. Der eine will es die Hälfte der Sommerferien, der andere nur eine Woche lang; dies aber gerade zu dem Zeitpunkt, zu dem die neue Familie ihren gemeinsamen Urlaub plant. Dieser Fall ist nicht etwa weit hergeholt, er ist bei einer solchen Familienkonstellation eher die Regel. Selbst in additiven Familien, in denen nur ein ersteheliches Kind vorhanden ist, sind diese manchmal zermürbenden Probleme im Ansatz dieselben.
Das Schutzbedürfnis der Zweiteltern, die Neigung, ihr neues Beziehungsgeflecht abzuschirmen und vor Turbulenzen zu bewahren, läßt sich gewiß verstehen. Es muß ja wirklich wachsen. Die Abschirmung gegen die Außensteuerung des Umgangsberechtigten liegt also nahe. Die neue Familie will ihre Ruhe haben. Die Eltern wollen ihr neues Gebilde, das ja einem unverkennbaren Erfolgszwang ausgesetzt ist, beschützt sehen. Der Weg, den sie hierzu beschreiten, liegt dann vielfach in Auflagen, in der Einschränkung der Besuche oder gar im Versuch der Aussperrung. Und schon ist die Eskalation der Aggressionen erneut im

Gange. Sie wird meist mit Formeln rationalisiert wie »das Kind muß endlich zur Ruhe kommen«, »es muß wissen, wo es hingehört« usw. Und die Kinder sind diesem erneuten Streit in ähnlicher Weise ausgesetzt wie bei Auseinandersetzungen um das Sorgerecht, nur geht es jetzt um das Umgangsrecht.

Wenn dieses Problem als Folge der Wiederverheiratung auftritt, wird es zunächst außergerichtlich, manchmal aber auch mit richterlicher Hilfe durchgespielt. Die Vehemenz erinnert dann wirklich an den Sorgerechtsstreit. Das Ziel solcher Abschirmungsmaßnahmen wird nur nie erreicht, jedenfalls nicht ohne Schaden. Die Reaktionen der Zweitfamilie mögen verständlich sein, sie sind aber keine Hilfe für das Kind. Bei ihm geschieht ebenfalls eine Reaktivierung erledigt geglaubter Empfindungen. Auch wenn Kinder aus geschiedenen Ehen nach Jahren eines Zweierverhältnisses mit Mutter oder Vater die Wiederverheiratung als positiv erleben, an der Ambivalenz ihrer Gefühle ändert das zunächst nichts. Die neue Familie wird überwiegend akzeptiert, ihre Abschirmungstendenzen aber führen zu neuen Verlustängsten im Hinblick auf den Umgangsberechtigten. Der einzige Unterschied zur unmittelbaren Scheidungsfolgensituation liegt allenfalls im inzwischen eingetretenen Zeitablauf. Es sind drei bis sechs Jahre seit damals vergangen. Die Kinder sind älter und auch belastbarer geworden. Allerdings sind sie vorgeprägt von den damaligen Erschütterungen. Durch solche Abwehrreaktionen der additiven Familie werden sie eher in eine Lage versetzt, in der Umgangsberechtigte manchmal einen Magnetcharakter annehmen, dem sie gar nicht gerecht werden können. Ob dies eintritt, hängt zwar auch noch von anderen Faktoren ab, die im Innern der neuen Familie selber liegen. Die Behinderung oder gar die Aussperrung des Umgangsberechtigten ist jedenfalls nur ein Weg, offenbar bestehende Konflikte einer Lösung fernzuhalten. Der Integration des erstehelichen Kindes in die neue Familie dient dies nicht. Viel eher handelt es sich um ein ziemlich sicheres Mittel, sie zu behindern.

Abschirmmaßnahmen der genannten Art haben wir in fast der Hälfte unserer Zweitfamilien gesehen. Die Neigung dazu muß weit verbreitet sein. Von einigen wird sie offenbar in neue Formen des Streits überführt, während die anderen sie manchmal zähneknirschend vermeiden können. Einziger Lichtblick: diese neuen Stürme waren in fast allen Fällen deutlich kürzer als nach der Trennung. Das Schockerlebnis des wiederverheirateten Partners oder der Partnerin, die Angst, sein Kind jetzt endgültig an eine(n) andere(n) zu verlieren, wird in aller Regel schneller bewältigt als Scheidung oder Trennung. Entsprechend verpufft die aggressive Energie und weicht der Resignation. Viel seltencr finden konstruktive Versuche der Vereinbarung zwischen alter und neuer Familie statt. Der Systemcharakter beider Familien mag eine Realität sein, vielfach aber eine destruktiv wirkende, weil eben der Ausschließlichkeitscharakter der Zweitfamilie immer wieder durchschlägt. Ob das Gesamtsystem befriedet, ob Versöhnung zwischen alt und neu mindestens im Empfinden des Kindes hergestellt worden ist, läßt sich eigentlich erst an seinem Verhalten in und nach der Pubertät ablesen. Erst die Kontakte, die Jugendliche jetzt pflegen oder abbauen, geben definitiven Aufschluß über die tatsächliche Qualität der Zweitfamilienbeziehung in ihrem Verhältnis zu den alten Bindungen.

6. Mutters Name, Vaters Name: Der Familienname als neues Problem

Wenn die sorgeberechtigte Mutter wieder heiratet, nimmt sie in aller Regel den Namen des neuen Partners an, während das eingebrachte Kind den Namen seines leiblichen Vaters beibehält. Damit unterscheidet es sich von den Mitgliedern der neuen Familie, in die es ja trotz allem hineinwachsen soll, durch einen abweichenden Familiennamen. Die bisherigen Elternrechte sind zwar einseitig auf die Mutter verschoben, wenn man vom Recht des persönlichen Umgangs absieht, das dem Vater verblieben ist. Der Name der Erstehe aber wird notgedrungenerweise in die Zweitfamilie eingebracht. Man könnte fragen, wo hier ein Pro-

blem liegen soll. Das Kind entstammt schließlich einer andersgenannten Familie. Sein abweichender Name ist mithin Ausdruck seiner Biographie.
Es hat also seinen guten Grund, wenn ihm die Visitenkarte seiner Herkunftsfamilie bleibt.
Nun haben wir gesehen, wie das Kind Probleme auf mehreren Ebenen lösen muß, teils zwischen den Ehen, teils in der neuen Familie. Es muß mit Erschütterungen seiner Identität umgehen, die schon mit der Elterntrennung gelitten hat. Es muß mit der beschränkten, hier mutterbezogenen Identifikationsmöglichkeit zurechtkommen, wenn der Vater nach der Trennung in den Hintergrund tritt. Und es muß den quälenden nachehelichen Elternkonflikt ertragen. Mit der Zweitfamilie kommt das Problem der Integration hinzu. Nach Jahren einer oft einseitigen Mutterfixierung erlebt das Kind einen Zweitvater, dessen Name die Mutter übernimmt. Während zwischen den Ehen Namensgleichheit bestand, gibt es jetzt eine Veränderung. Das vorrangige Identifikationsobjekt ändert seine Bezeichnung. Der Familienname, unverkennbares und selbstverständliches Kennzeichen der Zusammengehörigkeit, wird von der Mutter aufgegeben. Die neue Familie besteht aus drei, schließlich aus vier Mitgliedern. Lediglich das eingebrachte Kind, das dauernd mit Mutter und Zweitvater zusammenleben wird, fällt aus der gemeinsamen Benennung heraus. Es segelt unter der Flagge der alten Familie, aber an Bord der neuen. Für manche Kinder ist dies ein Problem, das erst allmählich ins Bewußtsein dringt. Für andere ist es kein Problem, sondern eher eine Verbindung zu demjenigen, der ohnehin weniger zugänglich war als die Mutter. Hier mag es gar eine Form der Kompensation für die Vaterabwesenheit sein, eine Hilfe also. Man sieht ihn nur gelegentlich, aber man trägt ihn mit sich herum. Insbesonders größere Kinder, etwa um die Vorpubertät, scheinen keinerlei Schwierigkeiten zu haben. Bei einer Reihe von Sieben- bis Zehnjährigen war dies deutlich anders. Sie haben wie selbstverständlich ihre Schulhefte mit dem neuen Familiennamen ausgestattet. Daß sie aus rechtlichen Gründen im Zeugnis den erstehelichen Namen führen

mußten, haben sie hingenommen. Im Umgang mit ihren Mitschülern wollten sie aber so heißen wie ihre jetzige Familie.
Die Zweiteltern reagierten unterschiedlich. Die meisten haben in diese Angewohnheit ihrer Kinder nicht eingegriffen. Einige haben nachdrücklich auf die Unzulässigkeit dieses Verfahrens hingewiesen und es unterbunden. Andere haben sich mit gelegentlichen Hinweisen auf die Unkorrektheit begnügt. Lehrer, die dieser Erscheinung häufiger begegnen, haben die Kinder weitgehend gewähren lassen und sich mit der korrekten Ausfertigung der Zeugnisse, ansonsten mit dem Gebrauch des Vornamens beholfen. Einige Eltern ließen ihre Kinder aus ganz anderen Gründen testpsychologisch untersuchen, wobei sich das Namensproblem als Nebenergebnis herausstellte. Diese Eltern betrieben danach fast alle die Namensänderung. In den meisten Fällen kam es zur Änderung des Familiennamens auf dem Behördenwege und mit schließlicher Zustimmung des leiblichen Vaters. Auf diese Weise läßt sich der Gerichtsweg vermeiden, der allerdings von einigen beschritten werden mußte, weil sich diese Väter der außergerichtlichen Namensänderung widersetzten.
Nun könnte man vermuten, einige Eltern hätten die Namensänderung aus eigenem Antrieb betrieben oder dem Kind den Gebrauch des neuen Namens nahegelegt. Das Bemühen additiver Familien, sich abzuschirmen und ihre Interessenlage könnten dies ja nahelegen. Bei keinem der uns zugänglichen Fälle gab es allerdings Anhaltspunkte in dieser Richtung. Die meisten Eltern wußten überhaupt nichts von der Möglichkeit der Namensänderung. Sie sind von Lehrern oder von Psychologen auf das Verhalten ihres Kindes aufmerksam gemacht worden. Von sich aus wären sie nicht darauf gekommen, daß die inzwischen eingetretene Namensungleichheit zwischen Mutter und Kind diesem zum Problem geworden war.
Was geht vor? In fast allen Fällen hatten wir den sicheren Eindruck, daß nach Jahren der Symbiose mit der alleinerziehenden Mutter die Zweitehe auch für die eingebrachten Kinder Hoffnung auf eine neue Geborgenheit erweckt, ohne daß die zwiespältigen Gefühle des Kindes zu übersehen sind. In den

meisten Fällen war diese Hoffnung auch begründet, obgleich in der Zweitfamilie gewiß alles komplizierter wurde als vorher angenommen. Und nun die Umbenennung der Mutter und die dauernd hörbare Ausgrenzung aus der bislang gemeinsamen Benennung bei gleichzeitigem Einschluß aller Zweitfamilienmitglieder in den neuen Namen. All dies kann in manchen Fällen nicht ohne belastende Wirkung auf das ersteheliche Kind bleiben. Der Name hat in der Tat die Funktion eines Zugehörigkeitsmerkmals, und manche Kinder erleben die Namensungleichheit wirklich als eine Art Zutrittsverweigerung zur neuen Familie, die täglich bewußter wird. Sie können nicht begreifen, daß ihnen dieses Zugehörigkeitsmerkmal versagt bleiben soll. So haben wir Fälle gesehen, bei denen die Namensungleichheit ganz eindeutig zu der Vorstellung geführt hat, die neue Familie signalisiere damit Ablehnung und Ausschluß und die bisher zuverlässige Mutter Distanz, wenn nicht gar Verrat an der gewohnten Verbindung. Auch hier kommt es nicht auf die objektive Seite an, sondern auf die Empfindungen, die im Kind ablaufen. Auch unter Erwachsenen ist der Familienname in hohem Maße gefühlsbesetzt. Es kann nicht anders sein bei einem Kind, das auf Grund der Umstände neue Bindungen aufbauen und alte modifizieren muß. Es stößt bei vielen Gelegenheiten auf die Namensschranke. Sie suggeriert ihm Ungleichheit, mitunter gar Chancenlosigkeit dazuzugehören. Man wende nicht ein, eine gut verlaufende Zweitfamilie könne dieses Problem von selbst erledigen, weil sie längerfristig größeres Glewicht habe als der Name. Die Namensschranke ist selbst Bestandteil der neuen Familiendynamik. Sie wirkt weiter, auch wenn es so scheint, als erledige sich das Problem, weil die Erwachsenen dafür nicht offen sind und das Kind zu resignieren beginnt.
In Explorationsgesprächen mit Jugendlichen, deren Namensungleichheit in der Zweitehe bestehen blieb, ergab sich, daß die allmähliche Hinnahme der unterschiedlichen Benennung das Problem – dort wo es bestand – nicht erledigen konnte. Zwar vermochten die meisten sich zunächst nicht an wesentliche Belastungen zu erinnern. An peinliche Situationen in der Schule,

beim Sportverein oder beim Zahnarzt erinnerten sich alle. Viele hatten auch deutliche Erinnerungen des Nicht-dazu-Gehörens, die sie auch im nachhinein mit ihrem anderen Namen in Verbindung brachten. Einige ließen erkennen, daß sie die Namensungleichheit als Integrationshemmnis erlebt hatten. Andere haben ihr stark aggressiv besetztes Verhältnis zum Stiefvater auf das Namensproblem zurückgeführt. Das extremste Beispiel fand sich im beklagenswerten Schicksal der siebzehnjährigen Petra. Mit sieben Jahren war sie in die Zweitfamilie eingebracht worden. Mit der Wiederverheiratung der Mutter gab der leibliche Vater jeglichen Umgang mit seiner Tochter auf. Seine Vaterschaft beschränkte sich nur noch auf die pünktliche Begleichung des Unterhalts. Kontakte fanden in keinerlei Form mehr statt. Durch das Verhalten Petras darauf aufmerksam gemacht und durch den Klassenlehrer des Kindes bestärkt, wollte die Mutter die Namensänderung betreiben. Dies scheiterte, weil der Stiefvater es ablehnte und sich auch längerfristig nicht dazu durchringen konnte. Der leibliche Vater hätte sich einer Namensänderung nicht widersetzt. Man hätte sie also in diesem Fall kurzfristig und ohne Inanspruchnahme des Verwaltungsgerichtes vornehmen können. Sie unterblieb und bildete bis in die Pubertät des Mädchens einen stets wiederkehrenden Konfliktpunkt, ganz speziell auch im Verhältnis der Eheleute, nachdem Petra längst resigniert hatte. Auf die Namensfrage angesprochen, konnte dieses Mädchen seine Tränen nicht zurückhalten. Petra bewertete die Weigerung des Zweitvaters als bösartige Aussperrung ihrer Person aus der neuen Familie. Diese Empfindung wurde durch die Tatsache verstärkt, daß der umgangsberechtigte Vater als Objekt überhaupt nicht mehr zur Verfügung stand. Hier ist die Integration des damaligen Kindes durch die beharrliche Weigerung beider Väter schwer behindert worden. Natürlich hat es noch andere Problempunkte in der Dynamik dieser Familie gegeben, und die Weigerung des Stiefvaters, der Einbenennung seiner Stieftochter zuzustimmen, hatte sicherlich noch andere Hintergründe als die Begründungen, die er in rationalisierender Weise vortrug. Im Erleben des Kindes allerdings stand ohne Zweifel die doppelte Vaterproblematik und die Verweigerung des Zweitnamens im Vordergrund. Selbst Petras vorhandene Bindungen an die beiden nachgeborenen Geschwister hatten etwas Künstliches. Dieses Mädchen ist Außenseiter in einem zweifachen Sinn geblieben; eine Art partielle Waise in einer formal intakten (Zweit-) Familie. Schwere Störungen im gegengeschlechtlichen, aber auch im allgemeinen Kontaktverhalten kennzeichnen dieses Schicksal. Selbst periphere gegengeschlechtliche Sozialbeziehungen gingen hier mit psychosomatischen Störungen einher, wenn sie aus der Sicht Petras eine verengende Tendenz annehmen. Blockiert in ihrer Beziehung zum leiblichen Vater wurde dieses Kind auch noch über große Strecken seiner Entwicklung aus der Zweitfamilie ausgeblendet und auf eine Art Notstatus verwiesen. Die Zweiteltern haben es kaum zur Kenntnis genommen. Erst über Petras zunehmende Verhaltensstörungen, über ihre stark depressiven Stimmungslagen und endlich im Rahmen einer Familientherapie lernten sie, die Not des Mädchens und ihre eigenen Anteile zu begreifen. Die Integration war dennoch mißlungen, wenn auch nicht nur wegen des abweichenden Namens.

Der Familienname ist mit hohem Gefühlswert belegt. Ein besuchsberechtigter Vater sieht sich nach Jahren dem Begehren seiner früheren Frau ausgesetzt, den Namen des einst gemeinsamen Kindes abzuändern. Subjektiv muß er das Gefühl haben, die letzte Verbindung, die ihm neben dem lächerlichen Besuchsrecht verblieben ist, soll ihm ebenfalls weggenommen werden. Ein Stück gefühlsbeladener Historie soll aus seiner Sicht beseitigt werden. Ein solches Ansinnen wird in vielen Fällen Ängste und Aggressionen auslösen müssen. Nicht nur bei Vätern, die ihre Ehe nicht hinreichend aufgearbeitet haben und die von ihren Frauen verlassen worden sind, wird dies so sein. Viele werden dieses Verlangen als Machtkampf erleben, den der unsichtbare Rivale um das Kind – der Stiefvater – inszeniert hat. »Ihr« Kind soll von einem emotionalen Konkurrenten vereinnahmt und dort in der Zweitfamilie in eine Art Eigentumsverhältnis überführt werden. So oder ähnlich muß die Gefühlslage eines leiblichen

Vaters in dieser Situation sein. Es ist gewiß nicht schwer, die tiefgehenden Ängste zu erkennen, die hier frei werden. Entsprechend wenige Väter können sich diesem Problem unbefangen zuwenden und sachlich mit ihm umgehen. Diejenigen, die sich immer noch nicht vom früheren Partner freigemacht haben, können es überhaupt nicht. Für viele ist es eine neue Form der Scheidung, die hier vorbereitet wird, diesesmal eine Scheidung von ihrem Kind. Da nützt es wenig, wenn versichert wird, daß sich am bisherigen Vaterkontakt nichts ändern wird, das Kind aber von einer Last befreit werden soll. Sie lastet jetzt auf dem leiblichen Vater. Für ihn ist die Lage objektiv schwer und schmerzhaft, und es ist verständlich, wenn sich nach Auskunft der Behörden weit über die Hälfte dieser Väter der beabsichtigten Namensänderung widersetzt.

Namensänderungen dürfen nicht grundlos in Gang gesetzt werden. Sie sollten immer gutachtlich begründet sein. Viele Behörden versuchen schon im Vorverfahren, über Sachverständigengutachten Einsicht und Einvernehmlichkeit beim Vater herzustellen. Naturgemäß ist die Behörde kaum in der Lage, qualifizierte Beratung oder gar Hilfe zur Trauerarbeit zu leisten. Dies wäre am Platz, denn in vielen Fällen sind die Initiativen zur Namensänderung, auch bei zwingenden Gründen, Anlaß zu neuen Auseinandersetzungen. So gibt es Fälle, bei denen die Sorgerechtsfrage gütlich geregelt und das Umgangsrecht befriedigend abgewickelt war. Dennoch wurde der Streit auf dieser Ebene mit der gleichen vergiftenden Vehemenz ausgefochten, wie wir ihn von der Sorgerechtsauseinandersetzung her kennen. Die Wirkungen auf das Kind sind ebenfalls vergleichbar. Der Besuchsverkehr wird belastet, weil das Kind nun in dieser Frage hin- und hergerissen wird. Vielfach entwickelt es Schuldgefühle wegen seines eigenständigen Wunsches. Es empfindet ja, daß die Namensfrage dem Vater Probleme bereitet. Gleichzeitig erlebt es die Abwehr seines Vaters. Oft besteht sie in dem Versuch, das Kind von der Absicht der Namensänderung abzubringen. Das bedeutet aber stets die Aktivierung von Schuldgefühlen beim Kind, und dies durch den eigenen Vater.

Dennoch sollte der Familienname dieser Kinder geändert werden, wenn sie nachweislich unter der Namensungleichheit mit Mutter und Zweitfamilie leiden und Integrations- und Identifikationsvorgänge auch im Blick auf Nachgeborene oder Stiefgeschwister behindert werden. Dies muß allerdings erwiesen sein. Schließlich verschlechtert sich ja wieder das ganze Familienklima, wenn sich das Namensproblem abzuzeichnen beginnt. Bleibt es ohne Lösung, so verlängert es sich über Gebühr und hinterläßt bei allen Beteiligten vermeidbare Wunden. Welche Formen das annehmen kann, zeigt das Beispiel der zehnjährigen Dorothea. Sie war im Alter von sieben Jahren in eine Zweitfamilie eingebracht worden. Dort gab es eine Stiefschwester, die Tochter ihres Stiefvaters. Daß Dorothea unter dem abweichenden Familiennamen litt, ergab sich erst nach einjährigem Leben in dieser Familie. Dorotheas leiblicher Vater widersetzte sich trickreich und mit Nachdruck einer Namensänderung, obgleich ein psychologisches Gutachten vorlag. Es war nicht etwa im Hinblick auf eine Namensänderung in Auftrag gegeben worden, sondern weil Dorotheas Verhalten auffällig wurde und die Eltern die Ursachen erfahren wollten. Erst als das Gutachten – zur Verblüffung der Zweiteltern übrigens – das Namensproblem freigelegt hatte, wurde bei der zuständigen Behörde Antrag auf Abänderung des Familiennamens gestellt. So wird vielfach verfahren, weil die Eltern aus eigenem Antrieb die Namensdifferenz meist nicht als problematisch erleben. Weil nun der leibliche Vater die Entscheidung der Behörde geschickt zu verzögern verstand, dauerte der Behördenweg in diesem Fall sehr lange. Erst nach über zwei Jahren und nach Hinzuziehung weiterer Gutachten konnte die Behörde die Namensänderung anordnen. Und auch jetzt wurde sie nicht wirksam, weil Dorotheas Vater den Gerichtsweg beschritt. Dieser kam schließlich erst nach Ablauf eines weiteren Jahres mit der rechtswirksamen Einbenennung des Kindes zum Abschluß. Der Vollständigkeit halber muß noch erwähnt werden, daß Dorothea ein Jahr nach Antragsstellung einen kleinen Bruder bekam. Nun bestand die additive Familie aus fünf Mitgliedern, und nur sie trug einen abweichenden Namen. Daß dies für sie ein Problem war, ergab sich bei vielerlei Gelegenheiten, deutlich auch im Umgang mit ihrer Stiefschwester, vor allem aber in der Schule. Nach der Geburt des kleinen Bruders dramatisierte sich ihr Namensproblem. So hatte sie sich im Anschluß an die Taufzeremonie in ihr Zimmer eingeschlossen und dort bitterlich geweint. Nur das Versprechen der Erwachsenen, alles zu tun, damit sie bald auch so heißen kann wie alle Familienmitglieder, konnte sie einigermaßen beruhigen. Offenbar waren es die Feierlichkeiten der Namensgebung für den Neugeborenen und die Festlichkeit, mit der dies alles ablief, die diesem Kind das Ausgesperrtsein über den Familiennamen an diesem Tag besonders bewußt werden ließen.

Angesichts der Bedeutung des umgangsberechtigten Vaters könnte man auf den Ausweg verfallen, solche Kinder mit einem Doppelnamen auszustatten, der die Verbindung zwischen alter und neuer Familie dokumentieren könnte. Auf diese Weise würde sich die Zustimmung der leiblichen Väter weit leichter erreichen lassen, und manch jahrelangem Streit wäre die Spitze genommen. Damit wären diese Kinder aber ebenfalls anders markiert als die anderen Familienmitglieder. Diese Lösung würde zwar ihrer Biographie entsprechen. Sie würde einen sichtbaren Bezug zwischen Herkunft und additiver Familie herstellen, und manches Kind könnte damit zweifellos besser umgehen als mit dem Namen der Vergangenheit allein. Allerdings war der Doppelname in dieser Form bislang nicht möglich.[46] Aber selbst wenn die Verwaltungsrechtssprechung diese Tür weiter öffnen sollte, gibt es sicherlich andere Kinder, bei denen sich die Verbindung beider Namen integrationshemmend auswirken wird, schließlich bleibt es ja bei einer abweichenden Benennung. Anders könnte es nur sein, wenn sich das Kind den Doppelnamen auch innerlich wünscht. In allen anderen Fällen gibt es wohl kaum Kompromißlösungen, nachdem der abweichende Name dem Kind zum Problem geworden ist.

Seit den 70er Jahren wendet sich die Rechtsprechung vermehrt der Namensproblematik von Kindern in Zweitehen zu. Die Gerichte anerkennen die grundsätzliche Rechtfertigung der Na-

mensänderung, sofern sie dem Kindeswohl dient. Hierzu zählt die Integration des Kindes in der neuen Familie. Auch der Abbau von Schwierigkeiten, die sich aus dem abweichenden Namen ergeben, gehört hierher.[47] Schon 1976 entscheidet denn auch das Bundesverwaltungsgericht, daß die Namensänderung möglich sein soll, »wenn sie unter Berücksichtigung aller Lebensumstände dem Wohle des Kindes förderlich sei«.[48] Im gleichen Jahr beseitigt auch der Gesetzgeber die bisher dominierende Stellung des Ehemannes[49] bei der Bestimmung des Ehe- und Familiennamens. Die Rechtsordnung der Bundesrepublik kennt seit dieser Gesetzesänderung keinen Vorrang mehr, der dem Namen aufgGrund der Abstammung von der väterlichen Familie zukäme.
Die Rechtslage ist also klar, vorausgesetzt die Bedingungen zur Namensänderung liegen vor. Weniger günstig ist die Eigenart des Verwaltungsvorverfahrens mit dem damit verbundenen langen Zeitablauf. Dorothea war zum Zeitpunkt ihres Antrags acht Jahre alt. Als sie den Namen der Zweitfamilie endlich legal tragen konnte, war sie elf. Selbst wenn Änderungsanordnungen oder Verwaltungsgerichtsentscheidungen inhaltlich dem Kindeswohl entsprechen; derartige Laufzeiten bis zur rechtskräftigen Entscheidung tun es nicht. Und Dorotheas Fall ist keine Ausnahme. Hier wird jahrelang über das Kindeswohl verhandelt, und der Zeitablauf mit all seinen Unsicherheiten und Risiken für Eltern und Kinder läuft dem Wohl des Kindes zuwider. Ein großer Verband hat deshalb schon 1978 gefordert, das Namensrecht von Kindern in Zweitehen aus dem allgemeinen Verwaltungsrecht herauszunehmen und dem Familienrecht zuzuweisen.[50] Dies hätte den Vorzug der Beschleunigung. Es entfiele das zeitraubende Vorverfahren, das bei väterlichem Widerstand jetzt schon über zwei Jahre dauern kann. Erst danach kann sich nach bestehender Gesetzeslage das Verwaltungsgerichtsverfahren anschließen mit dort ebenfalls nicht gerade geringen Vorlaufzeiten. Diese Zeiträume, die wesentliche Strecken der kindlichen Biographie umfassen, sind in Kindesangelegenheiten einfach nicht zumutbar; auch nicht, wenn irgendwo dazwischen eine einstweilige Anordnung ergeht. Die Unsicherheit über das Hauptsache-

verfahren belastet alle Beteiligten und vor allem das Kind erneut. Laufzeiten von drei Jahren zwischen Antrag und rechtskräftigem Urteil sind nicht selten. Beim Familienrichter – wäre er zuständig – ließe sich dies in weniger als einem Jahr bewältigen. Außerdem entspräche seine Zuständigkeit dem ansonsten nachdrücklich vertretenden Gedanken der Konzentration familienbezogener Rechtsprobleme beim Familiengericht.

VIII. Ausblick

1. Leiden oder loslassen?

Das Spektrum der subjektiven Empfindungen Geschiedener in Zeiten vor und nach der Trennung ist breit. Für den Außenstehenden, den Berater oder Gruppenleiter dominieren Ängste und Aggressionen, unbewußte und manchmal auch bewußte Bestrafungswünsche gegenüber dem ehemaligen Partner. Aber auch Empfindungen mehr depressiver Art: Schuldgefühle, Versagensängste und verletztes Selbstwertgefühl. Die Betroffenen hingegen erleben ihre Situation ganz anders: Aggressionen und Bestrafungstendenzen werden rationalisiert oder in Anspruchshaltungen und Rechtspositionen eingekleidet, die es durchzusetzen gilt, egal wie. So geschieht es auf der Ebene des Vermögens-, des Unterhalts-, des Umgangs- und auch des Sorgerechts. So geschieht es auch in der außergerichtlichen Auseinandersetzung mit dem zum Gegner gewordenen Partner. Daß die Durchsetzung von Ansprüchen und Rechten oft nur eine personen- und situationstypische Form der Aggressionsabfuhr darstellt, bleibt den Streitenden verschlossen. Anders scheint es bei den mehr depressiv Reagierenden zu sein. Sie leiden förmlich ungebremst. Sie können von ihrer Persönlichkeitsstruktur her Aggressionen nach Außen über große Strecken nicht zulassen und auch nicht in sich anerkennen. Mit der Zerstörung ihrer Ehe und Familie ist ihr Bedürfnis nach Anerkennung, nach Wärme und vielfach auch nach einem »stärkeren Menschen« unabgedeckt. Das Nicht-Zulassen der Aggression entzieht ihnen die Möglichkeit, sie als Mittel der Verarbeitung der Ehe einzusetzen. Die Schutzfunktion, die Aggressionen ebenfalls eigen ist, fehlt ihnen und setzt sie voll der erlittenen Katastrophe aus. Es scheint, als ob alle destruktiven Umgangsformen, die mit der Elterntrennung einhergehen, im wesentlichen unbewußte Verarbeitungsstrategien sind, die Loslösen und Loslassen erst möglich machen. Aber zu welchem Preis und auf welch bedrückenden Umwegen? Natürlich leiden auch aggressiv Reagierende. Dank des Einsatzes ihrer Aggressionen scheinen sie aber den Vorteil zu haben, Leiden und Leidensdruck nicht in gleichem Maß an sich heranlassen zu müssen wie ihr depressives Pendant. In jedem Fall leiden fast alle in ihrer Eigenschaft als Opfer der Aggressionen des anderen, und dieses Leiden muß in einem Teufelskreis wechselseitiger Kränkung, der Machtentfaltung und Verletzung vielfältig zurückgegeben werden. Trauer und Wut, existenzielle Unsicherheit, Schuld- und Ohnmachtsempfindungen liefern das Rohmaterial der Destruktion, die den Loslösungsprozeß vom ehemaligen Partner kennzeichnet. Leiden oder loslassen sind deshalb keine Alternativen, sie bedingen einander. Nacheheliche Begegnungsmuster legen in sehr vielen Fällen den Schluß nahe, daß hier ehemals konstruktive Umgangsformen erst einmal ins Destruktive verschoben werden müssen, ehe Ablösung und Bewältigung möglich werden und die Rückkehr zur eigenen oder die Auffindung einer neuen Identität stattfinden kann.

2. Brauchen Scheidungswillige Hilfe?

Während der qualvollen Ablösungsprozesse, die Scheidungswillige oder Geschiedene durchlaufen müssen, bleibt ihnen der Blick auf die Realität vielfach verstellt. Berater und Therapeuten hingegen erkennen die Antriebe der benutzten Konfliktmuster recht schnell. Sie sehen die Verdrängungsmechanismen und die Formen der Abwehr, die ihre Klienten entwickeln, um Realität nicht zur Kenntnis nehmen zu müssen. Vom Kopf her würde kein Geschiedener jemals seine Hilfsbedürftigkeit bestreiten, wenn er erfassen könnte, daß seine Art, Scheidung zu verarbeiten, zwar seiner aufgewühlten inneren Wirklichkeit entspricht, aber an den Notwendigkeiten zwischenmenschlicher Beziehungen völlig vorbeigeht, etwa weil der frühere Partner dieses Ungetüm nicht sein kann, als das er ihn gegenwärtig erlebt (und umgekehrt). Konstruktive Lösungen sind also für lange Zeit blockiert. Phasentypische Blindheit, machtvolle Abwehr der Realität und die Dominanz feindlicher Gefühle sind es wohl, die das Bewußtsein verhindern, das nötig wäre, um den eigenen Bedarf an Hilfe zu erkennen.

So ist ein beachtlicher Teil unserer Gruppenmitglieder von seiner ersten Motivation her deshalb zur Gruppe gestoßen, weil er sich zunächst mit Schicksalsgenossen solidarisieren wollte. Die Abläufe innerhalb der Gruppe haben dieses Ziel weitgehend verbaut, weil sie dazu genutzt werden, die Teilnehmer für ihren Anteil an der destruktiven Begegnung mit dem Streitpartner zu sensibilisieren. Dabei ist es eindrucksvoll zu sehen, wie Menschen in der Krise die zerstörerischen Antriebe, die sie selbst besitzen, bei anderen erkennen lernen, zunächst jedoch nicht bei sich selbst. Erst die heilsame Schonungslosigkeit der Gruppe sorgt allmählich dafür, daß die Wahrnehmung solcher Empfindungen an anderen auch auf die eigene Person ausgedehnt werden kann. Dies macht ja wohl die bewußtmachende und nicht selten auch die verhaltensändernde Wirkung konsequenter Selbsterfahrungsgruppen aus. Der Schluß, daß Scheidungswillige oder Geschiedene sachkundige Hilfe benötigen, drängt sich deshalb auf. Sie hilft jedenfalls, die langen und vielfach verheerenden Loslösungsfristen abzukürzen und sie von ihren destruktiven Antrieben mindestens teilweise zu befreien.

Der Blick auf die betroffenen Kinder schließlich zeigt in den allermeisten Fällen, daß der Verzicht auf Fachberatung kaum zu vertreten ist. Kinder sind immer das schwächste Glied im Trennungskonflikt. Je nach Dauer und Schwere der Erschütterungen, erleiden sie ganz andere Schäden als die, die sich Eltern wechselseitig zufügen. Ihre Beschädigungen sind in vielen Fällen irreversibel. Auch dieser Sachlage öffnet sich der Blick der Eltern nicht, solange sie mit sich selbst beschäftigt sind. So verwundert es nicht, wenn nach einer amerikanischen Untersuchung 72% der Mütter keine Veränderung der Kinder nach der Trennung feststellen.[51] Auch hierzulande ist es eine große Mehrheit. Dahinter verbirgt sich natürlich ein konfliktbedingtes Unvermögen der Eltern, die Wirkung ihrer Krisenverarbeitung auf die Kinder auch nur wahrzunehmen. Und selbst wenn sie wahrgenommen wird, neigen die Streitpartner mehrheitlich dazu, die Ursachen kindlicher Auffälligkeiten oder Störungen dem jeweils anderen Elternteil zuzuweisen. Der eigene Anteil wird kaum je erfaßt. Er bleibt aus der eigenen Wahrnehmung ausgeblendet.

Die rein rechtliche Würdigung der Elterntrennung gibt nur Rechtstitel in die Hand. Den psychodynamischen Prozeß der Entheiratung – und darum geht es – kann sie nicht in den Griff nehmen. Sie kann ihn nicht einmal fördern. Im Gegenteil, zumindest bei der Auseinandersetzung wirken gerichtliche Verfahren, ihre Vorbereitung und schließlich die Beschlüsse selbst durchweg konfliktverschärfend. Bei enorm gewachsenen Scheidungszahlen ist es deshalb naheliegend, nach außergerichtlichen Formen der Konfliktbearbeitung zu suchen. Hoffnungsvolle Ansätze hierzu gibt es nicht nur im Ausland. Eine inzwischen seit vielen Jahren unterhaltene, interdisziplinär geführte Diskussion zwischen Sozialwissenschaftlern, Kinderpsychiatern, Psychologen, Familienrichtern, engagierten Anwälten und kindorientierten Verbänden beginnt auch in der Bundesrepublik, Früchte zu tragen.[52] Sie liegen nicht nur darin, daß so grundverschiedene Bereiche wie Rechtswissenschaft einerseits und Sozialwissenschaft im weitesten Sinne, im Bereich des Familien- und Scheidungsfolgenrechts einen außerordentlich produktiven Zugang zueinander gefunden haben. Sie liegen auch in der zunehmenden Offenheit der (Familien-)Rechtssprechung gegenüber den Einsichten kindorientierter Wissenschaftsbereiche überhaupt.

In jüngerer Zeit finden sich bereits institutionalisierte Formen alternativer Konfliktlösungsversuche im Vorfeld und im Nachsorgebereich gerichtlich betriebener Elterntrennung. Sie alle zielen auf wirksame Hilfestellung bei der Entflechtung nachehelicher Konfliktlagen, wobei es darum geht, diese zu steuern, zu lösen oder mindestens zu mildern. Es handelt sich also um Hilfen zur Entheiratung und damit zum Wiederfinden der Identität der

Betroffenen. Es handelt sich auch um Hilfen, Streitpartnern effektiver und weit früher wieder zu einer gemeinsamen Gesprächsbasis zu verhelfen, als sie es alleine könnten. Nichts ist schließlich wichtiger im Interesse des gemeinsamen Kindes als dies. Außerdem geht es auch darum, den eigenen Anteil der Partner am Konflikt bewußt zu machen, ein Ziel, ohne das Konfliktlösung oder auch nur Minderung kaum gelingen kann.
Tatsächlich bietet das Scheidungsverfahren vor dem Familiengericht keine Möglichkeit, Lernprozesse oder gar Verhaltensänderungen der Parteien zu fördern. Insofern kann man nicht bezweifeln, daß außergerichtliche Formen der Konfliktbearbeitung Wege eröffnen können, vorher zerstrittene Eltern für eine gemeinsame nacheheliche Elternverantwortung wieder verwendungsfähig zu machen. Gemeinsame Elternverantwortung muß nicht in einem gemeinsamen Sorgerecht bestehen. Es wäre schon ein großer Schritt, wenn sich Eltern zu der Einsicht vortasten könnten, daß nachehelicher Dauerstreit Kindeswohl langzeitig unmöglich macht. Es ist viel gewonnen, wenn sie zu der Empfindung finden, daß Scheidung und Trennung Familie im Sinne eines Systems zwischenmenschlicher Kommunikation nicht etwa beseitigt, sondern allenfalls modifiziert. Durch solche Arbeitsschritte von Einsicht *und* Empfindung werden Lösungen möglich, die von beiden Elternteilen getragen werden können. Nur sie garantieren ein Klima, in dem sich Kinder angstfrei und ohne Verdrängungszwänge bewegen können. Nur vor diesem nachehelichen Hintergrund können sich Kinder vorrangig der Aufgabe widmen, die Elterntrennung selbst anzugehen. Solche Eltern können ihnen dabei helfen, streitende nicht.
Wie das gerichtliche Verfahren, so hat selbstverständlich auch außergerichtliche Beratungs- und Betreuungsarbeit eine Kostenseite. Sie ist nicht unwichtig. Ein Vergleich zwischen den Kosten konfliktträchtiger Scheidungsauseinandersetzungen mit der vor- und außergerichtlichen Konfliktlösung zeigt, daß selbst unter diesem Gesichtspunkt der alternativen Konfliktbearbeitung der Vorzug zu geben ist. Dort, wo sie systematisch betrieben wird – etwa im Gerichtsbezirk Denver USA – ergibt sich[53], daß die

Gesamtkosten aus gerichtlicher *und* außergerichtlicher Behandlung der Fälle zusammen um bis zu 40% unter den Kosten des herkömmlichen Vorgehens liegen. Die von dort vorliegenden Kostenvergleiche weisen dies aus. Auch wenn die amerikanische Kostensituation nicht unbedingt auf deutsche Verhältnisse übertragbar sein mag, so spricht vieles dafür, daß ähnliche Tendenzen auch hier zur Wirkung kämen.

In der Bundesrepublik hat das Stuttgarter Modell[54] Pilotcharakter. Dieses Projekt wird in der Trägerschaft des Deutschen Familienrechtsforums betrieben. Es geht davon aus, daß die Familienkrise – egal ob sie zur Elterntrennung führt oder nicht – mehrdimensionaler Art ist. Tatsächlich werden Konflikte mit unterschiedlichem Gewicht auf unterschiedlichen Ebenen ausgetragen, die sich wechselseitig bedingen. Die Konsequenz liegt in der Notwendigkeit, auch Beratung und Betreuung mehrdimensional auszugestalten. Deshalb arbeitet das Stuttgarter Modell im Wege der Teamberatung. Im Team sind alle Berufe vertreten, die für die einzelnen Schichten des Konflikts gefragt sein könnten. Vertreter der Familientherapie, der Psychotherapie, der Sozialpädagogik sind ebenso Mitarbeiter der Beratungsstelle wie solche der Rechts- und Steuerberatung, der Rentenberatung und der Theologie. In Teamkonferenzen breiten die Berater ihren Sachverstand vor dem Ratsuchenden aus und sorgen gemeinsam für die Darstellung eines Gesamtbildes der vorliegenden Problematik. Dabei ergibt sich die Möglichkeit, vordergründige Streitpunkte als Einstieg zu nutzen, um zur entsprechenden Hintergrundsproblematik vorzudringen. Gelingt dies – und es gelingt erstaunlich oft – so eröffnen sich für die Streitpartner erhebliche Erkenntnismöglichkeiten, die einer Einstellungsänderung zumindest als Grundlage dienen können. Auf diese Weise wird Konfliktbearbeitung zum familiären, oder im Falle der Elterntrennung, zum nachehelichen Lernprozeß. Er kann durchaus Verhalten konstruktiv verändern und deformierte Begegnungsmuster wieder humanisieren. Sicherlich nicht immer, aber oft. Dabei geschieht jede Form der Bearbeitung in einzelnen Arbeitsschritten, deren Ausgestaltung an Art und Struktur des Konflikts orientiert bleibt. Der Prozeß der konstruktiven Verhaltensänderung rückt schließlich dann in den Bereich des Greifbaren, wenn die Parteien für die Einsicht offen werden, daß richterliche Beschlüsse ihrem Problem nicht beikommen können. Dies müssen sie selbst tun. Aber fachliche Hilfestellung dürfen sie dazu erwarten.

Das Stuttgarter Modell, das bereits über große Erfahrungen verfügt, hat nach eigenen Angaben in 52% der Fälle konstruktive Formen der Elterntrennung ermöglicht.[55] Bei nur 17% ließ sich eine destruktive Trennung nicht vermeiden. Bei 19% der Fälle handelte es sich um Sorgerechtsstreitigkeiten. Hier gelang es zur Hälfte, außergerichtliche Lösungen zu finden, die tragfähig waren und von beiden Eltern angenommen werden konnten. Da die Stuttgarter Modellberatungsstelle sich nicht speziell als Scheidungsfolgenberatung betätigt, sondern auch als Anlaufstelle für Menschen in der noch nicht zielgerichteten Familienkrise dient, haben dort 23% der Ratsuchenden ihre Ehe fortgesetzt, obgleich eine Scheidung bereits in Erwägung gezogen war. In diesen Fällen hat sich Konfliktbearbeitung als ehestabilisierend erwiesen, eine Erfahrung, die wir auch bei den Teilnehmern unserer Selbsterfahrungsgruppen machen konnten, wenn auch in erheblich geringerem Umfang.

Die von uns betriebene Form der Konfliktbearbeitung besteht in der gruppendynamischen Betreuung von Geschiedenen oder vor der Scheidung stehenden Menschen. Wir sind davon ausgegangen, daß die destruktiven Begegnungsmuster der Scheidungsvorphase *und* der Trennungsfolgezeit den Hauptanteil an der Not der betroffenen Kinder ausmachen. Die Erfahrung zeigt, daß das allen Ansätzen gemeinsame Ziel auch auf dem Weg der straff geführten Selbsterfahrung erreichbar ist. Das Erkennen und Empfinden eigener Anteile der Destruktion, die Sensibilisierung für die Lage des Kindes wie für den Wirkungsmechanismus der zwanghaft wechselseitigen Machtkämpfe gelingt in der Gruppe recht gut. Gesteuerte Selbsterfahrung ergibt weitgehende Einsichten in das gestörte Elternverhalten und in die Gefühls- und Empfindungsverläufe, die hinter diesem Verhalten stehen. Die

Antriebe lassen sich in der gruppendynamischen Langzeitsituation recht gut freilegen. Unter den Bedingungen der Gruppenwirklichkeit treten die Einstellungen zum ehemaligen Partner, zum Kind und zur eigenen Person in einer Farbigkeit zu Tage, wie sie im reinen Beratungsgespräch, jedenfalls für den Klienten selbst, kaum möglich wären. Das Abtasten dieser Empfindungen erbringt nicht nur dem Gruppenleiter recht zuverlässige Ergebnisse. Es bringt vor allem dem Teilnehmer – manchmal dramatische – Einsichten, weil der Gruppendruck und seine Intimität dafür sorgen, daß verfälschende, beschönigende und abwehrende Haltungen aufgebrochen werden können.
Es liegt allerdings in der Natur dieser Form der Konfliktbearbeitung, daß es nur selten gelingt, beide Partner als Gruppenmitglieder zu gewinnen. Dieser Mangel wird nur zum Teil durch Rückmeldungen ausgeglichen, die darauf hinweisen, daß positive Verhaltensänderungen des einen eine grundsätzliche Entspannung der Gesamtsituation bewirkt haben. Wir sind deshalb dazu übergegangen, die fehlenden Partner, die nicht zur Gruppenarbeit motivierbar waren, zu normalen Beratungsgesprächen einzuladen, ein Verfahren, das in jüngerer Zeit zunehmend mehr Erfolg hat.
Auch für Kinder erscheint uns dieses Verfahren aussichtsreich. Einige Unternehmungen auf diesem Gebiet verliefen außerordentlich ermutigend. Es wurde hinreichend deutlich, daß Gruppenarbeit mit Kindern etwa oberhalb des achten Lebensjahres sie öffnen und dazu führen kann, über ihre Trennungsbelastung zu sprechen. Vielfach geschah dies in einer Weise, wie sie weder im Umgang mit dem Sorgeberechtigten noch dem Besuchsberechtigten möglich war. Die Offenheit, die die Kinder in der Gruppe erwarben, ließ sich zu einer unmittelbaren Verbesserung des Eltern-Kind-Verhältnisses nutzen. Erleichtert wurde dies durch den Umstand, daß alle kindlichen Gruppenmitglieder Kinder erwachsener Gruppenteilnehmer waren. Angesichts einer Reihe von projekthaft veranstalteten Wochenenden konnten wir Eltern mit ihren Kindern von Freitag bis Sonntag gemeinsam versammeln. Natürlich wurde mit Kindern und Eltern in getrennten

Gruppen gearbeitet. Außerdem wurden die sonstigen Bedürfnisse der Kinder im Rahmen solcher Wochenendunternehmungen hinreichend abgedeckt.
Leider ist es organisatorisch recht schwierig, problemspezifische Kindergruppen dieser Art einzurichten. Konsequent war dies nur an Wochenenden und über die Unterbringung in geeigneten Tagungsstätten möglich. Solche Projekte sind außerdem sehr aufwendig und Geschiedene in aller Regel mit irdischen Gütern nicht sonderlich gesegnet. Es ist auch sehr schwierig, für derartige Unternehmungen Kostenträger zu finden, die die Eigenbeteiligung der Teilnehmer in vertretbarer Höhe halten. Die Erfahrung auf diesem Felde reicht aber aus, um diesen Weg der Bearbeitung des Trennungskonfliktes mit größeren Kindern als außerordentlich sinnvoll zu bewerten.
Ein Nebenergebnis unserer Arbeit bestand übrigens darin, daß fast alle Erwachsenengruppen eine Eigengesetzlichkeit entwikkelten, die weit über den systematischen Teil der Selbsterfahrung hinausging. Es entstanden stabile Beziehungsgeflechte von unterschiedlichem, aber grundsätzlich hohem Intimitätsgrad. Sie blieben weitgehend erhalten, und die nach etwa zwei Jahren erfolgte Nachuntersuchung ergab, daß die meisten der nun längst nicht mehr betreuten Gruppen als freundschaftlich lockere Gesprächskreise, aber auch als Hilfssysteme gegenüber Alltagsproblemen ihrer Mitglieder weiterwirkten.

3. Und wer hilft den Kindern?

Kindern ist wesentlich geholfen, wenn der Elternkonflikt entschärft ist. Erst dann öffnet sich Eltern der Blick für den Zustand ihres Kindes, für seine akuten Belastungen und für die – gemeinsame – Elternverantwortung. Darüber hinaus obliegt es sicherlich allen Beratungsinstanzen, Scheidungskinder in geeigneter Form in ihre Tätigkeit einzubeziehen. Die partielle Blindheit streitender Eltern, ihr Unvermögen, die Befindlichkeit des Kindes hinreichend wahrzunehmen, all dies bricht ja dann auf, wenn Konfliktbearbeitung geschieht und zu gelingen beginnt. Wir können keinen Grund erkennen, weshalb Anwälte im Streit oder Richter im Verfahren Mandanten und Parteien nicht auf die Möglichkeit solcher Einrichtungen hinweisen sollten. Wir sind allerdings der Meinung, daß jeder, der mit Ehescheidung zu tun hat, Müttern und Vätern nahelegen müßte, die betroffenen Kinder begleitend oder, falls nötig, therapeutisch betreuen zu lassen. Den zweiten notwendigen Schritt, nämlich die Eltern einzubeziehen, geht die entsprechende Beratungsinstanz dann ohnehin. Der hohe Anteil auffälliger Kinder bei destruktiven Verlaufsformen elterlicher Begegnung gebietet dies.

Anwälte und Richter, aber auch Sozialarbeiter und Lehrer, denen scheidungsbelastete Kinder schnell auffallen, vergeben sich nichts, wenn sie ihren Einfluß geltend machen, damit Kindern (und Eltern) geholfen wird. Selbst wenn man aus naheliegenden Gründen jede Art von Zwangsberatung ablehnt, kann man nicht daran vorbei, daß ja auch aggressiv verhakte Eltern nicht böswillig, sondern allenfalls partiell und temporär mit Blindheit geschlagen sind. Sie ahnen vielfach gar nicht, welche Möglichkeiten der Hilfe es gibt, obwohl das vorhandene Netz psychologischer Beratungsstellen allmählich ins öffentliche Bewußtsein eingedrungen ist und sein lange Zeit negatives Image in der Bevölkerung längst verloren hat. Weil solche Eltern nicht böswillig, sondern in aller Regel nur hilflos sind und sie ihren Kindern bewußt keinen Schaden zufügen wollen, deshalb sind sie nach unseren Erfahrungen über ihr Kind auch ansprechbar. Dies trifft selbst dann zu, wenn sie selbst einer außergerichtlichen Konfliktbearbeitung für ihre eigene Person zunächst noch nicht zugänglich sind.

In der Bundesrepublik gibt es ein flächendeckendes Netz qualifizierter psychologischer Beratungsstellen in kirchlicher oder auch kommunaler Trägerschaft. Diese Einrichtungen haben bei der Bearbeitung und Linderung menschlicher Krisenlagen in aller Stille ausgezeichnete Arbeit geleistet, und sie tun es weiterhin. Zusammen mit den Erziehungsberatungsstellen und den thera-

peutischen Einrichtungen gibt es eine respektable beraterische, betreuende und therapeutische Kapazität. Deshalb muß es unseres Erachtens auch darum gehen, Scheidungskinder und ihre Eltern auf diese Einrichtungen aufmerksam zu machen und sie im Blick auf die Folgen der Elterntrennung auszubauen. Gewiß geschieht dies schon ansatzweise, und auch die Ausweitung vorhandener (Ehe-)Beratungsstellen in Richtung Elterntrennung ist längst im Gang. Die Hemmschwelle zu diesen helfenden Einrichtungen ist bei den Betroffenen aber immer noch hoch. Sie abzubauen muß im Zusammenwirken mit allen geschehen, die mit Scheidungskindern oder ihren Eltern zu tun haben.
Dies mag alles auch eine Kostenseite haben, nur muß die Gesellschaft langsam ein Gespür dafür entwickeln, daß die psychosoziale Versorgung gesellschaftlicher Problemlagen, insbesondere aber die von Kindern, genauso ein sozialer Kostenfaktor ist, wie die anwaltliche Vertretung vor Gericht, die Wiederherstellung der Gesundheit oder die Aufwendungen gegen das Waldsterben.

4. Was kann man ändern?

Die Tatsache, daß Ehe und Familie für wachsende Bevölkerungsteile keine lebenslänglichen Daseinsräume mehr sind, läßt sich durch familienpolitische Diskussionen oder moraltheologische Überlegungen sicherlich nicht ausräumen. Die Scheidungszahlen sind eine Realität. So kann es nur darum gehen, die Folgelasten, die damit verbunden sind, besser in den Griff zu bekommen. Dies muß auf allen Ebenen, auch im Bereich der gerichtlichen Verfahrensabläufe, geschehen.
Das erste, was hier ins Auge fällt, ist die konfliktverschärfende Wirkung der gerichtlichen Prozedur, insbesondere beim Streit um die elterliche Sorge. Sie läßt eine Beachtung des Kindeswohls kaum zu. Es ist grotesk: der Richter bemüht sich von Amts wegen, seinen Beschluß am Wohl des Kindes zu orientieren, und die Prozedur seiner Mühe bewirkt zusammen mit den Parteien die Erhaltung oder Verschärfung einer kindeswohlfeindlichen At-

mosphäre, die trotz allem jahrelang anhalten kann. Sie vergiftet in vielen Fällen das erklärte Ziel der richterlichen Handlung. Hinzu kommt, daß streitende Eltern faktisch gar nicht in der Lage sind, ihr Kind zu vertreten. Ihr Verhältnis zum Kind instrumentalisiert sich im Streit und unter dem Eindruck des Verfahrens. Auch diese Erscheinung überdauert das Verfahren in vielen Fällen, keineswegs nur beim Kampf um das Sorgerecht. Wenn also Eltern in ihrer destruktiven Phase als Vertreter des Kindesinteresses ausfallen, dann läge es doch nahe, dem Kind innerhalb des Verfahrens eine eigenständige Rechtsvertretung zuzuordnen. Natürlich kann dies nicht einfach mit der Einführung eines Drittanwalts getan sein. Dieser »Anwalt des Kindes« müßte neben der eigenständigen Vertretung des Kindesinteresses schlichtende Funktionen übernehmen. Hier könnte man an eine Art familienrechtlichen Fachanwalt denken, der mindestens bei kindbezogenen Streitigkeiten auftritt. Es wäre auch denkbar, daß der »Anwalt des Kindes« sozial- und humanwissenschaftliche Kompetenz ins Verfahren einbringt und sich eines Anwalts bedient, damit im juristischen Ritual Waffengleichheit herrschen kann. In jedem Fall müßte seine Schlichtungs- und Befriedungsfunktion im Vordergrund stehen, und hier könnte er begleitende und gewiß auch nachsorgende Funktionen übernehmen. Der Anwalt des Kindes wäre auch als Institution im Sinne eines Beratungsteams denkbar, dem eine konfliktentflechtende Rolle gegenüber den streitenden Parteien – und ihren Anwälten – zugewiesen werden könnte. Ein anderer Vorschlag orientiert sich an der nicht vorhandenen sozialwissenschaftlichen Sachkompetenz des Familienrichters. Der wiederholt vorgeschlagene beisitzende Richter, der nicht den juristischen, sondern den psychosozialen Sachverstand einbringen könnte, wäre so abwegig nicht. Dieses Konzept hat allerdings wenig Gegenliebe im rechtspolitischen Raum gefunden, und auch Juristen konnten sich nicht recht damit befreunden, obgleich die Existenz sachkundiger Laienrichter unserer Rechtsordnung nicht gerade fremd ist.

Die Frage, wie der Elternkonflikt entflochten werden kann, ist jedenfalls für sachkundige Nichtjuristen von zentraler Bedeutung, und dies nicht nur im strittigen Sorgerechtsverfahren. So läge es z. B. auch nahe, nach praktikablen Wegen zu suchen, dem Familienrichter zu Eltern anderer Beschaffenheit zu verhelfen. Hier ginge es darum, einen Zustand herzustellen, der von Gerichts wegen nicht erreicht werden kann. Er könnte aber vom Richter gefördert werden, etwa dadurch, daß der Familienrichter das laufende Verfahren aussetzt und eine Beratungsphase einrichtet, in der sich die Streithähne fachgerechten Formen der Konfliktbearbeitung unterwerfen. Damit sind wir zwar beim Thema Zwangsberatung, das sicherlich kritisch gesehen werden muß. Beim kindbezogenen Streit um Sorge- oder Besuchsrecht haben wir aber eine Ausgangslage ganz besonderer Art. Beide Eltern sind subjektiv der Überzeugung, das Kindeswohl besser zu garantieren als der andere. In dieser Frage scheinen sie vielfach keinen Kompromiß und keine Gesprächsfähigkeit zu kennen. Sogar vor sich selbst rationalisieren sie den Streit oft als ihren Einsatz um das Kindeswohl. Sie sind also bedingt ansprechbar, auch wenn sie sich über die Hintergründe ihrer alles zerfetzenden Liebe um das Kind nicht im klaren sind. Es ist lohnend, diesen Versuch zu machen. Die Chance, sie von der Notwendigkeit zu überzeugen, daß um des Kindes willen Entspannung zwischen den ehemaligen Partnern vonnöten wird, ist nach unseren Erfahrungen keineswegs aussichtslos. Nur rechtlich scheint es Schwierigkeiten zu geben, weil der Familienrichter gegenwärtig nur eine unzulängliche Vorschrift zur Hand hat, mit der er diesen Weg eröffnen könnte.[56]

Dem Einwand, daß eine solche Aussetzung des Verfahrens zugunsten einer qualifizierten Beratung zu spät käme, weil die Weichen für die Sorgerechtszuweisung schon im Moment der Trennung gestellt sind, können wir nicht folgen. Wir haben Laufzeiten nachehelicher Streitigkeiten von bis zu vier Jahren und mehr gesehen und meinen, daß hier mit alternativen Lösungsversuchen ganz beträchtliche Verkürzungen möglich sind. Richtig ist allenfalls, daß der Grabenkrieg zwischen den Partnern bereits zum Zeitpunkt der Klageerhebung auf vollen Touren läuft. Daraus kann man aber nicht den Schluß ziehen, daß außergerichtliche Interventionen nun zu spät kämen. Auch dies widerspricht unseren Erfahrungen, obgleich es natürlich wünschenswert wäre, früher an die Betroffenen heranzukommen. Eine dem Verfahrensabschluß vorgeschaltete Beratungsphase scheint uns deshalb angezeigt, auch wenn sie nur in einem Teil der Fälle zum Ziel führen kann. Der Mangel der zitierten Vorschrift liegt allerdings in dem Umstand, daß die Aussetzung des Verfahrens nur möglich ist, um den Parteien Gelegenheit zu geben, über eine denkbare Fortsetzung der Ehe nachzudenken. Diese Vorschrift müßte also erweitert werden, damit auch beraterische und betreuende Versuche, etwa zur Herbeiführung von Einvernehmlichkeit in der Frage der Personensorge, abgedeckt sind. Dies entspräche auch der Vorstellung von der weiterwirkenden Familienbeziehung über die Elterntrennung hinaus.

Eine weitere Überlegung betrifft den gerichtlich bestellten Sachverständigen. Er berät den Richter, nicht die streitenden Eltern. Ihnen gegenüber tritt er als unantastbare Autorität auf, eine Rolle, die nicht wenigen Gutachtern Unbehagen bereitet und die auch nicht grundsätzlich so sein muß. So kann die Hilfestellung zur Verarbeitung der Trennung – auch der Trennung vom Kind – durchaus Ziel der Beratung durch den Gutachter selbst sein. Dies wäre möglich, wenn die Strenge des herkömmlichen Verfahrens aufgegeben würde. Würde der Gutachter seine Befunde erheben und sie mit den Parteien durch Beratung bearbeiten, so entstünde in diesem Arbeitsabschnitt noch kein Rollenkonflikt. Er stände beiden Eltern beratend zur Verfügung und könnte Arbeitsergebnisse dem Gericht schrittweise mitteilen. Im übrigen hätte er so einen besseren Zugang zu den Konfliktpartnern und zu den Kindern. Wenn er dennoch aus der Beraterrolle in die des Gutachters überwechseln muß, weil Konfliktentflechtung und Einvernehmlichkeit nicht erreichbar waren, so wäre die herkömmliche Form des Sachverständigengutachten immer noch möglich. Dieses Verfahren hätte außerdem den Vorzug, daß sich der Gutachter demjenigen Elternteil besonders zuwenden könnte, dem er nach Lage der Dinge das Sorgerecht versagen muß. Hier gäbe es eine nicht zu unterschätzende Möglichkeit, die

Verlassenheitsempfindungen des Unterliegenden durch denjenigen selbst aufzufangen, der sie notgedrungenerweise verursachen muß. Der grundsätzliche Einwand gegen die Vermischung zwischen Berater- und Gutachtertätigkeit käme gar nicht zum Zuge. Natürlich kann ein Gutachter, der sich nach Analyse der Gesamtsituation festgelegt hat, nicht mehr das Vertrauen der unterliegenden Partei besitzen. Hat er aber in der vorgespannten Beratungsphase Einvernehmlichkeit zwischen den Eltern erreicht, so bleibt es ihm dennoch. Die zeitliche Aufteilung beider Funktionen würde also in einer Reihe von Fällen den Rollenkonflikt des Sachverständigen gar nicht entstehen lassen, dafür aber eine Chance eröffnen, die Parteien einer tragfähigen Einvernehmlichkeit zugänglich zu machen. Wird sie verfehlt, so bleibt immer noch der bisher übliche Weg, dann aber mit erheblich verbesserten Einsichten auf seiten des Sachverständigen. Die zeitlich aufgeteilte Berater-/Gutachterfunktion sollte deshalb nicht grundsätzlich ausgeschlossen werden.

Zum Abschluß noch einmal dieses: Die Lage der Kinder aus geschiedenen Ehen ist sicherlich nur *ein* Problemfeld innerhalb der gesellschaftlichen Entwicklungen der jüngeren Zeit. Der Umstand, daß der Trennungskonflikt der Eltern Scheidungskinder weit stärker belastet als die Elterntrennung selbst, sollte Anlaß dafür sein, dieser wachsenden Personengruppe vermeidbare Fehlentwicklungen zu ersparen oder zu mindern. Die steigende Zerbrechlichkeit von Ehe und Familie wird sich nicht vermeiden lassen, so wenig wie die gewiß gleichgeartete Labilität eheähnlicher Verbindungen. Ihre Folgen lassen sich begrenzen und abbauen, wenn alle einschlägigen Institutionen und die Betroffenen zusammenwirken und sich diesem Personenkreis vermehrt und möglichst frühzeitig zuwenden. Es wäre schon viel gewonnen, wenn nur die bestehenden Möglichkeiten gezielter genutzt würden. Auch der Gesetzgeber sollte einen Beitrag leisten, damit es besser möglich wird, nicht nur abstraktes Recht zu sprechen, sondern konkret zu den Konfliktbereichen vorzudringen, die das richterliche Machtwort erst nötig machen. Nur so erlangt der Begriff des Kindeswohls eine langzeitige Dimension.

Anhang

*Tabelle 1**
Heiratsziffern der ledigen Männer, bezogen auf 1000 je Altersgruppe

Alter	*1961*	*1965*	*1970*	*1975*	*1980*	*1983*
18–20 Jahre	10	12	21	24	12	7
20–22	80	76	101	77	43	30
22–24	143	134	160	114	78	59
24–26	204	157	185	129	103	86
26–28	224	174	181	118	108	83
28–30	207	154	148	101	94	90
30–32	182	122	116	84	74	77
32–34	154	104	86	64	59	57
34–40	117	79	57	43	39	42
40–50	40	34	22	14	9	15

Heiratsziffern der ledigen Frauen, bezogen auf 1000 je Altersgruppe

16–18 Jahre	20	28	33	16	12	4
18–20	93	118	139	120	63	38
20–22	193	214	246	175	117	81
22–24	248	236	263	173	133	112
24–26	246	236	232	155	130	122
26–28	200	203	138	126	108	109
28–30	143	142	143	95	86	84
30–32	99	112	99	73	73	65
32–34	70	77	71	54	51	51
34–40	47	52	48	37	32	36
40–50	17	18	16	14	12	12

* Quelle: Bevölkerung, gestern, heute und morgen. Statistisches Bundesamt, (umgerechnet) Mainz 1985. Die Heiratsneigung beider Geschlechter hat sich also seit den frühen 60er Jahren in fast allen Altersgruppen mehr als halbiert. Die Zahlen machen deutlich, daß es sich nicht etwa um eine Anhebung des Heiratsalters, sondern um grundlegende Einstellungsänderungen zu Ehe und Familie handeln muß.

Tabelle 2[1]

Jahr	*Eheschlie-ßungen*	*Geborene*	*Scheidungen*	*Scheidungskinder*
1964	506182	1065437	55710	55487
1965	492128	1044328	58728	59770
1966	484562	1050345	58744	60703
1967	483101	1019459	62855	67837
1968	444150	969825	65264	71573
1969	446586	903456	72300	80001
1970	444510	810808	76520	86057
1971	432030	778526	80444	90245
1972	415132	701214	86614	95702
1973	394603	635633	90164	98536
1974	377265	626373	98584	106725
1975	386681	600512	106829	107216
1976	365728	602851	108258	105967
1977[2]	358487	582344	74658	64433
1978	328215	576648	32462	21162
1979[3]	344823	581984	79490	63211
1980	362408	620657	96222	78927
1981	359658	624557	109520	87857
1982	361966	621173	118483	94934
1983	369963	594177	121317	95165
1984	364140	584157	130744	100113
1985	364661	586155	128124[4]	96991

[1] Quelle: Statistisches Bundesamt Wiesbaden.

[2] 1. Juli 1977, Beginn des neuen Scheidungsrechtes. Die hier einsetzende Abnahme der Scheidungen darf allerdings nicht als echte Verhaltensänderung gewertet werden. Hier handelt es sich nur um die Folgen der zwischenzeitlichen Rechtsunsicherheit, die mit der Einführung des neuen Scheidungsrechtes verbunden war.

[3] Der vorübergehende Geburtenzuwachs ab 1979 deutet nicht etwa auf eine Veränderung des generativen Verhaltens hin. Er entsteht deshalb, weil durch den Geburtenboom der späten 50er Jahre nun mehr Frauen ins gebährfähige Alter eintreten. Aus demselben Grunde steigt auch die Zahl der Eheschließungen wieder leicht an. Dies ist allerdings nur eine vorübergehende Erscheinung, und sie ändert nichts an der Tatsache, daß Geburtenrate und Heiratsneigung, bezogen auf 1000 gebährfähige Frauen, weiterhin absinken, eine Tendenz, die sich erheblich verstärken wird, wenn Anfang der 90er Jahre die geburtenschwachen Jahrgänge ins Heiratsalter kommen.

[4] Dies könnte auf einen Rückgang der absoluten Scheidungszahlen hindeuten. Relativ, d. h. bezogen auf die Zahl der Eheschließungen, dürfte ein solcher Vorgang kaum eintreten. Die leicht rückläufige Zahl der scheidungsbetroffenen Kinder hinge-

*Tabelle 3**
Schulleistungsabfall

	Gruppe A (n = 74) (aggressive oder aggressiv-depressive Mischformen elterlichen Umgangs)	*Gruppe B (n = 66)* (aggressionsarmer bis neutraler elterlicher Umgang)
Mittelfristiger** Schulleistungsabfall von mehr als einem Notenumfang der gemittelten Durchschnittsnote	52%	7%
Anhaltender** Leistungsabfall von mehr als einem vollen Notenumfang der gemittelten Durchschnittsnote	41%	3%

gen deutet darauf hin, daß die Abnahme der Mehrkinderfamilien sich inzwischen auch bei den Geschiedenen stärker bemerkbar macht. Im übrigen gibt es keinerlei statistische Angaben über eheähnliche Beziehungen, von denen Kinder betroffen sind. Diese Zahl liegt im Dunkeln, dürfte aber keineswegs mehr unbeachtlich sein. Einen begrenzten Aufschluß darüber gibt die Zahl der nichtehelich Geborenen. Sie stieg zwischen 1980 und 1985 um 17 % auf 55 070, während die Gesamtgeburtenzahl im gleichen Zeitraum um 5,5 % abnahm.

* Es handelt sich ausschließlich um Kinder der fünften und sechsten Klassen.
** *Die Messungen zum mittelfristigen Leistungsabfall erfolgten 2 bis 4 Monate nach* der räumlichen Elterntrennung, diejenigen zum anhaltenden Leistungsabfall 12 bis 15 Monate danach. Beide Meßergebnisse beziehen sich jeweils auf den Schulleistungsstand ein Jahr *vor* der Elterntrennung.

Tabelle 4

*Wiederverheiratungswahrscheinlichkeit Geschiedener in den frühen 70er Jahren**

Alter	*Männer in %*	*Frauen in %*
bis 25 Jahre	95,5	93,1
26–30	92,6	84,7
31–35	86,7	71,9
36–40	78,1	54,3
41–45	68,7	38,3
46–50	55,9	25,4
51–55	40,6	15,2
56–60	28,2	8,7

*Wiederverheiratungswahrscheinlichkeit Geschiedener in den frühen 80er Jahren***

bis 25 Jahre	94,4	92,0
26–30	89,1	80,9
31–35	79,3	65,4
36–40	67,0	50,1
41–45	55,1	35,8
46–50	44,4	22,1
51–55	34,7	12,3
56–60	24,3	6,6

* Wie man sieht, entwickelt sich die Wiederverheiratungswahrscheinlichkeit bei Männern und Frauen oberhalb des dreißigsten Lebensjahres außerordentlich unterschiedlich.

** Die (Wieder-)Heiratsneigung ist bei Geschiedenen leicht rückläufig. Die Abnahme der Heiratsbereitschaft Geschiedener erreicht allerdings nur einen Bruchteil derjenigen, die für die Gruppe der Ledigen insgesamt zu verzeichnen ist.

Im Gegensatz zur landläufigen Auffassung, liegen zwischen Scheidung und Wiederverheiratung beträchtliche Wartefristen. Sie sind in den vergangenen zwanzig Jahren dauernd angestiegen und bewegen sich zwischen 6,6 und 8 Jahren bei Männern und zwischen 6,2 und 7,6 Jahren bei Frauen.

Anmerkungen

[1] Vgl. Pechstein, J.: Das Kind in der kinderarmen Familie. Sonderdruck aus »der kinderarzt«, Heft 4/1977.

[2] Pechstein, J.: Wieviel Familie braucht das Kind? Schriften zur Jugendhilfe in Bayern. München 1979, S. 42.

[3] So haben z. B. geschiedene Mütter mit Kindern lediglich etwa die Hälfte des Nettoeinkommens, das einer Standardfamilie mit zwei Kindern zufließt. Vgl. hierzu Buchhofer, B.: Die soziale Lage der Einelternfamilie. Weinheim 1980.

[4] Quelle: Statistisches Bundesamt, Bevölkerungsbewegung 1980.

[5] Quelle: Statistisches Bundesamt, Sondererhebung Wiederverheiratungswahrscheinlichkeit. Mainz 1976 und 1986.

[6] Statistisches Bundesamt, Bevölkerung, gestern, heute und morgen. Mainz 1985.

[7] Anhang S. 194.

[8] Kächele, S.: Symptome bei Scheidungskindern in der Kinder- und Jugendpsychiatrie. Metzingen 1979, Dissertation. S. 43ff., Langzeituntersuchungen zwischen 1958 und 1972.

[9] Vgl. Böcker, F.: Suizide und Suizidversuche. Stuttgart 1973, S. 9f.

[10] Hierunter verstehen wir die Zeitspanne zwischen den ersten ernsthaften Scheidungswünschen *eines* Partners und dem Zeitpunkt der Ausgliederung aus dem gemeinsamen Haushalt. Diese Spanne ist natürlich nicht objektiv meßbar, sie läßt sich nur im nachhinein im Beratungsgespräch abtasten.

[11] Vgl. Haffter, C.: Kinder aus geschiedenen Ehen. Bern/Stuttgart/Wien 1979.

[12] Langen, D.: Psychotherapie. Stuttgart 1973, S. 19.

[13] Lempp, R.: Die Ehescheidung und das Kind. München 1976, S. 11.

[14] Ebd.

[15] Das genaue Lebensalter der Kinder (Jahr, Monat) bezieht sich stets auf den Moment der elterlichen Trennung, der mit dem Zeitpunkt der Scheidung selten identisch ist.

[16] Hier handelt es sich um das nur juristisch definierte Trennungsjahr bei gleichzeitiger Beibehaltung der bisherigen Ehewohnung vor Abschluß des Scheidungsverfahrens.

[17] Vgl. Hetherington, E. M.: Scheidung aus der Perspektive des Kindes. Report Psychologie 5/1980.

[18] Fthenakis, W. E.: Elterntrennung aus der Perspektive des Kindes. In: Deutsches Familienrechtsforum, Referate und Texte zur Elterntrennung. Stuttgart 1981, S. 65ff.

[19] Vgl. Kelly, J. B./Wallerstein J. S.: Kurzzeitinterventionen bei Kindern aus Scheidungsfamilien. Psychosozial, Heft 3/1980.

[20] Fthenakis, W. E. in: Deutsches Familienrechtsforum. Referate und Texte zur Elterntrennung. Stuttgart 1981, S. 70.

[21] Ebd., S. 73.

[22] Vgl. Kelly, J. B./Wallerstein J. S.: Kurzzeitinterventionen bei Kindern aus Scheidungsfamilien. Psychosozial, Heft 3/1980, S. 20.

[23] Die Prozentzahl bezieht sich auf die langzeitig beobachteten Elternteile (n = 288) bei insgesamt 410 Kindern, von denen 98, also ein Viertel, in Geschwisterbeziehungen zubrachten.

[24] Vgl. Simitis, S. u. a.: Kindeswohl. Eine interdisziplinäre Untersuchung über seine Verwirklichung in der vormundschaftsgerichtlichen Praxis. Frankfurt 1979.

[25] Röcker, D.: Anstöße durch den Gutachter. In: Deutsches Familienrechtsforum. Referate und Texte zur Frage alternativer Konfliktregelungen in der Familienkrise. Stuttgart 1982, S. 90f.

[26] So war die Arbeitsgruppe der Gutachter auf dem 3. Deutschen Familienrechtsforum 1982 überwiegend der Auffassung, daß ihre Funktion mindestens teilweise mit einer Beratertätigkeit besser erfüllt wäre.

[27] Simitis, S. u. a.: Kindeswohl. Eine interdisziplinäre Untersuchung über seine Verwirklichung in der vormundschaftlichen Praxis. Frankfurt 1979.

[28] Formal zuständig wären allenfalls die Gerichtsvollziehereien in Verbindung mit den Jugendämtern.

[29] Lempp, R.: Die Rechtsstellung des Kindes aus geschiedener Ehe aus kinder- und jugendpsychiatrischer Sicht. NJW Heft 8/1972.

[30] Vgl. Fthenakis, W. E. in: Deutsches Familienrechtsforum. Referate und Texte zur Elterntrennung. Stuttgart 1981, S. 185.

[31] Vgl. ebd., S. 53 sowie Cotreneo, M./Grassner, B. R.: Familie und Rechtssprechung. Die Überschneidung zweier Systeme in familienbezogenen Gutachten. Familiendynamik, Heft 4/1979, S. 355–361.

[32] Vgl. Arntzen, F.: Elterliche Sorge und persönlicher Umgang mit Kindern aus gerichtspsychologischer Sicht. München 1981, S. 17; oder auch Ell, E.: Trennung, Scheidung und die Kinder. Stuttgart 1979.

[33] BVerfG 1b VL 25/80.

[34] Klussmann, R.: Der verfassungsgemäße Ausschluß des gemeinsamen Sorgerechts geschiedener Eltern (§ 1671 IV S. 1 BGB). FamRZ, Heft 2/1982, S. 120.

[35] Goldstein, J./Freud, A./Solnit, A. J.: Jenseits des Kindeswohls. Frankfurt 1974.

[36] Simitis, S. in: Goldstein, J./Freud, A./Solnit, A. J.: Jenseits des Kindeswohls. Frankfurt 1974, S. 105.

[37] Ebd., S. 38

[38] Ebd.

[39] Ebd.

[40] Oberlandesgericht Düsseldorf, FamRZ 1969, S. 664.

[41] Framo, J.: Scheidung der Eltern, Zerreißprobe für die Kinder. Familiendynamik, Heft 3/1980, S. 212.

[42] Vgl. Willi, J.: Die Zweierbeziehung. Hamburg 1975. Er unterscheidet vier Grundmuster des unbewußten Zusammenspiels der Partner (Kollusionen). Sie finden sich natürlich auch im Loslösungsprozeß nach der Trennung wieder.

[43] Willi, J., zit. in Psychologie heute, Heft 1/1981, S. 29.

[44] Hier handelt es sich um den gerade bei Scheidungskindern recht ergiebigen Test »Familie in Tieren« FIT, bei dem das Kind emotionale Bezugsobjekte zeichnerisch in Tiere verzaubern soll.

[45] Insgesamt konnten 41 additive Familien über mehrere Jahre beobachtet werden. 28 davon bekamen innerhalb der genannten Frist ein gemeinsames Kind.

[46] So hat das VG Sigmaringen erstmals zugunsten eines Doppelnamens entschieden. Hierbei lag allerdings Einvernehmlichkeit der Parteien zusätzlich zum Wunsch des Kindes vor. Vgl. Sigmaringen, Januar 1986, Az: 3 K 843/85. Desgleichen VGH Mannheim, Az: 135157/86.

[47] VG Hannover, 6. Kammer v. 27. 2. 1979, AZ: VI A 322/77.

[48] BGV v. 12. 9. 1976, Buchholz 402.10 Nr. 37 zu § 3 NäG.

[49] 1. Gesetz zur Reform des Ehe- und Familienrechts v. 14. 6. 1976.

[50] Entschließung der Vollversammlung des Deutschen Kinderschutzbundes. Kinderschutztag Hamburg 1978.

[51] Zit. n. Kelly, J. B./Wallerstein, J.: Kurzzeitinterventionen bei Kindern und Scheidungsfamilien. Psychosozial, Heft 3/1980.

[52] Hier handelt es sich vor allem um den Deutschen Familiengerichtstag und um das Deutsche Familienrechtsforum, die sich zu einer außerordentlich fruchtbaren Plattform interdisziplinärer Zusammenarbeit entwickelt haben. Hinzu treten namhafte Verbände wie der Deutsche Kinderschutzbund, der inzwischen entstandene Verband »Anwalt des Kindes« und die Deutsche Arbeitsgemeinschaft für Jugend- und Eheberatung DAJEB in München.

[53] Vgl. Glassmachers, M.: Alternative Konfliktlösungsversuche in den USA. In: Deutsches Familienrechtsforum. Referate und Texte zur Frage alternativer Konfliktregelungen in der Familienkrise. Stuttgart 1982.

[54] Modellprojekt des Deutschen Familienrechtsforums, abgedruckt in: Deutsches Familienrechtsforum. Referate und Texte zur Frage alternativer Konfliktregelungen in der Familienkrise. Stuttgart 1982.

[55] Vgl. Stange, W.: Konfliktsteuerung durch Teamberatung. Erfahrungsbericht in: Deutsches Familienrechtsforum. Referate und Texte zur Frage alternativer Konfliktregelungen in der Familienkrise. Stuttgart 1982, S. 95ff.

[56] § 614 ZPO

Literatur

Arntzen, Friedrich: *Elterliche Sorge und persönlicher Umgang mit Kindern aus gerichtspsychologischer Sicht*. München 1980

Beer, Ulrich: *Der Streit um die Kinder. Probleme des Sorgerechts*. Unsere Jugend, Heft 6/1980

Bendkower, Jaron/Oggenfuß, Felix: *Scheidungskinder und Schule*. Familiendynamik, Heft 3/1980

Biermann, Gerd/Biermann, Renate: *Scheidungskinder*. Praxis der Kinderpsychologie und Kinderpsychiatrie, Heft 6/1978

Blume-Banniza, Christel/Gros, Hans-Joachim: *Zur Frage des Kindeswohls aus pädagogisch-psychologischer Sicht*. In: Der Sozialarbeiter in der Vormundschafts- und Familiengerichtshilfe. Frankfurt 1981

Böcker, Felix: *Suizide und Suizidversuche*. Stuttgart 1973

Bojanovsky, Jörg J.: *Psychische Probleme bei Geschiedenen*. Stuttgart 1983

Buchhofer, Bernd: *Die soziale Lage der Einelternfamilie*. Weinheim 1980

Bühler, Heinrich: *Sozialanamnese von Scheidungskindern in der Kinder- und Jugendpsychiatrie*. Dissertation, Tübingen 1979

Cotreneo M./Grassner, B. R.: *Familie und Rechtssprechung. Die Überschneidung zweier Systeme in familienbezogenen Gutachten*. Familiendynamik, Heft 4/1979

Deutsches Familienrechtsforum: *Referate und Texte zur Elterntrennung*. Stuttgart 1981

Deutsches Familienrechtsforum: *Referate und Texte zur Frage alternativer Konfliktregelungen in der Familienkrise*. Stuttgart 1982

Deutsches Familienrechtsforum: *Referate und Texte*. Protokolldienst Bad Boll 1983

Deutsches Familienrechtsforum: *Referate und Texte*. Protokolldienst Bad Boll 1984

Dmoch, Walter: *Ehe vor der Heirat*. Partnerberatung, Heft 4/1979

Ell, Ernst: *Trennung, Scheidung und die Kinder*. Stuttgart 1979

Ell, Ernst: *Besuch vom eigenen Kind*. Stuttgart 1980

Framo, James L.: *Scheidung der Eltern, Zerreißprobe für die Kinder*. Familiendynamik, Heft 3/1980

Fthenakis, Wassilios E./Niesel, Renate/Kunze, Hans-Rainer: *Ehescheidung. Konsequenzen für Eltern und Kinder*. München 1982

Fthenakis, Wassilios E./Kunze, Hans-Rainer/Niesel, Renate: *Nach der Scheidung. Die gemeinsame Sorge der Eltern*. Psychologie heute, Heft 10/1982

Fthenakis, Wassilios E.: *Elterntrennung aus der Perspektive des Kindes*. In: Deutsches Familienrechtsforum. Referate und Texte zur Elterntrennung. Stuttgart 1981

Gaier, Otto R.: *Elternverhalten nach der Trennung*. »der kinderarzt«, Heft 11/1981

Glassmachers, Marion: *Alternative Konfliktlösungsversuche in den USA*. In: Deutsches Familienrechtsforum. Referate und Texte zur Frage alternativer Konfliktregelungen in der Familienkrise. Stuttgart 1982

Goldstein, Joseph/Freud, Anna/Solnit, Albert J.: *Jenseits des Kindeswohls*. Frankfurt 1974

Haffter, Carl: *Kinder aus geschiedenen Ehen*. Bern 1979

Hetherington, E. M.: *Scheidung aus der Perspektive des Kindes*. Report Psychologie, Heft 5/1980

Hösch-Daffis, Renate: *Ehe und Scheidung. Neue Entwicklungen in der Zweierbeziehung*. München 1980

Kächele, Stefan: *Symptome bei Scheidungskindern in der Kinder- und Jugendpsychiatrie*. Dissertation, Metzingen 1979

Kelly, Joan B./Wallerstein, Judith: *Kurzzeitinterventionen bei Kindern und Scheidungsfamilien*. Psychosozial, Heft 3/1980

Kliman, Gilbert: *Seelische Katastrophen und Notfälle im Kindesalter*. Frankfurt 1980

Klussmann, R.: *Der verfassungsgemäße Ausschluß des gemeinsamen Sorgerechts geschiedener Eltern*. FamRZ, Heft 2/1982

Krähenbühl, Verena u. a.: *Stieffamilien*. Freiburg 1986.

Lempp, Reinhart: *Die Ehescheidung und das Kind. Ein Ratgeber für Eltern*. München 1976

Lempp, Reinhart: *Die Rechtsstellung des Kindes aus geschiedener Ehe aus kinder- und jugendpsychiatrischer Sicht*. NJW, Heft 8/1972

Loddenkemper, Hermann: *Gruppenpädagogik als Hilfe bei Scheidungen*. Familiendynamik, Heft 3/1980

Paul, Norman L.: *Das Bedürfnis des Kindes, seine eigenen Wurzeln zu kennen*. Familiendynamik, Heft 2/1977

Paul, Norman L.: *Die Scheidung als äußerer und innerer Prozeß*. Familiendynamik, Heft 3/1980

Pechstein, Johannes: *Das Kind in der kinderarmen Familie*. Sonderdruck aus »der kinderarzt«, Heft 4/1977

Pöch, Herta: *Zur Praxis gutachterlicher Entscheidungsfindung bei Fragen elterlichen Sorgerechts*. Partnerberatung, Heft 2/1980

Prestien, Hans-Christian: *Familiendynamisch begründete Interventionsansätze. Richterlicher Dialog mit den Betroffenen*. In: Deutsches Familienrechtsforum. Referate und Texte zur Frage alternativer Konfliktregelungen in der Familienkrise. Stuttgart 1982

Röcker, Doris: *Anstöße durch den Gutachter*. In: Deutsches Familienrechtsforum. Referate und Texte zur Frage alternativer Konfliktregelungen in der Familienkrise. Stuttgart 1982

Rohleder, M.: *Das Wohl des Kindes nach der Ehescheidung*. Dissertation, Bochum 1974

Roussel, Louis: *Ehe und Ehescheidung. Beitrag zu einer systematischen Analyse von Ehemodellen*. Familiendynamik, Heft 3/1980

Sander, Elisabeth/Isellstein, Dorothee: *Familie ohne Vater – notwendigerweise ein Defizit oder möglicherweise eine Chance*. In: Gruppendynamik, 3/1982

Schretter, Angelika: *Meine Kinder, deine Kinder, unsere Kinder.* In: Hagedorn, F.: Kindsein ist kein Kinderspiel. Frankfurt 1987.

Simitis, Spiros u. a.: *Kindeswohl. Eine interdisziplinäre Untersuchung über seine Verwirklichung in der vormundschaftsgerichtlichen Praxis*. Frankfurt 1979

Stange, Wilfried: *Konfliktsteuerung durch Teamberatung*. In: Deutsches Familienrechtsforum. Referate und Texte zur Frage alternativer Konfliktregelungen in der Familienkrise. Stuttgart 1982

Sokacic-Mardorf, Elisabeth: *Scheidungsberatung. Modelle alternativer Konfliktregelungen in der Familienkrise*. Partnerberatung, Heft 2/1982

Stober, Bernt: *Kinder aus geschiedenen Ehen*. Zeitschrift für Kinder- und Jugenspsychiatrie, Heft 1/1980

Wanderer, Zev/Cabot, Tracy: *Trennung aktiv bewältigen. Ein Selbsthilfeprogramm*. Düsseldorf 1979

Weiss, Robert: *Trennung vom Ehepartner.* Stuttgart 1980

Willi, Jürg: *Die Zweierbeziehung. Spannungsursachen/Störungsmuster/ Klärungsprozesse/Lösungsmodelle*. Reinbek 1975

Sachregister